자취백과사전

일러두기

1. 2023년 배포된 『자취백과사전』의 정보를 업데이트하고 틀린 점을 바로잡았습니다.

2. 본문 중 일부는 실무에서 자주 사용하는 용어와 친숙한 표현에 따라 맞춤법 원칙과 다르게 표현했습니다.

자취 백과사전

안녕하세요. 클린하고 퓨어한 유튜버 자취남입니다. '자취남'으로 유튜브를 처음 시작하게 된 건 자취를 시작했던 2018년 겨울이었습니다. 독립이란 걸 처음 할 때는 모르는 것 투성이였습니다. 혼자 살아낸다는 건 누군가의 돌봄에 기대지 않고 나 자신을 키우고 돌보는 일이기에 온전한 1인분의 삶에는 생각보다 수많은 어려움이 따릅니다.

예를 들면, '즉석밥만으로 버틸 수 있을 것인가?' 혹은 '밥솥을 사야 되나?'와 같은 아주 사소하고 작은 문제인 듯하지만, 살아가는 것에 직결되는 문제였습니다. 자취에 대한 막연한 로망을 나열한 글이 아닌 이런 현실적인 정보들이 궁금했지만 아무리 검색해도 나오지 않았고, 꽤나 많은 시행착오를 겪으며 자취 생활을 시작해야만 했습니다.

그래서 이런 정보를 담은 콘텐츠를 만들면 적어도 나와 비슷한 처지의 사람은 재미있게 보고 도움을 받을 수 있지 않을까? 하는 생각으로 유튜브에 발을 들이게 되었습니다. 그러다 보니 어느새 함께 식견을 나눠주고 계신 70만 명이 넘는 구독자분들을 모시게 되었네요. 늘 감사드립니다.

이 가이드북도 비슷한 이유로 나오게 되었습니다. 영상으로 담기에는 부족할 수 있는 정보들을 가장 잘 전달할 수 있는 수단은 무엇보다 글이라고 판단했거든요. 2022년 겨울부터 시작했으니 약 1년 정도 걸렸네요.

제일 메인이 된 글을 써주신 지윤 님, 검수에 도움 주신 이승주 공인중개사 님, 편하고 직관적이게 볼 수 있도록 만들어주신 ziwan 디자이너 님에게 다시 한번 감사의 인사를 전합니다. 룸메 님들에게 받은 사랑을 항상 돌려드릴 수 있는 그런 크리에이터가 되겠습니다. 감사합니다.

2023년 9월

리뉴얼을 준비하며

2023년 9월, 『자취백과사전』을 무료로 배포한 날은 제 인생에 잊지 못하는 날이었습니다. 1년간 준비한 프로젝트였고, 돈도 안 되는 일을 왜 하냐는 이야기를 주위에서도 몇 번 들었습니다.

하지만 하고 싶은 마음에서 출발했기에 계속할 수 있는 여력이 있었고, 룸메 님들이 주신 과분한 사랑에 조금이라도 보답하기 위해서라면 해야 하는 일이라고 판단했기에 끝낼 수 있었습니다. 그 결과 1년 동안 공식 다운로드만 40만 건이 넘었고, 모든 커뮤니티의 베스트 글에 올라갔으며, 현재는 토스와 당근 등 외부 기업에서도 『자취백과사전』을 활용한 콘텐츠를 발행하고 있습니다.

그만한 공신력을 인정받은 것 같아 무척 뿌듯했습니다. 그리고 이 글을 더 많은 사람에게 나눌 방법에 대해 고민하고 또 고민했습니다. 그리하여 1년이 지난 2024년 9월, 업그레이드된 『자취백과사전』을 책으로 출간하게 되었습니다.

아직 이 책의 가격을 듣지 못했지만, 생각보다 저렴할 겁니다. 왜냐하면 저는 이 책으로 얻는 인세가 0원이거든요. 정말 '원가 판매'라는 걸 폐업 정리하는 곳에서 지나갈 때 보기만 했지 제 인생에 실제로 해보게 될지 몰랐는데… 지금 해보게 되네요. 그만큼 책의 단가를 낮출 수 있었고, 그저 조금 더 많은 룸메 님들에게 이 책이 닿기를 바랍니다.

1년 동안 준비하고자 했던 부분은 크게 3가지입니다.

1. 서울 자취 지도
제가 갑자기 부산 진구로 이사를 간다고 생각해 보니, 정말 막막하더라고요. 지도로는 찾을 수 있지만 실제 그곳이 어떤 동네인지는 알기 쉽지 않거든요. 그래서 1,000여 개의 집을 방문하면서 들었던 룸메 님들의 이야기를 바탕으로 각 지역마다의 특징을 적어보았습니다. 지방에서 서울로 올라오시는 분들을 위해 만들었습니다(언젠가 전국으로 하고 싶어요).

2. 현직 공인중개사의 심화 노트
출연했던 룸메 님들 중 가장 어린 나이는 17살이었습니다. 기존 『자취백과사전』은 이런 학생 분들이 처음 집을 구할 때 도움이 되었으면 하는 바람이 커서 아주 기본적인 걸 많이 담았는데요. 이번에는 현직 공인중개사님의 이야기를 많이 넣어 심화 버전을 넣어봤습니다. 예를 들어, 등기부만으로는 알 수 없는 것 같은 이야기입니다.

3. 공공임대주택, 나도 들어갈 수 있을까?

매번 바뀌는 정책과 너무 많은 종류의 공공임대주택은 선택을 오히려 헷갈리게 하는 경우가 많은 것 같습니다. '그래서 나도 지원이 될까?' 하는 마음으로 담아보았습니다.

1, 3번은 온라인에도 동시에 배포가 되지만 2번은 오프라인 서적으로만 만나보실 수 있습니다. 저와 함께 해주신 룸메 님들의 집을 구하는 과정이 어려움과 두려움이 아닌 설렘으로만 가득 차길 바랍니다. 그 과정에 이 책이 아주 조금이라도 도움이 되면 그것만으로도 행복할 것 같습니다. 늘 감사합니다.

P.S. 감수를 기꺼이 맡아주신 이승주 공인중개사 님께 감사의 인사 올립니다.

2024년 9월, 자취남 정성권

태어나서
처음 해보는
집 구하기

태어나서 처음 하는 자취는 '집은 어떻게 구하는 거지?'
라는 물음으로 시작된다. 여태 부모님과 같이 살아왔던
집은 도대체 어디서, 어떻게 생겨나 있던 거였나 싶어지
기도 한다.

집을 구해야겠다고 마음먹고 온라인으로 '집 구하기' 관련
정보를 찾아보기 시작하면 모르는 용어도 많고, '부동산
전세 사기' 같은 섬뜩한 뉴스도 나오고, 덜컥 계약을 하고
났더니 집에 심각한 하자가 있었다는 하소연도 보게 된다.

집을 구할 때 비용은 얼마나 드는지, 어떤 집을 선택해야
할지도 감이 쉽게 잡히지 않는다.

그런 면에서 집 구하기를 완료하고 나면 자취 라이프의
50%를 해내는 것이나 마찬가지이다.

(나머지 50%는 집을 구하고 난 이후에 펼쳐진다.)

Step
by Step

그러나 실제로 집을 구해가는 과정에서 자연스럽게 노하우를 터득하게 되므로 괜히 너무 겁을 먹을 필요는 없다. 게다가 다행히도 집을 구하는 과정은 어느 정도 '공식'처럼 정형화되어 있다. 특히 초보 자취러가 보통 살게 되는 원룸이나 오피스텔, 빌라 등은 프로세스를 숙지하면 집 구하기가 어렵지 않다. 기본적으로 집 구하기는 아래와 같은 단계를 거친다.

비용 계획

앞으로 자취를 하며 '주거'에 들어갈 비용을 기획하는 단계이다. 집을 구하고 임대차계약을 맺으면 계약금, 월세(또는 전세), 부동산 중개보수 등의 비용이 발생한다. 그리고 입주한 다음에 들게 될 비용도 고려해야 한다. 모든 것이 예상대로 되지는 않지만, 어느 정도 계획을 세우고 시작한다면 조금 더 체계적인 자취 준비가 될 수 있을 것이다.

살 곳 정하기

자취를 하고자 하는 목적(예를 들어, 회사와 가까운 곳에 살고 싶다)에 따라 살 곳을 정해야 한다. 다만, 막상 집을 구하다 보면 마음처럼 딱 맞아떨어지는 장소를 구하는 것이 쉽지만은 않다. 그렇다 하더라도 '내가 살 곳'에 대한 기준을 미리 고려해보고 집구하기를 시작하면 많은 시행착오를 줄일 수 있다.

정보 수집 및 부동산 중개업소 방문하기

살 곳을 대충 정했다면 이제 정보를 수집해야 한다. 주로 온라인 또는 부동산 앱 등을 통해 매물로 올라온 집들을 찾아보고, 맘에 드는 곳들을 체크하고, 주변 환경을 스캐닝하는 작업이 이루어지는 단계이다. 또한 부동산 중개업소에 직접 전화하거나 찾아가서 정보를 물어보는 것 역시 중요한 정보 수집 과정이다.

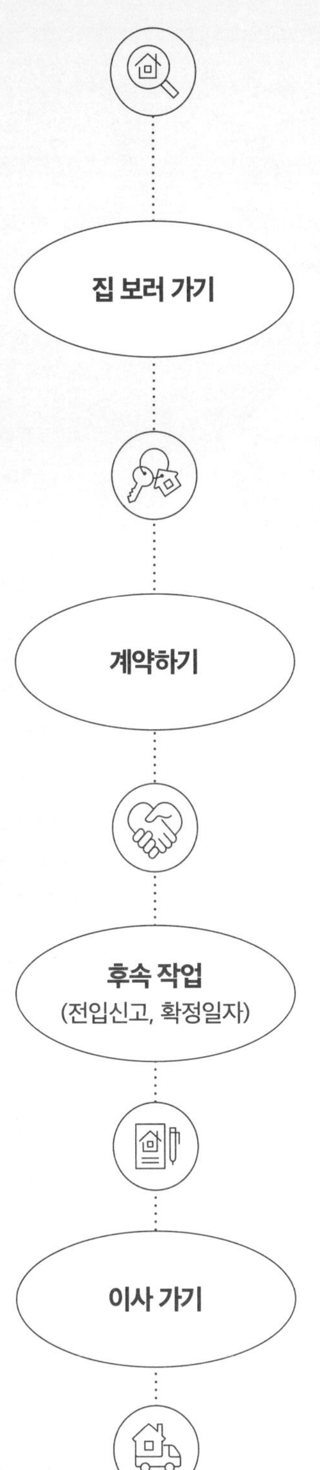

이제 드디어 맘에 드는 집을 직접 보러 갈 차례이다. 이 단계에서는 대부분 부동산 중개업자와 함께 '내가 살 집의 후보들'을 구경하러 돌아다니며 계약을 할지 말지 결정하게 된다. 이 과정을 보통 부동산 중개업자와 함께 하기 때문에, 중개업소를 대하는 나름의 노하우가 필요한 단계이기도 하다.

집을 구하고 계약서를 작성하는 단계이다. 이제부터는 집과 관련해 '법적인 절차'에 들어간다. 법이라고 해서 겁을 먹지는 않아도 되고 몇 가지만 꼼꼼하게 살펴보면 된다. 계약서를 작성하고, 비용을 지불하면 드디어 내가 살 집을 구하는 과정은 끝이 난다.

단, 계약이 끝나고 나서 꼭 해야 하는 일들이 몇 가지 있다. 쉽게 '후속 작업'이라고 하자. 이 단계에서는 나의 계약과 관련해 '법적인 권리'를 보호할 수 있는, 몇 가지 중요한 절차를 밟아야 한다.

태어나서 처음 '이사'라는 것을 직접 하게 된다. 어린 시절에는 이사란 어른들이나 하는 것인 줄 알았는데, 그만큼 나도 나이를 먹었구나 실감하게 될 것이다. 그리고 이사까지 끝나고 나면, 정말로 본격적인 1인가구 라이프가 시작된다.

네이버 백과사전에 '**자취**'를 검색하면

'**스스로 밥을 지어 먹으면서 생활함**'이라는 뜻이 나온다.

단순히 요리를 한다는 뜻은 아닐 테고,

그보다는 '**스스로를 먹여 살린다**'에 가까울 듯싶다.

스스로 먹여 살리기 위해 혼자서 집도 구하고, 돈도 벌고,

생활도 하며 살아나가야 하는 초보 자취생 룸메 님들을 위해 준비한

『자취백과사전』!

초보 자취러 룸메 님들을 대상으로 마냥 쉽지만은 않지만,

그렇다고 해서 엄~청나게 어려운 일도 아닌 '**집 구하기**'의

전 과정을 다루고 있다. 집이라는 게 워낙 많은 변수가 있어서

책의 내용이 무조건 정답은 아니겠지만,

기본적으로 필요한 과정들을 최대한 담았다!

많관부!!

CONTENTS

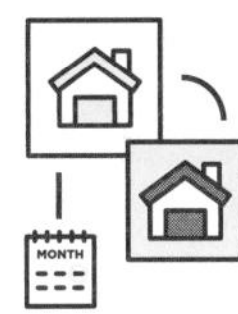

PART 1 　집 구하기 프로세스 6단계

01. STEP 1 비용 계획

02. STEP 2 살 곳 정하기

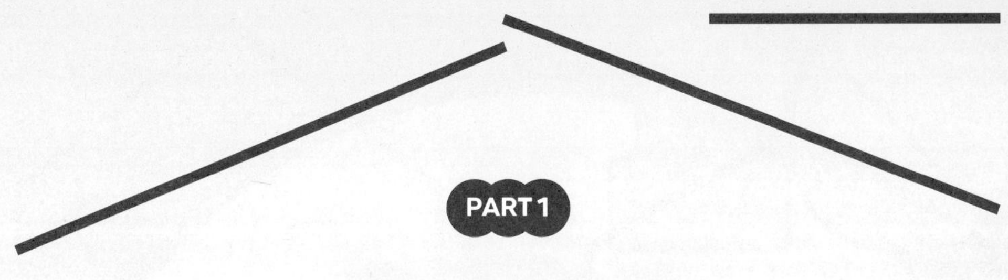

집 구하기 프로세스 6단계

01

인생 첫 자취를 시작하며 유튜브, 네이버를 열심히 검색해 '보증금', '월세' 등을 공부하고, 뿌듯한 마음에 그럴싸해 보이는 집을 구해 냉큼 계약서까지 썼다. 그리고 3달 후…
가뜩이나 바닥을 보이던 통장 잔고는 이제 마이너스를 향해 가게 되는데….

STEP 1
비용 계획

 1

임대차계약

**살 집을 빌리기 위해
맺는 계약**

자취를 시작하기로 했으니 이제 '살 집'을 구해야 한다. 내 소유의 집이 없다면 월세, 전세 등의 비용을 지불하고 집주인에게 '집을 빌려서' 그 집에 들어가 살게 된다. 이때 집을 빌리는 나는 임차인, 나에게 살 집을 빌려주는 집의 소유주는 임대인이다.

그리고 임차인이 얼마의 돈을 임대인에게 지불하기로 하고, 그 집에서 살겠다고 약속하는 것이 바로 임대차계약이다. 때문에 자취를 시작하며 **집을 구한다는 것은 바로 이 '임대차계약'을 맺는 것**을 의미하기도 한다.

 2

월세와 보증금

**집을 빌리고,
살아가는 데 드는
(고정) 주거비**

* 참고로 2019년 12월 기준 서울시의 전용면적 30㎡ 이하(약 9평) 원룸의 평균 월세는 53만 원이었다.
(출처: 부동산 정보 플랫폼 〈다방〉)

일반적으로 자취를 처음 시작할 때는 목돈이 부족하기 때문에 보증금이 낮은 월세로 시작하는 경우가 많다. 만약 살 집을 월세로 구하기로 했다면 "매달 고정적으로 월세 ○○만 원이 필요하겠구나"라고 생각하면 된다.

월세는 집에 따라 천차만별이지만, 일반적으로 서울시를 기준으로 1인 주거용 원룸의 경우 월 40~60만 원 정도로 형성되어 있다.

여기에 더해 동네별, 지역별로 비슷한 가격대가 형성된다. 집주인 입장에서는 주변 다른 집들보다 월세가 너무 비싸면 들어와 살겠다는 사람이 적어질 테니, 주변의 분위기와 시세를 따르게 되는 것이다.*

때문에 월세를 알아볼 때 주변 집들에 비해 너무 저렴하다면 그 이유를 체크해보는 것도 필요하다. 낮은 월세를 무조건 집 컨디션이 좋지 않은 이유라고 단정지을 수는 없지만, 시세와 현저하게 차이가 난다면 그 이유가 있기 마련이므로 정확히 알아보자.

또한 집 구하기 비용 계획에는 월세와 함께 보증금 계획도 필요하다. 보증금은 '미래의 내가 월세를 내지 않았을 때를 대비해 집주인에게 목돈을 담보로 맡겨두는 것'이다.

임차인이 월세를 내지 않으면 임대인은 계약 기간 중에 이 금액을 보증금에서 차감할지 선택할 수 있고, 계약이 만료된 후에는 보증금이 법적으로 담보의 성격을 띠는 돈인 만큼 당연히 밀린 월세를 비롯해 기타 차감해야 할 경비 등을 제하고 돌려주게 된다.

단, 보증금은 담보이므로 나중에 집 계약이 만료되었을 때 모두 돌려받을 수 있다(간혹 예외도 존재한다). 또한 집의 조건이나 주변 시세 대비 보증금이 적당한지도 따져볼 필요가 있다는 것도 잊지 말자.

집을 구하기 위해 중개업소를 살피다 보면 '500/40'처럼 임대 가격을 써놓은 것을 볼 수 있다. 이 경우 보증금 500만 원에 월세 40만 원짜리 집이라는 뜻이고, 보통 이처럼 보증금을 앞에 쓰고 월세를 뒤에 쓴다.

핵심 포인트

참고로 집을 구할 때 내가 감당할 수 있는 보증금이 얼마인지를 계획하는 것도 중요하다. 보증금으로 목돈이 묶여버리면, 급전이 필요한 순간에 쓸 수 있는 여유 자금이 없어 곤란해질 수 있기 때문이다.

3

관리비
내가 사는 집을 누군가가 관리해주는 데 드는 비용

월세, 보증금만 마련하면 주거비가 모두 끝났다고 생각하기 쉽지만, 매달 지출해야 하는 고정비로 '관리비'가 또 있다.

관리비는 내가 사는 집을 누군가가 관리해주고 받는 비용이다. 아파트를 예로 들면, 그 아파트의 계단, 정화조 등 공동 사용 시설 청소, 엘리베이터 유지 보수 등 건물의 관리와 관련된 비용이 발생하게 되는데, 이것이 바로 '관리비'이다.

간혹 집에 따라서는 '뭘 관리해준다는 거지?'라는 의문이 드는 경우도 있다. 때문에 내가 내는 관리비에 어떤 항목

관리비에 어떤 항목이 포함되는지에 따라 고정비가 달라진다. 예를 들어, 관리비에 '인터넷/TV'가 포함되는 경우, 이미 해당 집에 인터넷 선 등이 깔려 있어 별도 설치 비용이 들지 않는다. '수도'나 '전기'가 관리비에 포함되거나, 아예 관리비가 없는 집도 있으니 참고하자(없는 이유는 집이 노후했거나, 집주인이 인심이 좋거나 등 다양한 이유가 있다). 참고로 관리비는 세액공제 대상이 아니라는 점도 알아두면 좋다.

이 포함되는지도 따져볼 필요가 있다.

관리비 역시 매달 발생하는 비용이므로 '월세+관리비'가 실질적인 나의 월세나 마찬가지라고 느껴질 수도 있다. 관리비는 보통 원룸 기준으로 2~5만 원 정도로 형성되어 있으며, '오피스텔'은 보통의 원룸보다 관리비가 비싸다는 특징이 있으니 알아두자.

이처럼 본격적으로 살 집을 구하기에 앞서, 비용 계획을 잘 세우기 위해서는 보증금, 월세, 그리고 관리비까지 고려해야 한다. 그리고 그다음은 실제로 생활하면서 발생하는 비용이 기다리고 있다.

4

공과금
수도, 전기 등
살아가는 데
필수적인 자원 사용에
드는 비용

슬프게도 자취를 하며 매월 들어가는 고정비가 또 있다. 수도요금, 전기요금, 난방비 등 일상생활에 필수적인 인프라를 사용하는 데 드는 비용, 일명 '공과금'이다. 부모님과 함께 살 때에는 부모님이 대신 내주셨지만 이제는 1인가구의 가장으로서 내가 다 내야 한다.

수도, 전기, 가스 등은 사용량에 비례해서 공과금이 청구된다. 즉, 많이 쓰면 많이 나오고 적게 쓰면 적게 나온다. 때문에 공과금이 얼마나 나올지를 미리 정확하게 예측하기는 쉽지 않다. 이때 공과금을 대략적으로라도 가늠해보기 위한 꿀팁이 있는데, 바로 집을 보러 가서 현재 거주자에게 물어보는 것이다.
본격적으로 부동산 중개인과 집을 보러 다니다 보면, 기존에 살고 있는 세입자를 만나는 경우가 있다. 이때, 난방비가 궁금하다면 이 세입자에게 "겨울에 난방비 얼마 정도

핵심 포인트

난방비는 '난방 시설' 또는 '종류'에 따라 비용 차이가 나기도 한다. 흔히 보일러라고 알고 있는 난방 설비에도 가스/기름/전기 등 다양한 종류가 있고, 난방 방식도 지역난방, 개별난방 등 종류에 따라 난방비 청구 방식이 달라지기 때문이다.

나오셨어요?"라고 물어보는 것이 그 집에 살면서 일상적으로 발생하게 될 난방비에 대한 감을 잡을 수 있는 가장 좋은 방법이다.

참고로 계절에 따라 전기요금과 난방비는 크게 달라진다. 여름에는 에어컨을 많이 틀고, 겨울에는 전열기구를 사용하는 등 생활 방식이 달라지기 때문이다.

5

부동산 중개보수

나와 집주인을
연결해준 중개업소에
주는 비용

이렇게 중간에서 다리를 놔주는 부동산 중개인은 임대인, 임차인 모두에게 '중개 서비스'를 제공하고 양쪽 모두에게서 돈(=중개보수)을 받는다. 이것이 바로 '부동산 중개보수'이다.

때문에 자취 비용 계획에서는 임차인인 내가 부동산에 내야 하는 중개보수도 미리 고려해봐야 한다.
참고로 중개보수는 집의 가격과 종류에 따라 달라지는데, 비싼 집일수록 중개보수도 높아지고 상대적으로 싼 집은 중개보수도 낮다.
법에서는 계약 형태에 따른 부동산 중개보수를 법으로 정해놓았는데, 이를 '최고 요율'이라고 한다.
'최고'라는 뜻은 '최대한으로 했을 때 이 정도로 받을 수 있다'는 의미이기 때문에 실제로 얼마를 받을지는 부동산 중개인과 협의하기 나름이다(단, 원칙적으로는 그러하나 대부분의 중개업소에서는 가능한 최대치까지의 보수를 받는다).
즉, 최고 요율이 0.5%라면 중개업소에서도 이에 맞춰 중개보수로 집 가격의 0.5%를 요구하고, 0.3%를 받는 중개업소는 거의 없다고 보면 된다.
참고로 부동산 중개보수는 인터넷에 계산 방법이 자세히

핵심 포인트

만약 미리 계산해본 중개보수가 실제로 요구받은 것과 다르다면
1) 계산을 잘못했거나,
2) 부동산 중개인의 착오이거나,
3) '집 건물의 종류'에 따라 요율이 달라진다는 점을 놓쳤기 때문일 가능성이 높다(이 부분은 추후에 더 자세히 다뤄보기로 한다).

나와 있으니 미리 계산을 해보고 가는 것이 좋다. 보통 네이버계산기를 많이 사용한다.

다시 한번 강조하자면, 자취를 시작하는 순간 부모님 혹은 누군가가 대신 내주던 전기, 수도, 가스 비용 등 살면서 드는 모든 비용을 이제부터 내가 내야 한다는 점을 알아두자. 매도 미리 알고 맞는 것이 낫다.

용어 정리

임대차계약

내(=임차인)가 집주인(=임대인)에게 얼마의 돈을 지불하고 그 집에서 살기로 약속하는 계약.

월세

집을 빌리기 위해 매월 고정적으로 지불하는 비용.

보증금

집 A의 가격이 500/40이라면 보증금 500만 원에 월세 40만 원짜리라는 뜻. 보증금은 담보로 맡겨두는 돈이기 때문에 보증금이 내 여유 자금 대비 적당한지 고려해봐야 함.

관리비

집의 유지 보수를 명목으로 지불하는 비용으로 원룸(약 7~8평) 기준 평균 2~5만 원이나 집에 따라 천차만별.
집을 볼 때 관리비에 포함되는 항목(예: 수도 포함)이 있는지 확인해볼 것.

공과금

전기, 수도, 가스 등 생활 인프라에 들어가는 비용.
실제 살아보지 않으면 미리 정확한 금액을 예측하기 어렵기 때문에, 집을 보러 다닐 때 그 집에 실제로 살고 있는 사람에게 물어보는 것이 꿀팁.

부동산 중개보수

부동산의 중개서비스에 대해 내는 돈.
공인중개사법, 서울시 조례 등 법에서 보수의 상한선(최고 요율)을 정해놓았다.

02

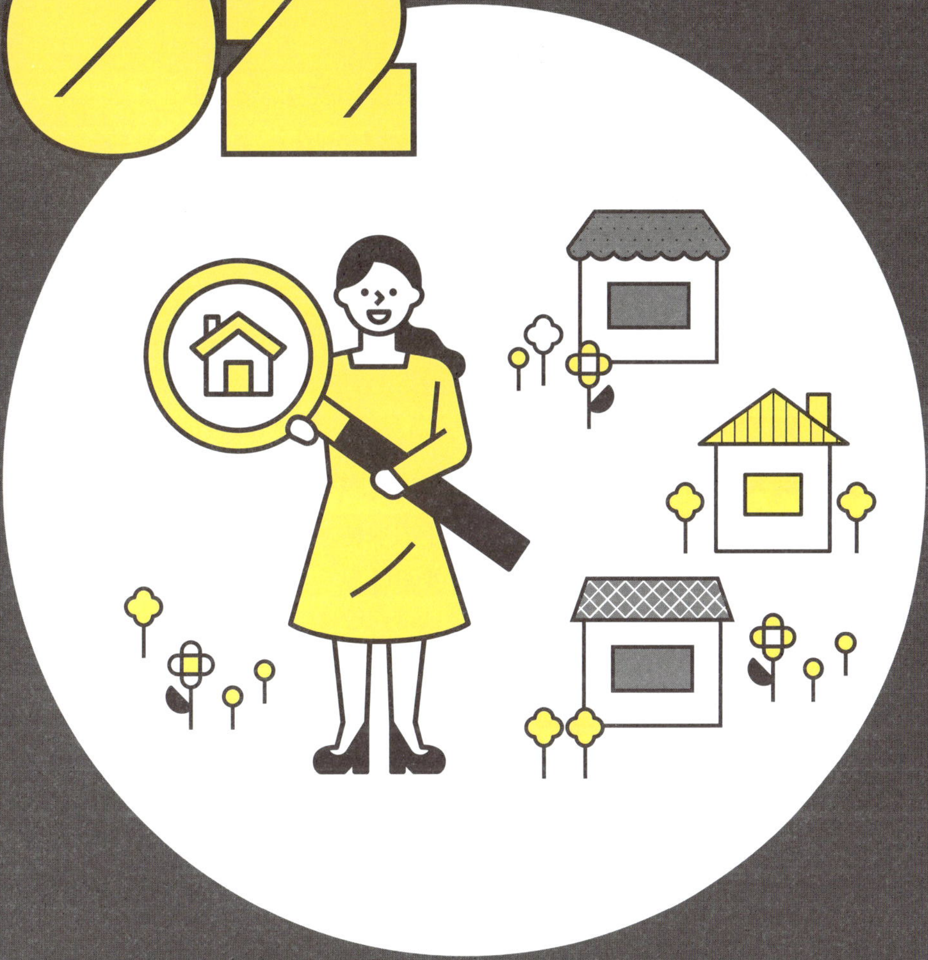

최근 꿈에 그리던 취업에 성공해 서울 광화문역(5호선) 바로 앞에 있는
회사의 신입사원이 된 광수 씨(만 27세),
그동안 고향 춘천에 있는 엄빠집에서 살던 광수 씨는
당장 직장으로 출퇴근이 가능한 서울에서 인생 첫 자취생활을 시작해야 하는데…

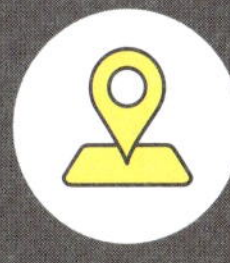

STEP 2
살 곳 정하기

광수 씨 (만 27세)

고향(본가)	춘천
직장	광화문역 바로 앞 (신입사원)
예산	보증금 1,000만 원 / 월세 50만 원 희망
선호하는 것	조용한 곳, 백반집, 인스타용 카페
MBTI	INFJ

1

자취의 목적을 분명히 하자

비용 계획이 어느 정도 나왔다면, 다음은 실제로 살 곳을 정하는 단계이다.

'직장, 학교 출퇴근이 편하기 위해서' 또는 '나도 이제 으른이니까' 등 자취를 시작하는 동기는 사람마다 다양한데, 그중에서 내가 자취를 하려는 가장 중요한 목적에 따라 살 곳을 정하면 된다.

예를 들어, 광수 씨는 새롭게 취직해 '광화문으로 출퇴근 하는 것'이 가장 중요한 우선순위이다.

하지만 정작 집을 알아보는 과정에서 '주변에 산책할 수 있는 공원이 있었으면 좋겠다', '홈파티를 할 수 있는 넓은 집이면 좋겠다' 등 다양한 자취 로망이 생겨났다.

때문에 이런저런 로망들을 따라가다 보면 이 집도 탐나고, 저 집도 놓치기 아까운 결정 장애에 빠질 수도 있다. 이때 다시 초심으로 돌아가서 '광화문 직장과 가까운 곳'을 우선 고려해 살 집을 선택해야 한다.

이처럼 자취의 목적을 스스로 분명히 해두면, 그나마 나만의 기준대로 최선의 선택을 할 수 있게 된다.

2

지도를 보자

자취 장소를 정할 때는 실제로 **지도를 보며 판단하는 것도 도움이 많이 된다.**

예를 들어, 광수 씨는 아직 서울 지리를 잘 몰라서 버스보다는 지하철을 타고 출퇴근을 하기로 결정했다고 치자. 아래 예시는 네이버부동산에서 5호선 광화문역을 중심으로 검색해본 매물 지도이다.

예시를 보면 5호선 광화문역 바로 주변에는 원룸 매물이 많지 않고, 조금 더 멀리 나아간 대학가 중심의 신촌 지역에 매물이 많은 것을 볼 수 있다.

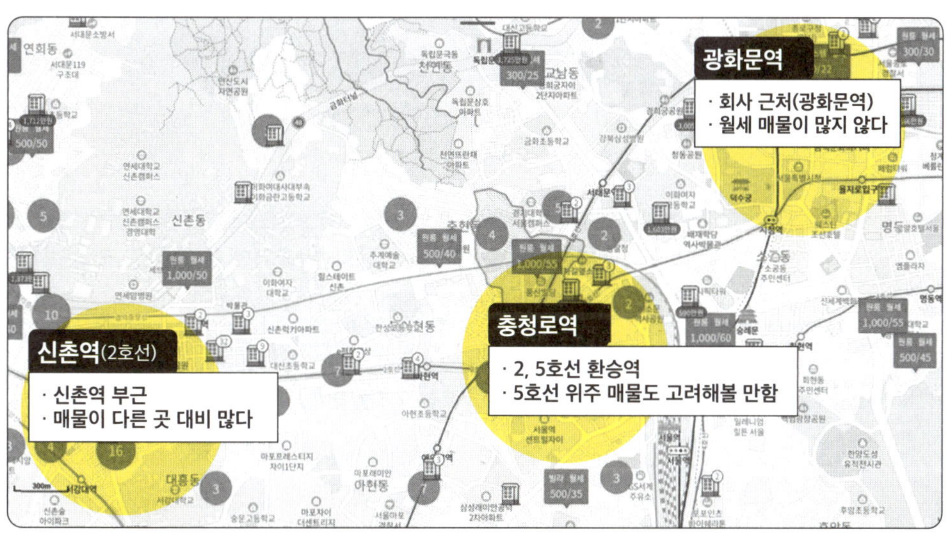

▲ 광화문역 주변 자취 가능 지역

아무래도 매물이 많은 곳에 내 조건에 맞는 집이 있을 확률이 높아질 테니 신촌을 중심으로 집을 구할 가능성이 높아진다. 여기서 광수 씨는 고민에 빠지게 된다. 만약 신촌 쪽에 집을 구한다면 2호선을 타고 충정로역(2, 5호선 환승역)에서 갈아타야 할 것이다. 그런데 환승이 너무 귀찮다면? 5호선을 쭉 타고 갈 수 있는 다른 역을 중심으로 매물을 찾아봐야 한다.

이처럼 지도를 보면 교통이나 주변 환경을 대략적으로 한눈에 볼 수 있기 때문에, 내가 살고 싶은 곳을 구체적으로 파악할 수 있다는 장점이 있다.

3 주변 사람에게 추천을 받자

살 지역이 고민된다면 주변 사람에게 추천받는 것도 좋은 방법이다.

직장, 학교에 먼저 자취를 시작한 '자취 선배'가 있다면, 그동안 살아봤던 혹은 살고 있는 지역을 기준으로 추천해줄 만한 지역이 있는지 물어보자. 내가 생각지 못한 '의외로 살기 좋은 지역'이 나올 수 있다.

예를 들어, 광수 씨가 광화문 근처에서 일하고 있는 학교 선배에게 '광화문 출퇴근하기 좋은 곳'이 어디인지 물어본다면, "내가 신입사원일 때 5호선 양평역에 살았는데 광화문역까지 지하철로 20분밖에 안 걸려~!"라는 꿀팁을 얻게 될 수도 있다. 실제로 살았던 사람에게서는 그 지역만의 생생한 장단점을 들을 수 있다는 점도 많은 도움이 된다.

4 나의 라이프스타일을 잘 파악하자

살 곳을 정할 때 '나만의 라이프스타일'에 대해 잘 알고 있는 것도 중요하다. 사람마다 생활의 우선순위가 너무나 다르기 때문에, 어떤 집은 나에게는 좋은 집이지만 남에게는 좋지 않은 집이 될 수도 있다.

□ 여러 가지 자취 로망 중 '가장 중요한 것' 우선순위 정하기.
□ 주변 사람에게 자취하기 좋은 곳 추천받기.
□ 지도 앱을 켜고 살 곳을 찾아보기. 한눈에 주변 환경을 파악할 수 있다.
□ 나의 라이프스타일에 대해 잘 파악하기.

게다가 내가 원하는 집의 조건이 100가지라고 치면, 그 모든 것을 충족하는 집을 찾기란 쉽지 않다. 때문에 평소에 나의 우선순위가 무엇인지를 스스로 잘 알고 있어야 한다.

예를 들어, 평소에 집 밖으로 잘 나오지 않는 사람이라면, 주변 편의시설이 상대적으로 조금 부족하더라도 조용한 지역에 사는 것이 더 괜찮을 수 있다.

반면 내가 운동을 종류별로 즐기는 사람이라면? 집 근처에 헬스장, 테니스장 등 운동시설이 잘 갖추어져 있는지가 가장 관건이 될 수 있을 것이다.

5

온라인 매물 찾기
feat. 부동산 플랫폼

네이버부동산, 직방, 다방, 피터팬의 집구하기 등 '부동산 플랫폼' 활용 시 전반적인 시세와 매물 위주로 파악하기.

살 곳을 대략 정하고 나면 본격적으로 매물을 찾아야 한다. 보통 네이버부동산이나 직방, 다방 등의 부동산 플랫폼을 통해 1차로 매물 정보를 구하는데, 어느 플랫폼이든 매물을 찾는 방법은 거의 비슷하다. 앞의 예시에서 선배에게 '양평역'을 추천받은 광수 씨가 '네이버부동산'을 통해 온라인으로 매물 정보를 찾는 과정을 살펴보자.

네이버부동산 검색 화면에서 양평역 일대를 중심으로 보증금 1,000만 원 이하, 월세 50만 원까지의 조건을 설정하면, 해당 조건에 맞는 근처 월세 매물들이 전체적으로 보인다.

이때 리스트업된 매물들을 쭉 살펴보면서 그 지역의 시세와 전반적인 분위기를 파악하면 된다.

물론 직접 가서 보는 것이 가장 정확하기 때문에, 온라인에서는 대략적인 시세만 살펴본다고 생각하는 것이 좋다.

▲ 네이버부동산 '양평역' 주변 매물 검색 화면

6

온라인 매물 볼 때 꼭 체크해야 하는 것

비용과 크기,
그리고 집의 구조

그렇다면 부동산 플랫폼에서 매물을 볼 때 필수적으로 살펴봐야 하는 것들은 어떤 것이 있을까?

가장 중요한 것은 '집의 비용'과 '크기'이다.

오른쪽에 광수 씨가 찾아본 1번집 예시를 보면, 보증금 500만 원에 월세가 42만 원, 관리비가 8만 원이다. 월세와 관리비를 합하면 월 고정비가 50만 원이니 광수 씨의 원래 예산인 월 50만 원 내에서 관리비까지 처리가 가능해, 가격면에서는 합리적이다.
크기는 전용면적 기준 20㎡인 것으로 나오는데 평형으로는 약 6평 정도라고 보면 된다.

그런데 여기서 또 한 가지 놓치지 말아야 할 것은 바로 '집의 구조'이다.
다시 한번 1번집의 구조를 자세히 보면, 집의 구조가 '복층형'이라고 나와 있는 것을 볼 수 있다. 이는 복층 공간까지 포함해서 전체가 6평이라는 뜻이니, 실제로 활용할 공간이 넓지 않은 셈이다.

이처럼 집이 정방형인지, 화장실이나 부엌 위치가 어디인 지 등 집의 구조(집의 짜임새가 어떻게 구성되어 있는지)도 꼭 체크해봐야 한다.

▲ 약 6평형 정도 되는 1번집. 단, 복층 구조라는 점을 눈여겨봐야 한다.

또 하나 위의 예시에서 특이한 점은 '관리비 포함 사항'에 가스, 수도, 인터넷, TV가 들어 있다는 점이다. 이는 실제로 사용량에 상관 없이 8만 원이라는 고정비용으로 이 모든 것 을 해결할 수 있다는 뜻이니, 신입사원인 광수 씨가 월급 지 출 계획을 세우기에 쉽다는 점에서 장점이 될 수도 있다.

단, 정말로 관리비에 이 모든 항목이 포함되는지는 1번집 을 보러 갔을 때 중개업소를 통해 다시 한번 확인 해봐야 한다.

더블체크가 필요한 이유는 사람이 하는 일이니 언제나 '실수'가 발생할 수 있기 때문이다.

예를 들어, 중개업소에서 매물 소개 페이지를 올릴 때 미처 다 확인하지 못하고 업로드되었을 수도 있고, 집주인과 의사소통상 오류가 있어 실제 관리비와 다르게 올라가 있을 수도 있다. 때문에 '어 정말 그럴까?' 싶은 생각이 드는 부분은 항상 두 번, 세 번 확인해보는 것이 좋다.

01 원룸의 경우 직접 해당 지역의 중개업소를 방문해 '발품'을 파는 것이 좋다. 온라인에 등록되지 않은 좋은 매물들이 많기 때문.

02 부동산 플랫폼별로 특징은 저마다 다르지만, 공통적으로 '허위매물' 과 '지나친 보정 사진'은 항상 주의해야 한다.

03 가끔 관리비가 말도 안 되게 비싼 집이 있는데, 이 경우 집주인이 주택임대사업자일 가능성이 높다(주택임대사업자는 세입자가 바뀌어도 월세를 5%밖에 인상할 수 없는데, 때문에 관리비를 높여서 월세를 대신하려는 사각지대의 '꼼수'를 이용하는 방식도 생긴다).

7

온라인 매물 검색 초보에서 고수로

집의 특징 살펴보기

온라인 매물을 검색하며 집의 비용과 크기, 대략적인 구조를 살펴본 다음에는 집의 특징과 관련해 디테일한 부분들을 따져봐야 한다.

중개업소에서 올려놓은 매물 소개 페이지를 보면서 그 집만의 장점이나 특징에 관한 정보들이 진짜 의미하는 속뜻을 잘 살펴보는 것이 관건이다.

다음의 1번집 예시를 보면 이 집은 양평역에서 도보 5분 정도로 교통이 편리하고 2012년에 준공되어 약 10년 정도 된 원룸이다.

1번 집 상세페이지

방구조 오픈형	난방 개별난방/-
사용승인일 2012.02.24	건축물 용도 제2종 근린생활시설
입주가능일 즉시입주	

매물번호 ■■■■■

매물소개

■■ ■ ■■■■

◎ 연락주신 만큼 최선을 다하겠습니다.
◎ 문의주신 매물 이외에 다량에 매물 보유
◎ 고객님 상황에 맞는 매물로 보여드립니다.

【 매 물 설 명 】
Check 양평역 도보 5분 이내
Check 깨끗한 풀옵션 복층형 원룸
Check 준공 2012년 / 즉시입주가능
Check 주차불가 엘베O

상세페이지에서 매물 관련 여러 가지 정보 확인하기
(예시의 집은 양평역과 도보 5분 이내로 교통이 편리하고,
약 10년 된 건물이며 엘리베이터가 있다).

『 톡톡 문의시 빠르고 편하게 상담받을수 있습니다 』
ex.) 010-1234-5678 / 입주 1월 1일 / 주차 / 반려동물

여기서 건물의 나이를 알 수 있는데, 원룸 건물은 아파트에 비해 노후화가 빠르기 때문에(물론 모든 건물이 그런 것은 아니고 평균적으로 그렇다는 말이다) 10년 정도 된 원룸이라면 '실제로 집을 보러 갔을 때 너무 낡지는 않았는지 잘 살펴봐야겠구나' 하는 점을 깨달을 수 있다.

또 하나 특이사항은 '풀옵션'을 제공하고 있다는 점이다. 즉 냉장고, 세탁기 등 기본 가전이 풀(Full)로 갖춰져 있어 내가 새롭게 살 필요가 없다는 뜻이다.
다만 개인에 따라 이미 갖고 있는 가전이 있다면 이를 처분하는 것도 일이기 때문에 풀옵션 조건이 오히려 불편할 수 있다는 점도 알아두자.

1번집의 또 다른 특징은 엘리베이터가 있다는 점이다. 이것은 상섬이기 때문에 중개업소에서노 눈에 살 띄게 써놓았다.
간혹 연식이 오래된 빌라나 원룸 건물에는 엘리베이터가 없기도 한데, 이런 경우 가구처럼 큰 물건을 구매할 때 배

송비가 더 청구되거나, 이사 비용이 더 많이 나오기도 한다. 따라서 엘리베이터가 없는 것보다는 이왕이면 있는 것이 좋다.

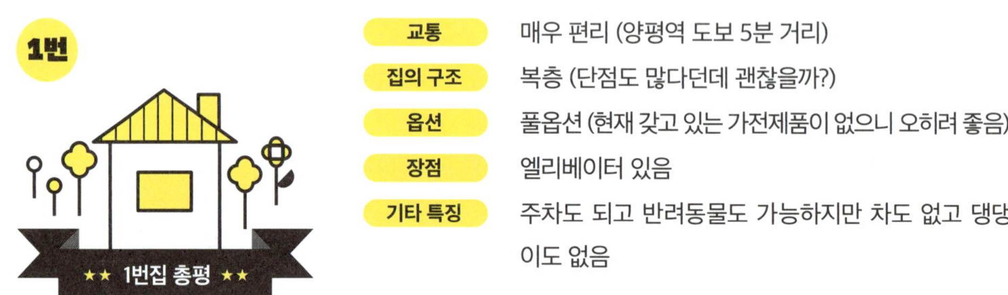

조금 더 나아가 온라인 매물 검색의 고수가 되고 싶다면, 집의 '옵션'에 포함되는 항목도 미리 살펴보도록 하자.
보통 매물 소개에 집의 옵션에 대한 내용이 나와있는데, 앞의 1번집은 '풀옵션'으로 소개되어 있지만 실제 옵션 항목을 보면 '에어컨'은 없다.

보통 풀옵션에는 '냉장고, 세탁기, 에어컨' 세 가지가 기본적으로 포함되므로 당연히 에어컨이 있겠거니 짐작하고 입주했다가 에어컨 없이 여름을 나는 상황이 발생할 수도 있다(물론 옵션은 말 그대로 집주인의 선택사항일 뿐이고, 내가 직접 에어컨을 사서 설치를 하면 되긴 한다).
참고로 간혹 '가스레인지'가 포함되어 있지 않은 집도 있다. 이처럼 생각보다 '집이라면 당연히 이런 것들은 있어야 하는 것 아닌가?' 싶은 것들이 옵션에 포함되어 있지 않는 경우가 있으니 꼼꼼히 살펴보자.

현직 공인중개사 TIP

01 '풀옵션'의 의미는 동네마다 다를 수도 있으며, 필수로 구비되어야 하는 가전을 의미하지만 보통 전자레인지는 포함되지 않는다.

02 또한 옵션에 TV와 침대는 포함되지 않는 경우가 훨씬 많으니 참고하자!

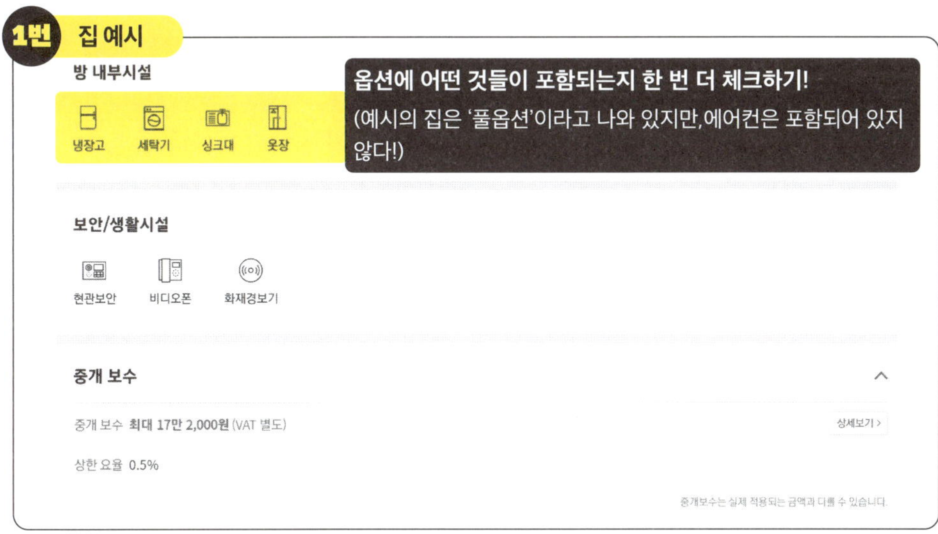

지도앱, 네이버로드뷰 활용하기

마음에 든 집과 자신의 주요 활동 지역 사이의 동선을 지도앱에 미리 찍어보는 것도 온라인 매물 탐색의 고수가 되는 방법이다.

네이버지도에 예시의 1번집과 광화문역까지의 길 찾기를 입력해보면 도보 7분에 지하철 20분이 찍히는데, 이 정도면 1번집은 광수 씨에게 출퇴근하기에 괜찮은 조건이다. 지도와 더불어 네이버로드뷰도 적극 활용해보면 좋다. 자취 장소를 정할 때 '그 지역만의 분위기'를 미리 볼 수 있기 때문이다.

또한 온라인에서 살펴본 모든 매물을 다 실제로 방문하기는 어려우므로 로드뷰로 먼저 체크해본 후에, 방문할 만한 가치가 있다는 판단이 들면 그 이후에 실제로 부동산 중개사와 함께 가보는 것도 좋은 방법이다.

다음 사진은 1번집을 실제로 네이버로드뷰를 통해 살펴본 결과이다. 집 바로 옆에 자그마한 공원이 있고, 정면 방향으로는 아파트 건물 공사가 진행되고 있다.
이런 경우 주변이 대체로 조용해 보이지만 내가 활동하는 시간대와 공사 시간이 맞물린다면 살짝 시끄러울 수도 있겠다는 '예측'을 로드뷰를 보며 미리 해볼 수 있다.

▲ 네이버로드뷰로 미리보기 (실제 집이 아닌 양평1동 주민센터를 예시로 함)

맘에 드는 점 바로 근처에 공원 있음.

아쉬운 점 주변에 아파트 건설 공사 중이라 소음이 걱정됨.

"그래도 한번 가서 실물을 보자!"

9

부동산 매물 '과장 광고 사진' 걸러내기

마지막으로 온라인 매물을 볼 때 '사진'의 힘에 대해 생각해봐야 한다.

특히 부동산 매물 사진은 대부분 광각렌즈로 최대한 넓어 보이게 찍힌 사진이라는 점을 알아두자. 때문에 '실제 집의 모습'은 사진으로 본 것과 완전히 다를 수 있다.

물론 부동산 매물도 상품이기 때문에 최대한 좋아 보이게 사진을 찍는 것이겠지만, 간혹 너무 과장된 사진도 있어 허위·과장 광고와의 경계를 나누는 것이 애매하다.

때문에 온라인에 있는 매물 사진은 그냥 참고만 하고, 실제로 수치화된 집의 크기와 구조(도면이 있는 경우 도면을 참고)를 위주로 판단하는 것이 낫다.

▲ 일반렌즈와 광각렌즈 사진 비교

* 매물 사진보다는 도면과 치수를 보고 세간살이가 들어 있지 않은 빈집을 상상하자. 그리고 나의 생활 패턴 및 내가 갖고 있는 가구 배치 등을 고려했을 때 괜찮을지, 집의 구조와 분위기, 시설 등을 종합적으로 고려해 판단하는 것이 좋다.

참고로 매물 사진을 볼 때

- 집의 일부만 촬영된 사진 (예: 한쪽 벽만 나온 사진)
- 보정이 너무 심한 사진 (사진 어느 한곳이 일그러지거나 늘어나 있는 경우)
- 가격과 실제 수치상의 크기 대비 너무 넓고 좋아 보이는 사진

등은 사진상으로는 아무리 좋아 보이더라도 실물과 다르겠구나… 생각하는 것이 정신건강에 이로울 수 있음을 참고하자.*

✔ 체크 포인트

- ☐ 매물의 디테일한 특징들 파악하기(준공년도, 옵션 포함 항목, 주차 여부, 엘리베이터 유무 등).
- ☐ 교통편 (내가 자주 가는 곳) 미리 지도에 찍어보기.
- ☐ 네이버로드뷰 활용하기.
- ☐ 온라인 매물 소개글에 올라온 사진은 참고만 하기.

03

이제 살 곳까지 정했으니 중개업소를 방문해 본격적으로 집을 보러 다녀야 한다.
하지만 부동산 중개업소는 평생 부모님과 함께 반문해본 게 전부라
막상 문을 열고 들어갈 용기도 나지 않는다. 소문에는 기 싸움도 만만치 않다던데…
과연 원하는 집 정보를 잘 얻을 수 있을까?

STEP 3
부동산 중개업소 방문하기

1

자취 초심자가
알아야 할
'중개업소에
연락하는 방법'

핵심 포인트

중개업소 연락 및 방문 순서
① 나의 관심 매물 리스트업
  (온라인)
② 방문할 중개업소 선정
③ 관심 매물 알려주고 보러 가겠
  다고 요청하기
④ 나의 조건 사항 중개업소에 말
  해주기
⑤ 실제로 보러 갈 약속 일정 잡기

이제 본격적으로 관심 매물을 보러 가기에 앞서 부동산 중개업소에 전화든, 문자든 연락을 해야 한다.

하지만 자취 초심자라면 태어나서 처음으로 하는 중개업소와의 커뮤니케이션에서 도대체 어떤 이야기를 해야 할지 그저 막막하기만 할 수도 있다.

이러한 사람을 위해 집 보러 갈 때 중개업소에 연락하는 방법을 크게 두 단계로 나눠보자면,

1. 보고 싶은 매물 번호를 알려주면서 '이 집을 보러 가겠다'는 의사를 전달
2. 부동산 중개인과 실제로 만날 약속 잡기

순으로 하면 된다.

2

집 보러 가기 전
'부동산 중개인과
꼭 해야 할 대화'
Best 5

다음은 집을 보러 가고 싶다고 연락했을 때 부동산 중개인과 해야 할 대화 주제 5가지를 꼽은 것이다.

아래 내용들은 중개인이 물어보지 않더라도 내가 먼저 이야기를 꺼내도 좋은 것들이니, 잘 알아두고 이러한 주제가 나왔을 때 당황하지 않도록 하자.

✔ **부동산 중개인과 꼭 하게 되는 대화 BEST 5**
  ① 보러 갈 집의 위치
  ② 보증금, 월세(또는 전세) 예산
  ③ 교통 관련 필수 조건
  ④ 입주 시기
  ⑤ 반드시 필요한 것 또는 안 되는 것

하나씩 살펴보자면, 우선 관심 매물과 지역을 이야기해야 한다. 상황에 따라 중개업소에서 '예상과 다른 지역도 둘러볼 의사가 있는지'를 물어볼 수 있다는 점을 미리 알고 있으면 좋다.

예를 들어, 나는 '양평역'만 생각하고 연락했지만, 경험이 많은 중개인이 나의 조건을 듣고 "영등포시장역 근처에 더 맞는 매물이 있는데 보실 생각 있으세요?"라고 물어볼 수 있다는 의미이다.

다음으로 나의 예산, 즉 보증금과 월세(또는 전세)가 얼마까지 가능한지를 말하면 된다.

참고로 전셋집을 구한다고 하면 중개업소에서 '대출을 받아야 하는지'를 반드시 물어볼 것이다. 보통 전셋집은 전세대출을 끼고 구하기 때문인데, 매물 종류에 따라서 대출이 가능한 집과 불가능한 집이 있으니 대출 필요 여부를 처음부터 명확하게 전달해야 한다.

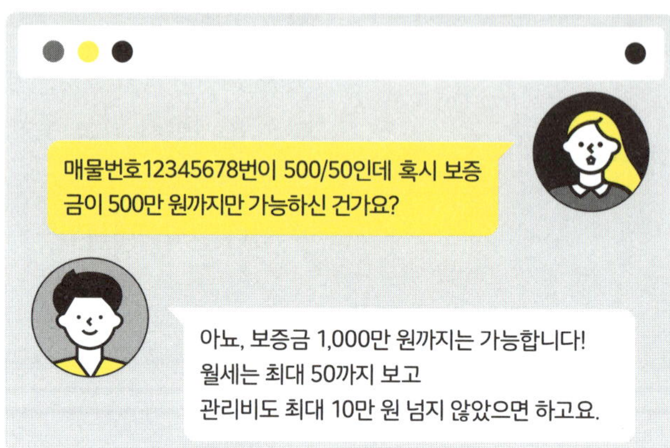

참고로 혹시 정확한 이사 날짜가 정해지지 않았다 하더라도 실제로 집을 계약하는 과정에서 중개업소를 통해 조정하면 되니, 처음에는 대략적인 시기만 이야기해도 괜찮다.

핵심 포인트

"이사는 언제쯤 하세요?"라는 질문 꼭 나오는 이유

중개업소에 집을 보러 가겠다고 연락을 하다 보면 꼭 받는 질문 중 하나가 바로 '입주 시기'와 관련된 것, 즉 "이사는 언제쯤 하실 예정이세요?"라는 질문이다. 이것은 매물로 나온 집에 기존에 살던 세입자가 이사를 나가는 시점과 새로운 사람(=나)이 들어오는 타이밍을 맞춰야 하기 때문이다. 때문에 중개업소 측에서 나의 희망 입주 시기에 따라 비어 있는 집(바로 이사를 들어올 수 있는 집)을 보여주거나, 아니면 나의 이사 시기에 맞춰 기존 세입자가 이사 날짜를 조정해줄 수 있는지 물어보기 위한 것이다.

3

내가 원하는
집의 필수 조건 등
전달하기

마지막으로 '내가 원하는 집의 조건'에 대해 어느 정도 미리 이야기를 하면 좋다.

예를 들어, 주변에 반드시 지하철역이 있었으면 좋겠다라거나 자차가 있어서 주차가 가능해야 한다거나 하는 필수 조건을 위주로 이야기하면 된다.

특히 반려동물을 키운다면 반려동물 동거가 가능한 집을 찾는다고 미리 이야기를 해야 시행착오를 줄일 수 있다.

위의 예시처럼 중개업소 중개인이 (내가 요청하지 않았지만) 괜찮아 보이는 집을 역으로 제안하는 경우도 종종 있다. 대부분의 중개업소에서는 온라인에 광고성으로 올려놓는 매물들보다 오프라인으로 확보하고 있는(온라인에 게시하지 않은) 괜찮은 매물의 종류가 훨씬 많기 때문에, 이렇게 중개업소에서 꿍쳐놓았다가(?) 알려주는 매물을 적극 방문해보는 것도 괜찮은 방법이다.

4

부동산 중개인과 약속 잡기

마지막으로 중개업소 중개인과 '실제로 만날 약속'을 잡으면 된다. 중개업소에 방문하면 매물을 1개만 보는 것이 아니라 내 조건에 맞는 집들을 n개 이상 보기 때문에 어느 정도 시간과 마음의 여유(+체력)를 가지고 가면 좋다.

이렇게 부동산 중개인과 실제로 집을 보러 가기 위한 약속을 잡은 이후에는 이제 나의 두 눈으로 매물을 직접 보고, 계약을 할지 말지 판단하는 과정만 남는다.

■ 특별편

현직 공인중개사의 심화 노트

제대로 된 부동산 중개업소 어떻게 찾을까?

눈 뜨고 코 베이지 않기! 부동산 '떴다방' 피하는 법

'떴다방'이라는 말을 들어본 적이 있는지? 떴다방이란 아파트나 오피스텔 분양을 목적으로 이동식 무허가 중개업소를 설치해 입주자를 호객하는 행위를 말한다. 1인가구는 아파트 분양 떴다방을 만날 일은 거의 없지만, 신축 오피스텔 등을 구할 때는 주의가 필요하다.

과거에는 파라솔이나 천막을 치고 단기간만 운영한 뒤 철거되었기 때문에 떴다방이라는 이름으로 불렸다. 파라솔이나 천막을 치더라도 '분양대행', '분양상담'이라는 명분이라면 공인중개사법에 저촉되거나 중개 행위에 해당하지 않아 법의 적용을 받지 않아서 위법이 아니다. 즉, '임시 시설물 등에서 중개행위를 했는가'로 판단한다는 것이다. 파라솔이나 천막 등의 임시사무소를 설치해 중개업을 하는 경우 단속 대상이 되나, 신규 분양사무소를 차리거나 천막이라도 신축 대행업을 할 경우는 단속 대상이 아니다. 즉, 정식으로 중개사무소를 설치하고 운영한다면 법에 저촉되지 않는다.

문제는 내가 이용할 중개업소가 단기로 운영할지 아니면 장기로 운영할지에 대해서는 알 수 없다는 점이다. 일부 대단지 입주장은 공인중개소를 짧게 운영하고 사무소를 넘기거나 폐업하는 경우도 있기 때문에 추후 계약기간이 만료되거나 계약 중간의 변수나 퇴실 등의 상황에 적절히 대처하기 어려울 수 있다.

이때 실제 현장에서 참고하면 좋은 팁이 있다. '로컬 맛집'일수록 간판은 허름하다. 겉만 번지르르하고 응대가 믿음이 가지 않는다면, 주변 오래된 중개업소에 가서 해당 오피스텔 매물에 대해 상담하고 정보를 들어보자. 여러 곳에서 매물을 보유하고 있는 경우 비교·검토해 중개업소를 선택하는 것이 좋다.

한국공인중개사협회 사이트에서 '공인중개사 검색'을 하

면 해당 중개사무소의 대표와 전화번호, 등록 여부가 공개
되므로 미등록 중개업소인지, 중개사인지 여부를 확인할
수 있다. 보통 정식으로 개업한 중개업소라면 큰 걱정은
하지 않아도 되지만, 파라솔 등 임시 시설물이나 무등록
업소에서 중개받는 것은 지양해야 한다.

명함에 공인중개사라고 적혀 있다고 해서 모두가 중개업소를 대
표하는 중개사는 아니다. 대표가 아닌 직원도 소속 공인중개사로
명함에 동일하게 기재되기 때문이다. 또한 중개보조원이라면 공
인중개사 명칭을 쓸 수 없고, 사무소에도 자격증이 걸려 있지 않
으며 명함에 직함과 직위만 나온다. 중개보조원은 손님에게 자신
이 공인중개사가 아님을 밝혀야 한다는 법 조항이 생겼지만, 현
실에서는 실효성이 떨어진다.

공인중개사 대표인 경우에는 '대표/공인중개사'라고 기재돼 있으
니 명함을 받으면 사무소에 자격증 게시가 돼 있는지도 확인해보
는 것이 좋다. 자격 게시는 의무이며 미게시한 경우 과태료 대상
이다.

04

부동산 중개인과 만날 약속을 잡고 드디어 대망의 첫 자취집(후보)을 보러 가는 날이다. 그런데 중개인의 안내를 따라 들어간 집에서 무엇을 해야 할지 도무지 감이 잡히지 않는다. 인쇼(인터넷 쇼핑)를 할 때에는 스펙도 확인하고, 착용샷, 사용 후기도 찾아봤는데… 집을 볼 땐 도대체 뭘 해야 하는 것일까?

STEP 4
집 보러 가기

집 보러 가기
Start

**체크리스트 100개를
보아도 '실전'과 '발품'이
관건이다**

이제 실제로 부동산 중개인과 만나 집을 보러 다니는 단계에 접어들었다면, 제대로 '발품을 팔겠다'는 각오를 해야 한다.

물론 마음에 드는 집이 짜잔 하고 한 번 만에 나타날 수도 있겠지만, 대체로 집을 보러 다니는 과정은 생각보다 직접 보고, 정보를 모으고, 장단점을 비교해보는 노력의 시간이 필요하다.

인터넷에서 '자취집 보러 갈 때 체크리스트'를 검색하면 100개는 족히 넘을 듯한 무수히 많은 버전이 나온다. 어차피 내용이 비슷하기 때문에 어떤 버전이든 상관은 없다. 다만 어떤 것을 보든, 기본적으로 크게 아래와 같은 것들을 확인한다고 보면 된다.

✔ **집 보러 갈 때 체크해야 할 것들**
　① 채광
　② 수압
　③ 습기(곰팡이)
　④ 냄새·통풍
　⑤ 냉·난방(보일러)
　⑥ 보안·안전
　⑦ 주변 사람
　⑧ 주변 환경

그런데 자취 초보자 입장에서는 '그래서 뭘 어떻게 보라는 거지?'라는 의문이 들 수 있다. 채광이든 습기든 각 항목별로 어떤 것이 좋은 건지 명확한 기준이 없기 때문에 그저 혼란스럽기만 하다.

다음은 '집 보러 갈 때 확인해야 하는 것들'을 총망라한 내용들이니 잘 참고해서 내가 방문한 집이 살기에 좋은 집일지 꼼꼼히 따져보도록 하자.

2

채광의
거의 모든 것

집을 볼 때 채광이 가장 중요하다고 하는데 어떤 집이 '채광 좋은 집'인지는 어떻게 알 수 있을까?

채광은 단순히 햇빛의 방향(남향인지 동향인지)을 떠나서 햇빛이 주로 집의 '어디에' 들어오는지, 그리고 얼마나 들어오는지를 보는 것이라고 이해하면 된다.

이때 '창문의 위치와 크기' 등도 중요한 요소이다. 예를 들어, 방 한쪽 벽면에만 창문이 있는데 누가 봐도 그곳에 가구를 놓아야 하는 구조라면, 창문이 가려져 채광이 생각보다 좋지 않을 것이다.

또한 채광은 주로 많이 머무는 공간(침실 등)을 위주로 판단해보는 것이 좋다. 햇빛이 어느 방향에서 오는지를 보고 집의 구조와 짐을 채웠을 때를 고려해서 내가 주로 생활하는 공간에 빛이 어떻게 들어올지를 상상해보자.

참고로 채광과 관련해 자신의 라이프스타일도 고려해볼 필요가 있다. 예를 들어, 나의 직업이 바텐더라면, 주로 밤에 일을 하고 낮에는 잠을 자는 패턴일 것이다. 이때 집의 침실이 동향이라면? 아침 새벽부터 해가 들이쳐 일어나기 싫어도 눈이 떠지는 경험을 하게 될 수도 있다.

이처럼 개인의 라이프스타일에 따라서 알맞은 채광 조건이 달라질 수 있음을 알아두자.

그리고 진정한 채광을 보려면 낮에 방문해 형광등을 다 끈 상태에서의 느낌을 봐야 한다. 보통 채광이 정말 좋은 집은 불을 켜지 않은 상태에서도 '환한 느낌'이 나기 마련이다.

3

통풍의
거의 모든 것

다음으로 통풍(환기)을 체크해야 한다. 통풍은 창문이 어디 있는지를 보는 것에서부터 시작한다.

창문과 대문을 열어놓는다고 가정했을 때, 맞바람이 치는 구조라면 통풍이 잘된다고 볼 수 있다. 대문의 맞은편 공간에 창문이 있다면 더욱 좋을 것이다.

맞바람까지는 무리이지만 그래도 있어야 할 곳(방 안, 거실 공간 등)에 창문이 있으면 그것도 나름대로 좋다.

특히 화장실에 창문이 있으면 마음속으로 가산점을 주자. 습도가 높은 화장실은 작게라도 창문이 있으면 환기에 큰 도움이 된다. 추가로 화장실 창문 여부와 상관없이 '환풍 장치가 제대로 돌아가는지'도 확인해보는 것을 추천한다.

4

냄새의 거의 모든 것

다른 요소도 그렇지만, 특히 '냄새'는 주관적인 느낌이 많이 좌우한다.

현재 누군가 집에 거주 중이라면 어느 정도 생활 냄새가 있을 수 있지만, 담배 냄새, 하수도 냄새가 확연하게 느껴질 정도라면 이사를 고민해보는 것이 좋다. 특히 하수도 냄새는 구조적으로 발생하기 때문에 냄새를 잡기가 어렵다는 점을 염두에 두자.

마지막으로 냄새와 관련해서, 집 주변에 상가 건물이 있고 그곳에 '음식점'이 있다면 집의 창문을 열어두었을 때 냄새가 심하게 들어오지 않는지도 한번 볼 필요가 있다.

5

(곰)팡이와의 전쟁

집을 볼 때 필수적으로 확인해야 하는 부분 중 하나는 바로 '곰팡이'가 있는지 여부이다.

인터넷으로 '습기', '곰팡이'와 관련한 내용을 찾다 보면 수많은 곰팡이 괴담을 보게 된다. 물론 살다가 약간의 생활곰팡이가 생기는 것은 자연스러운 일이지만 집 구조적으로 곰팡이가 잘 생긴다면 미관이나 건강 등 여러모로 좋지 않을 수 있으니 잘 살펴봐야 한다.

기본적으로 집에 '곰팡이가 잘 생기는 구역'이 있다. 집을 보러 갔을 때 이 장소들을 위주로 곰팡이가 있는지 확인해보면 된다. 곰팡이는 주로 벽과 장판이 만나는 부분, 즉 집의 모서리에 잘 생기고, 창문 근처, 장판 밑, 욕실 바닥(타일의 모눈줄)도 결로 등의 이유로 잘 생긴다. 가구가 옵션으로 있는 집이라면 가구 뒤편도 잘 확인해보자.

✔ 곰팡이가 잘 생기는 곳

① 벽과 장판이 만나는 부분(집의 모서리)

② 창문 근처(결로 현상으로 습기가 잘 생기는 부분)

③ 욕실 바닥, 타일의 모눈줄

④ 원룸의 경우 붙박이장 뒷편

⑤ 장판 밑

⑥ 그 외에 결로(벽 등에 맺히는 수증기)가 잘 생기는 곳

번외편 집은 마음에 드는데 곰팡이가 있다면 어떻게 할까?

만약 마음에 든 집이 있는데, 집의 한구석에 곰팡이가 있다면 어떻게 해야 하는지 알아보자.

① 집주인에게 청소/도배/장판 등을 새로 요청하기

월세라면 입주 전에 곰팡이를 이유로 집주인에게 곰팡이 청소나 도배, 장판 등을 새로 해달라고 요청할 수 있다. 그런 다음 생각에 따라 살 만할지 판단해보면 된다.

01 '도배·장판'을 새로 하는 것은 법적 권리라기보다는 전월세 계약을 원활하게 하기 위한 관습 및 관례에 해당한다.

02 통상적으로 월세 계약일 때는 도배·장판을 임대인이 해주고 전세 계약일 때는 세입자가 한다(단, 전세여도 이전 세입자가 오래 살며 많이 낡아졌다면 새로 들어오는 세입자에게 도배·장판을 해줄 수도 있다).

03 또한 월세 계약이라 하더라도 집주인이 거부하면 강요할 수는 없기 때문에, 애초에 계약할 때 잘 조율하는 것이 좋다.

② 도망치기

하지만 구조적으로 곰팡이가 생기는 상황인 경우(예를 들어, 집의 특정 부위에 결로 현상이 항상 생기는 경우), 이를 완전히 없애는 것은 쉽지 않다. 그러니 애초에 집을 볼 때 곰팡이가 있는지 꼼꼼히 살펴보고, 내가 살 만한 수준인지 판단해보자.

무엇보다 천장부터 곰팡이가 이어져 바닥까지 내려와 있

다면 정말 심한 경우이니 빠르게 도망치는 게 나을 수도 있다.

살면서 곰팡이가 생기지 않도록 하는 생활 습관도 중요하다. 특히 장마철처럼 습기가 많은 때는 춥지 않더라도 가끔 난방을 돌려주는 것이 좋다. 곰팡이 방지를 위해 주의를 기울이는 것은 내가 쾌적하게 살기 위해서도 중요한 부분이고, 세입자로서도 필요한 자세이다.

6

수압 볼 때는 뜨거운 물 꼭 틀어보기

집의 수압과 관련해서는 무엇을 봐야 할까?

보통 수압을 확인하기 위해 세면대 물을 틀어보고, 변기 물도 내려보고는 한다. 그런데 대부분 머쓱(?)하게도 물이 잘 나오고, 변기물도 잘 내려간다.

틀자마자 물이 잘 나오지 않는 집이라면 다른 장점들이 있어도 안녕 하는 것이 나을지도 모른다. 게다가 수압은 살다가 여러 가지 이유로 (머리카락이 막힘 등) 약해지거나 물이 안 빠지는 상황이 발생할 수 있기 때문에, 최초에 집을 보는 단 얼마 동안 '수압의 미래'를 예측하기는 쉽지 않다.

▲ 수압 알아보기

그럼에도 몇 가지를 짚어본다면 '뜨거운 물'을 틀어봐야 한다는 것이다. 되도록 지연 없이 온수가 잘 나오는 것이 좋다. 그리고 여건이 된다면 세면대에 물을 약간 받아놓고 내려가게 해보자. 그냥 물을 틀었을 때와 달리 물을 받아놓고 빠지게 하는 환경에서는 수압과 더불어 배수가 잘 되는지를 함께 체크해볼 수 있다.

이렇게 물을 계속 틀어보면 부동산 중개인 눈치도 보이고, 내가 너무 깐깐한가 싶을 수도 있다. 그렇더라도 내가 살 집을 실제로 보는 과정에서는 무심한 듯, 베테랑인 척 꼼꼼히 확인하며 쿨한 모습을 잃지 말자.

01 수압은 한 곳만 틀어보기보다는 변기 + 주방(싱크대 물) 등을 골고루 살펴보면 좋다. 이때 사용할 수 없을 정도로 물줄기가 너무 가늘게 줄어든다면 문제가 있다(이런 경우가 많지는 않다).

02 뜨거운 물은 집에 보일러를 꺼놓은 상태라면 잘 나오지 않을 수도 있다. 그럴 때는 1~2곳의 물을 트는 동시에 변기를 내려보자. 또한 세탁기를 돌릴 때 수압이 줄어드는 것은 어느 정도 당연하므로 이런 점은 감안하고 보도록 하자!

7

CCTV, '작동되는지' 까지 확인해야 고수다

안전과 관련해서는 크게 3가지를 본다고 생각하면 된다.

우선 기본적으로 CCTV가 어디에 있는지 확인한다.
집 앞이나 현관 들어오는 곳에 있으면 좋고 집 주변에 인적이 드물다면 '있어야 할 곳'에 가로등이나 CCTV가 충분한지 확인해보자.
만약 건물 내외부에 CCTV가 달려 있는 것을 본다면, "저거 작동 되는 거죠?"라고 지나가듯 물어보자. 모양만 CCTV인 경우가 간혹 있기 때문이다.

다음으로 집의 창문, 현관 등에 방범창과 도어락이 고장 나거나 파손된 곳은 없는지도 봐야 한다.
간혹 오래된 집에 도어락이나 안전장치가 없는 경우가 있는데, 이럴 땐 혹시 집주인이 도어락으로 바꿔주거나 추가 안전장치를 달아줄 수 있는지 등을 물어봐도 괜찮다. 집이 어느 정도 마음에 든다면 이런 부분을 보완해주는 조건으로 계약하면 어떻겠느냐고 중개사에게 먼저 제시하면 된다.

마지막으로 집의 위치도 안전과 관련이 있다. 보통 저층 (1층)이 위험하다는 의견도 있지만 이것도 집마다 다르니 너무 걱정할 필요는 없다.

만약 안전한 환경에 조금 더 신경을 쓰고 싶다면 집을 보러 갈 때, '낮과 밤' 모두 방문해보는 것을 추천한다. 처음에 낮에 방문했다면 해당 집이 '밤에는 어떤 모습인지' 보는 것도 중요하다. 예를 들어, 주변에 가게나 술집이 많다면 낮에 발생하는 소음과 밤에 발생하는 소음이 다를 수 있다.

중개사에게 같은 집을 2번 보러 가자고 하기가 껄끄럽다면 (껄끄러워하지 않아도 괜찮지만) 혼자 가서 집 주변이라도 겉에서 보고 와도 괜찮다.

8

월세를 깎을 수 있는 방법이 있다?

다음으로 집을 실제로 보는 과정에서 중개업소와 앞으로의 '비용'에 대한 부분도 확인해봐야 한다.

예를 들어, 다음의 실제 매물을 토대로 한 예시를 살펴보면, '보증금 조절 가능'이라는 항목이 눈에 띈다.

가끔 집주인에 따라서 보증금을 올리고 그 대신 월세를 낮춰주겠다고 하는 경우가 있는데, 보통은 보증금을 1,000만 원 올릴 때 월세를 5만 원 낮추는 것이 관례이다(다만 통상적으로 그럴 뿐 실제로는 집주인이 정하기 나름이다).

이처럼 보증금을 올리는 대신 월세를 일정 금액 조정하는 비율은 관례상 '전월세전환율'을 따르는데, 완전한 전세가 아닌 반전세나 부분전세로 계약할 때 전세와 보증금 간의 차액을 월세로 환산하는 것이라고 이해하면 된다.

▲ 매물 정보에 보증금 조절 여부가 나온 경우

보통 임대인 입장에서는 매달 일정한 현금 확보가 용이한 월세를 선호하는 경우가 많지만, 집주인에 따라서는 목돈을 확보할 수 있는 보증금을 선호하는 경우도 있기 때문에 월세를 (반)전세로 환원하는 것이 가능할 수도 있다.

다음 화면은 실제 매물에 적용된 보증금/월세 조정 비율을 나타낸 것이다.
보증금 1,000만 원 증액마다 월세가 5만 원 낮아지는 것을 볼 수 있는데, 이처럼 보증금과 월세의 조정 범위는 집주인이 정하므로 선택지가 많지는 않다. 1,000만 원이라는 목돈을 담보로 두는 대신 5만 원이라도 월세를 낮추는 것이 나을지는 개인 상황에 따라 판단해보면 된다.

매물소개
◆ 조건 : 1000/50 2000/45 3000/40 ~
◆ 주차 : 확인필요
◆ 옵션 : 에어컨, 드럼세탁기, 냉장고, 인덕션, 옷장 등
◆ 위치 : 양평역 인근

보증금에 따른 월세 조정은 '전월세전환율'에 따라 결정
(이 예시에서는 보증금 1,000만 원에 월세 5만 원 조정)

*모든 매물은 실매물을 광고합니다 하지만 실시간으로 변동될수 있기에 문의주시면 확인후에 바로 연락 드리겠습니다**

현재 세입자가 살고 있는 관계로 사진은 현 호실과 조금 다를 수 있습니다

모든 매물은 실매물을 광고합니다 하지만 실시간으로 변동될수 있기에 문의주시면 확인후에 바로 연락 드리겠습니다

톡톡문의시 연락처 함께 남겨주시면 빠르게 확인후 상담 도와드리겠습니다

♥임대인 관리부동산♥
♥편하게 연락주세요♥
♥원하시는 조건 말씀해주시면 매물 전부 찾아드립니다
♥직접 촬영하고 확인한 실매물 입니다
♥원룸,오피스텔,투룸 전문 부동산 입니다

▲ 보증금과 월세 조정 비율

'1,000만 원당 5만 원'의 법칙은 약식으로 빠르게 협의하는 방식으로, 사실상 관례에 가깝다. 원칙은 시중금리 등과 혼합해 '전월세환산율'이라는 것으로 계산하는데, 금리는 계속 변동하기 때문에 매번 달라진다. 최근 금리가 높아지면서 1,000만 원에 5만 원이라는 공식이 거의 들어맞아 실무에서도 대체로 이견 없이 그대로 통용된다.

'렌트홈 전월세 계산기'를 검색해서 계산해볼 수 있다(네이버 계산기도 있지만 렌트홈이 조금 더 정확하다).

9

부동산 중개인이 '네고왕'이면 좋은 점

다음으로 보증금이 500~1,000만 원 사이이고, 월세는 50만 원 이하인 다음 두 집의 사례를 살펴보자.
1번집과 2번집은 관리비에서 5만 원 차이가 난다.

이런 차이는 '전기 요금'이 포함되는지 여부인데, 통상적인 5~6평대 원룸에서 전기 요금이 5만 원이나 나오지는

않기 때문에 전기 요금 포함이라는 점을 감안해도 2번집의 관리비 13만 원은 높은 편이다.

이런 경우 중개업소에 이 집의 관리비가 (다른 곳에 비해) 특별히 비싼 이유를 물어보고, 큰 이유가 없다면 예산에 맞춰줄 수 있는지 중개인에게 '딜'을 부탁해보는 것도 방법이다. 타당한 이유가 있지 않는 한 주변 시세보다 비싼 가격으로 내놓은 매물에 대해서는 중개인이 센스(+의지)가 있다면 집주인과 세입자 사이에서 충분히 조정을 시도해줄 수 있기 때문이다.

중개인으로서의 역량이 이런 부분에서 발휘되기도 한다. 그러니 집을 보러 다니는 동안 혹시 중개인이 중간에서 잘 협의해줄 만한 부분이 없을지 잘 살펴보자.

조금 번거롭고 부담스럽게 느껴질 수도 있지만 이런 부분까지 파악해 요청하는 것은 나를 위한 것이자, 결국 내가 해야 하는 내 몫이다.

1번집	2번집

• 월세 500/42
• 서향 (안방 기준)
• 저층/복층형/6평
• **관리비 8만 원**
  (가스, 수도, 인터넷/TV)
	• 월세 1,000/50
	• 북동향 (거실 기준)
	• 중층/오픈형/5평
	• **관리비 13만 원**
	  (가스, 수도, 전기, 인터넷/TV)

10

어떤 중개인이 '좋은' 중개인일까

✓ **체크 포인트**

☐ **보증금 조정**
매물에 따라서 보증금/월세를 조정해볼 수 있는 집들이 있으니 중개업소에 확인해볼 것.

☐ **좋은 중개업소를 만나려면,**
일단 많이 돌아다녀보기.

☐ **만나면 좋은 중개인 유형**
사람마다 다르지만 '중요한 것'을 명확하게 알려주고 챙겨주는 중개업소 Good!

'좋은 중개인'이란 주관적인 기준이므로 정답은 없다. 다만 집을 구하는 입장에서는 나와 임대인이 모두 계약의 당사자라는 것을 스스로도 인지해야 한다.

중개인이 그 사이에서 내 맘에 드는 집을 찾아내고 '계약'이라는 목표를 향해 가도록 조율해주는 것이 (나에게) 좋은 구조이다. 이런 구조를 인지하고 비슷한 느낌으로 대해주는 중개인을 만난다면 가장 좋다.

그래서 보통 '중개업소를 많이 돌아다녀야 한다'는 조언이 많다. 중개업소를 n군데 이상 다니다 보면, (마치 소개팅과도 같이) 어느 순간 '잘 맞는' 중개인을 만나게 될 것이다. 인간적으로 잘 맞는 것보다는 되는 것과 안 되는 것 등을 명확하게 알려주고, 중요한 점은 확실하게 고지해주면서 전문성이 있는 중개인이 나름 좋은 중개인이다.

11

보일러는 그냥 다 '콘ㄷ싱·귀ㄸ라미' 아닌가요?

(정답: 아니다)

보통 '난방' 하면 흔히 쓰는 도시가스 보일러를 떠올린다 ("콘덴싱 만들어요~"의 그 보일러 맞다). 그런데 내가 살 집을 알아볼 때에는 이게 전부가 아니라는 점을 명심해야 한다.

우선은 집을 보러 가서 "보일러 좀 볼게요"라는 말을 꼭 해보자. 집을 보러 간 시점이 여름이더라도, 기본적으로 냉·난방 시설이 혹시 고장 난 곳은 없는지 살펴봐야 하기 때문이다. 때문에 기존에 살고 있는 사람에게 잠시 양해를 구하고 보일러나 에어컨을 가동해보는 것을 추천한다. 또한 여름이나 겨울에 전기 및 가스 요금은 얼마 정도 나오는지를 물어보는 것도 잊지 말자.

✓ 내가 모르던 3가지 난방 방식

① 개별난방
② 중앙난방
③ 지역난방

참고로 집을 볼 때는 난방 방식을 한번쯤 확인해볼 필요가 있다.

물론 대부분은 개별난방에 도시가스를 사용하지만, 언제나 예외가 있기 마련인데, 이때 난방 방식의 종류를 알지 못한 채 내가 '예외'에 해당해버리면 굉장히 당황할 수 있다.

다음 예시와 같이 매물 정보에는 '난방 방식'이 별도로 표기되며, 크게는 '개별난방'과 '중앙난방' 두 가지로 나뉜다.

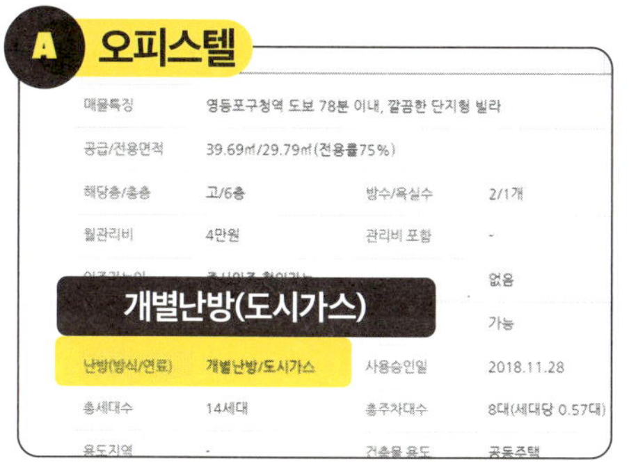

매물특징	영등포구청역 도보 78분 이내, 깔끔한 단지형 빌라		
공급/전용면적	39.69㎡/29.79㎡(전용률75%)		
해당층/총층	고/6층	방수/욕실수	2/1개
월관리비	4만원	관리비 포함	-
입주가능일	즉시입주 협의가능		없음
			가능
난방(방식/연료)	개별난방/도시가스	사용승인일	2018.11.28
총세대수	14세대	총주차대수	8대(세대당 0.57대)
용도지역	-	건축물 용도	공동주택

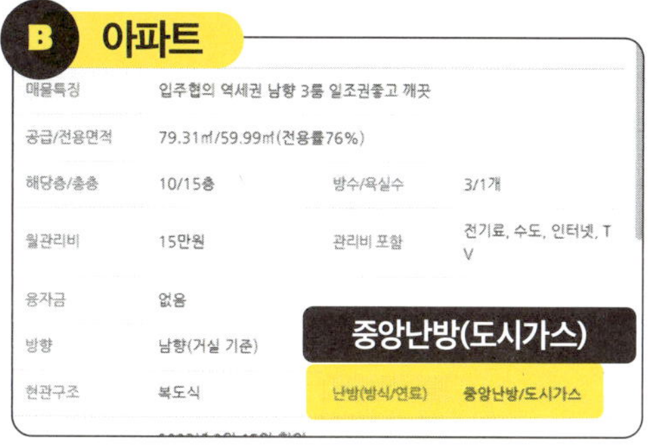

매물특징	입주협의 역세권 남향 3룸 일조권좋고 깨끗		
공급/전용면적	79.31㎡/59.99㎡(전용률76%)		
해당층/총층	10/15층	방수/욕실수	3/1개
월관리비	15만원	관리비 포함	전기료, 수도, 인터넷, TV
융자금	없음		
방향	남향(거실 기준)		
현관구조	복도식	난방(방식/연료)	중앙난방/도시가스

▲ 난방 방식이 별도로 표기된 매물 정보

개별난방과 중앙난방의 차이는 난방 설비가 어디에 있는지에 따라 다르다.

① 중앙난방은 공용으로 쓰는 난방 설비가 집 바깥에 있고, 해당 권역에 있는 다수의 집들에 난방을 공급하는 방식이다.

② 개별난방은 집집마다 별도로 난방 설비가 집 안에 있고, 하나의 집에만 난방을 공급하는 방식이다.

보통 집에 도시가스 보일러(예: 귀○라미)가 설치되어 있다면 개별난방 방식인 셈이다.

한편 번외로 '지역난방'이 있다.

지역난방이란, 전기를 생산하는 지역 발전소에서 발생하는 고열을 이용해서 뜨거운 물을 데운 다음 주변 아파트나 집에 공급해주는 것이다.

지역난방은 집 안에 별도의 난방 시설이 필요 없기 때문에 그만큼 공간이 확보되고, 비용 측면에서 개별난방보다 30% 정도 저렴하다고 한다. 보통 대규모 아파트 단지에 적용된다.

12

개별난방 vs 중앙난방 무엇이 더 좋을까?

(정답: 이왕이면 개별난방)

난방 설비의 위치에 따라 '난방의 컨트롤타워가 어디 있는지'도 갈리는데, 바로 여기서 개별난방과 중앙난방의 장단점이 발생한다.

우선 개별난방은 각각의 집이 난방의 주도권(?)을 갖고 있다. 온도 조절도 마음대로 할 수 있고, 필요한 만큼만 쓰면 비용도 그에 비례해서 내게 된다. 다만 보일러가 고장났을 때 책임(유지보수 비용)도 주도권을 가진 쪽에서 부담

한다(즉, 내가 알아서 고쳐 써야 한다는 뜻). 난방설비가 집 안에 있기 때문에 가동되는 소리가 시끄러울 수 있다는 단점도 있다.

반면 중앙난방은 공용 난방기계실(관리실 또는 집주인)에 주도권이 있다. 때문에 개인이 원하는 시점이나 온도를 맞춰서 난방할 수 없다는 것이 불편할 수도 있다.

난방비는 대부분 전체 공급 가구가 1/n을 해서 부담하는 경우가 많다(물론 예외도 있다).

만일 내가 여행으로 2주간 집을 비우게 되더라도 내 집만 2주 동안 난방을 꺼둘 수가 없기 때문에 나의 사용 패턴에 따라 난방비를 조절할 수 없다는 점도 특징이다. 또한 고장이 나더라도 내가 직접 관리하지 않아도 된다는 점은 장점이기도 하다.

중앙난방		개별난방
공용건물의 공동 설비 기반	**난방 방식**	개인(집)의 개별 설비 기반
관리비가 비싼 편	**비용**	사용량에 따라 조절
개별로 관리 불가능 온도 조절 맘대로 안 됨	**관리 방법**	개별 관리 온도 마음대로 조절 가능
온수 바로 나옴	**특징**	온수 예열까지 시간이 좀 걸림
정해진 시기, 시간만 가동 가능함	**단점**	보일러 공간 차지 / 소음
고장 여부 개인이 신경 쓰지 않아도 됨	**고장 났을 때**	고장 났을 때 관리 비용 추가

▲ 중앙난방과 개별난방 차이 비교

← 아기자취새   〈자취꿀팁〉 오픈 채팅방

현재 중앙난방 원룸 빌라에 살고 있는 자취 초보입니다. 중앙난방 사시는 분들 관리실에서 난방 언제부터 틀어주시나요 ㅠㅠ

겨울살이

제가 사는 오피스텔은 작년 겨울 관리실에 춥다고 말했더니 다른 집에선 오히려 덥다고 민원 들어온다며 결국 11월 되어서야 틀었어요.

이번 겨울 춥다던데 난방비도 걱정이네요(눈물)
혹시 중앙난방 난방비는 얼마 정도 나올까요?

운수좋은날

작년에 중앙난방 오피스텔에서 관리비 10만 원으로 퉁쳐서 살았고, 난방도 따뜻하게 잘 되었어요!
하지만 집집마다 천차만별이지 않을까요?!

그렇겠죠? 자취가 처음이다 보니..
중앙난방 너무 어렵네요 흑흑.

1타강사

보통 연식이 좀 된 원룸이나 일부 오피스텔에서 중앙난방 방식을 사용하는데요, 이런 집에 살기 전에 몇 가지를 알아두면 좋습니다.

우선 냉방과 난방이 동시에 되지 않을 확률이 높은데, 이때 같은 건물 내라도 개별 냉/난방을 할 수는 없습니다.

예를 들어, 4월에 날씨가 애매할 때, 북향 세대는 추워서 난방을 틀고, 남향 세대는 더워서 냉방을 틀 수는 없다는 뜻입니다. (그리고 하나 더, 중앙난방일 때는 관리실이나 집주인이 정한 온도 이상으로 난방온도를 올릴 수도 없습니다.)

별도로 중앙난방 외에 '중앙냉방'도 있답니다. 집집마다 별도로 실외기가 설치되어 있지 않다면 중앙냉방 방식일 수 있답니다~!

1타강사님 혹시 자취 천재이신가요?
자세한 설명 너무 감사합니다!

참고로 인터넷에 '중앙난방 후기'들을 찾아보면 다양한 사례가 나온다. 물론 여기에도 역시 진리의 '집 바이 집'이 적용되므로 중앙난방이라고 해서 꼭 불편하기만 한 것은 아니다. 다만 내가 살게 될 집의 냉난방 특성을 정확히 알고 들어가는 것이 필요하다는 점 정도만 기억하자.

13

중개인과 딜하기
부동산 사장님 피셜
집 볼 때 하면 안 되는 것
(feat. 마리텔)

핵심 포인트

**'마리텔' 출연 부동산 사장님의
꿀팁**
① 예산 다 이야기하지 말 것
② 중개업소 방문 초보/학생일 경
　우 혼자 가지 않기
③ 초보 티 내지 말기
④ 마음에 들어도 티 내지 않기

지난 2016년 방영된 〈마이 리틀 텔레비전〉(이하 마리텔) 71, 72회에 진짜 현업에 종사하는 중개업소 사장님이 출연했다. 당시 '좋은 집을 구하기 위해 중개업소 가서 이렇게 해야 한다'는 주제로 설명한 내용이 꽤 화제가 되었다. 자신의 예산을 다 말하지 말기, 중개업소에 방문할 때 초보라면 어른(또는 부모님)과 동행하기, 주변 방을 많이 보고 온 척하기("집 처음 보는 거예요~" 라고 솔직하게 말하지 말기), 결정은 혼자 하지 않는 것처럼 말하기, 집이 마음에 들어도 너무 티 내지 않기 등 피가 되고 살이 되는 생생한 조언들이 온라인상에서 마치 족보처럼 현재까지도 떠돌아다니고 있다.

다만 진짜 자취 초보자의 입장에서 따라 하기 쉽지 않은 것도 있다 보다 자세히 알아보도록 하자.

Q 예산은 솔직하게 다 말하면 안 된다?

돈과 관련한 의사 표현은 명확해야 한다. 단, 처음에 나의 예산 최대치(Max)를 먼저 말할 필요는 없다.

아무래도 중개인의 입장에서는 같은 조건이라면, 더 비싼 집을 소개하는 것이 여러모로 좋을 것이다. 물론 그렇다고 모든 중개인이 무조건 비싼 집을 들이미는(?) 것은 아니고, (그래봤자 예산이 안 맞으면 계약이 성사되지 않아 소용 없기 때문에) 대부분은 세입자의 예산에 최대한 맞춰 마음에 들 만한 집을 제시하기 마련이다.

단, 내가 "보증금 ○○만 원에 월세 △△만 원까지 괜찮아요"라고 이야기하는 순간, 그보다 약간 비용이 덜 들면서도 괜찮은 집이 나에게까지 소개되지 않는 상황이 발생할 수 있다.

중개인 입장에서는 ○○만 원까지 괜찮다고 했으므로 더 싼 집은 다른 만약을 위해 (예산이 더 낮은 고객 등) 남겨놓고자 할 수 있다. 그렇기 때문에 먼저 예산을 다 오픈하지 말라고 하는 것이다.

또 한 가지 이유는, 슬프게도 마음에 드는 집은 높은 확률로 내 예산을 초과하기 때문이다(이것은 거의 진리에 가깝다). 때문에 미리 예산의 최대치를 다 말하기보다 적정한 수준을 먼저 이야기하고, 실제로 집을 보면서 차차 가격을 맞추는 과정에서 더 좋은 집을 찾는 경우가 많다.

단, 중개인과 돈에 관한 명확한 소통은 매우 중요하다는 점은 명심해야 한다. 어차피 중개인들도 집을 보러 온 사람들이 예산을 다 오픈하지 않는다는 것을 어느 정도 알고 있다.

그 외에도 대출을 받기 위해 집에 결격사유가 없어야 한다거나, 계약금을 얼마 정도로 했으면 좋겠다거나 하는 등 예산 정보는 서로 명확하게 주고받아야 안전한 계약을 할 수 있다는 것도 꼭 염두에 두어야 한이다.

Q 중개업소에 갈 때 혼자 가면 안 좋다?

부동산 경험이 많은 누군가와 동행하면 당연히 좋다. 하지만 혼자 다닐 수밖에 없다면 최대한 많은 중개업소를 다녀보고 '좋은 중개인'을 만나자.

그만큼 집을 보는 것도 나름 경험이 쌓여야 하는 영역이라는 것이다. 때문에 정말 초보 자취러는 '본인이 무엇을 모르는지 몰라서 질문조차 못하는' 경우도 있다.

나는 이미 어른인데, 왠지 부동산과 관련해서는 한없이 아이가 되는 기분이 들 수 있다. 이런 점 때문에 서울시에서는 1인가구 집 구하기를 위한 '주거 안심 매니저' 서비스를 운영 중이다.

중개업소와 윈-윈하기 위해서는 '선을 잘 타는 것'이 중요하다.

예를 들어, 시세나 집의 여건을 고려하지 않고 무조건 비용을 깎으려고 하는 것도 좋지는 않고, 반대로 '빨리 계약하는 것이 좋다'는 말에 급하게 결정하다가는 후회할 확률이 매우 높다.

집이 마음에 든 것과 실제로 계약하는 것은 완전히 별개이므로 집에 관해 최대한 많은 것을 명확하게 물어보고 계약서를 쓰기까지 절대 조급하지 않(으려 노력하)도록 하자.

그리고 계약이나 집 관련 비용에 대해 말이 너무 자주 바뀌거나, 두루뭉술하게 말하거나, 전문적인 부분에서 확실한 답변을 주지 않는 중개인은 좋다고 볼 수 없다.

ⓠ 왜 집이 마음에 든 티를 내지 말아야 할까?

마음에 든 티가 나면, 그 외의 것들을 '네고'해볼 여지가 줄어들기 때문이다. 집을 알아보는 과정은 은근히 심리적인 요소가 많이 좌우하기도 한다.

예를 들어, 역에서 멀리 떨어진 어떤 집 A가 모든 조건들이 마음에 쏙 들고, 심지어 집 앞에 회사로 바로 가는 버스 정류장이 있다면 나에게 굉장히 좋은 집이다. 그런데 보통 역세권 집은 교통 프리미엄이 붙어 다른 집들보다 시세가 조금 더 높게 형성된다.

이런 상황에서 A가 좋다는 생각은 속으로만 하고, '이 집은 역에서 좀 멀리 있는데 역세권 가격이니까 월세를 조금이라도 깎을 수 있으면 당장 계약할 생각이 있다'며 중개인을 통해 협상을 시도할 여지를 만들어야 한다.

✔ 체크 포인트

☐ 예산에 어느 정도 **여유를** 두고 집 알아보기.

☐ 중개업소는 최대한 많이 돌아다녀 보고, 되도록 **조급하게 결정 내리지 않기.**

☐ 집이 마음에 들더라도 너무 티 내지 않고 **'협상 여지'** 만들어 보기.

이때 운이 좋아서 집주인이 세입자를 빨리 들이고 싶어하거나 자신의 집이 비역세권이라 경쟁력이 약간 떨어진다고 생각한다면 당장 계약하겠다는 매수인의 요구사항을 받아들여줄 확률이 보다 높아진다.

그런데 누가 봐도 이 사람은 계약하겠구나 싶으면 중개인의 입장에서도 굳이 더 노력할 여지가 줄어들 것이다. 그래서 집이 너무 마음에 들더라도 어느 정도는 '포커페이스'가 필요하다는 것이다.

집 보러 갈 때 체크리스트

☐ 채광

낮에 가서 불 다 끄고 집에 해가 얼마나, 어디에 들어오는지 보기.

☐ 통풍

창문이 어디에 있는지가 중요. 화장실 환풍기도 잘 작동되는지 확인하기.

☐ 냄새

화장실, 부엌 배수구 등에서 나는 고질적인 냄새·주변에 상가 있는 경우 특정 냄새 주의(예: 음식 냄새).

☐ 수압

뜨거운 물 잘 나오는지 꼭 틀어보기.

☐ 습기

곰팡이 잘 생기는 곳 위주로 곰팡이 있는지 확인하기.
곰팡이가 있다면 집주인에게 도배·장판을 새로 해줄 수 있는지 여부를 확인받자.

☐ 보안·안전

낮과 밤 모두 살펴보면 좋다.
CCTV나 방범창은 '고장 나지 않았는지' 까지 확인!

05

드디어 마음에 드는 인생 첫 자취집을 만나 계약서를 쓰는 단계에 이르렀다. 그동안 인터넷을 뒤지고, 발품을 팔며 무수히 많은 집을 보러 다닌 보람이 있다. 하지만 중개업소에서 "다음 주에 계약서 쓸 테니 도장 들고 오세요"라며 온 연락에 다시 한번 작아지는 나를 느끼게 되는데…

STEP 5
계약하기

드디어 생애 첫 자취집 계약을 앞둔 지금. 그러나 부동산 계약서라고는 써본 적이 없는 경우가 대부분일 것이다. 우선 자취집을 계약하는 과정은 대략 아래와 같은 절차를 거친다.

꼭 위와 같은 순서일 필요는 없지만, 계약서를 쓰기에 앞서 나에게 필요한 부분들이 '실제 계약서'에 잘 반영될 수 있도록 협의해야 하고, 결과적으로 합의된 내용들이 '그대로 계약서에 잘 담기는지'까지 직접 신경 써야 한다는 점도 잊지 말자(중개업소에서 알아서 다 해주겠거니 하면 안 된다는 뜻이다).

1

집에 빛이 있는지 확인하기
(등기사항전부증명서)

우선 계약하고 싶은 집이 생기면, 계약 의사를 밝히면서 집의 근저당(빛이 얼마나 있는지)을 확인해야 한다.

이를 알기 위해서는 그 집의 '등기사항전부증명서(이하 등기부)'을 봐야 하는데, 등기부는 사람으로 치자면 주민등록등본에 해당하는 공적인 증명서가 집, 토지 같은 부동산에 적용된 것을 의미한다. 즉, 쉽게 표현하자면 '집의 신분증'인 셈이다.

등기부 왜 봐야 할까?

어떤 미친 사람 A가 지나가는 길에 있는 아파트를 자기 소유라고 주장한다고 하자.

하지만 그 아파트의 주인이 등기부상에는 실제로 B로 기재되어 있다면, A의 말만 믿고 A와 계약해서는 안 될 것이다. 이때 법적+공식적으로 "이 집의 소유주는 김○○이다"라고 누구나 볼 수 있도록 해놓은 것이 바로 등기부이다. 등기부는 누구나 열람할 수 있는데, 이렇게 공개해둔 이유는 임차인이 등기부를 보고 자신이 계약할 집과 그 주인의 소유권, 채무관계 등 은밀한(?) 부분까지 파악해 신뢰 가능한 계약이 이루어지도록 한 것이다.

집의 등기부를 확인하는 것은 담배나 술을 살 때 혹시 미성년자는 아닌지, 실제로 그 사람이 맞는지를 확인하는 신분증 검사와 비슷한 맥락이다.

이처럼 본격적인 계약에 앞서 내가 계약하고 싶은 집의 신분증을 보고 그 집에 하자는 없는지, '내가 구경한 집'과 '계약할 집'이 일치하는지, 그리고 그동안 말로만 오고 갔던 집과 관련된 정보들(예: 집주인이 누구인지 등)이 실제로 등기부에 적힌 내용과 맞는지 확인하는 과정을 거쳐야 한다는 점을 기억해두자.

마음에 든 집을 계약하겠다고 하면 보통은 중개업소에서 먼저 해당 집에 근저당 설정이 되어 있는지 여부를 설명해주고, 등기부도 확인해준다.

다만, 미리 문자 등 사진 첨부를 통해 받아본 내용은 참고만 하고, 실제로는 계약하는 당일에 등기부를 다시 확인해야 한다는 점도 꼭 기억하자.

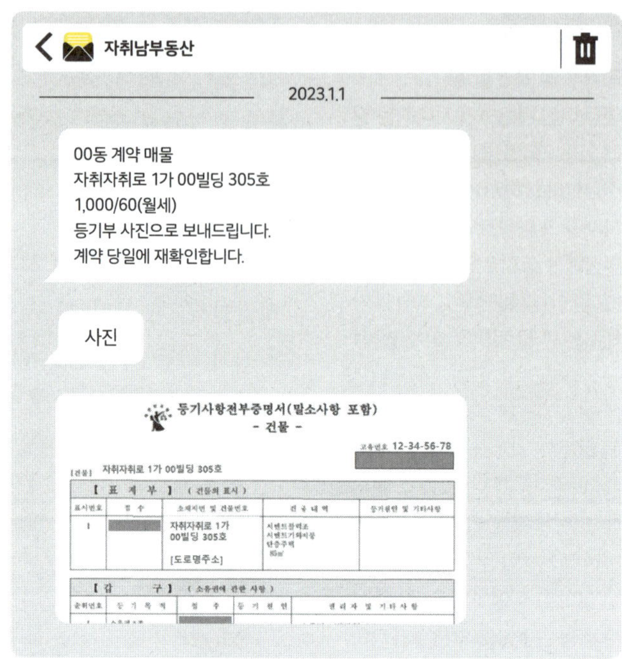

참고로 위 예시처럼 계약과 관련된 중요한 내용이 오고가
는 문자나 통화는 추후에 모두 법적으로 의미 있는(즉, 법
적인 의사 표시라고 인정될 만한) 것들이니 신중하게 답변해
야 한다는 점도 염두에 두면 좋다.

2

금액 확인

**최종_최최종 &
기타 특이사항들**

다음으로 집의 금액과 관련한 사항을 확인해야 한다.

처음에 봤던 보증금/월세/관리비(포함 항목)의 금액이 맞
는지 다시 한번 더 중개인과 확인해보고, 집을 보는 과정
에서 특이사항이 있었다면 계약서에 그 내용이 들어갈 수
있도록 다시 논의해야 한다.

예를 들어, 집을 보는 과정에서 벽지가 낡아서 집주인이
도배를 새로 해주기로 했었다고 치자.

그러면 계약에 앞서 이러한 내용을 다시 한번 확답받고, 그 내용을 계약서에 명시할 수 있는지(보통은 계약서상에 '특약'으로 들어간다) 물어보면 된다.

3

계약일 · 잔금일 (이사 날짜) 협의하기

부동산 거래의 특이한 점은 보통의 경제활동(?)과 다르게 여러 번에 걸쳐 돈을 낸다는 것이다. 즉, 돈을 한 번에 내지 않는다.

보통의 월세 계약은 전체 거래 금액이 크지 않아 계약금/잔금으로 2번에 나눠 지급하며, 계약금은 통상적으로 계약서를 작성하는 날 낸다(금액이 큰 부동산 거래는 계약금/중도금/잔금 등 3번으로 나누어 거래가 이루어진다).

때문에 계약서를 작성하는 '계약일'과 나머지 금액을 지불하는 '잔금일'을 별도로 결정해야 한다.

잔금일은 계약서를 쓸 때 계약서상에 명시하는데, 때문에 잔금일에 실제로 보증금 등에 필요한 목돈을 마련할 수 있는지 비용 계획을 잘 세워놓아야 한다.

예를 들어, 3월 6일에 만기되는 적금이 있어 보증금으로 낼 생각을 하고 잔금일을 3월 8일로 설정했는데 알고 보니 적금 만기일이 3월 16일이었다면, 보증금 마련을 위해서 만기가 되지 않은 적금을 깨야 하는 아까운 상황이 생길 수도 있다.

01 등기부에 나와 있지 않은 권리들은 흔히 '채권'이라고 불리는 권리이다.

02 다가구주택처럼 한 집에 여러 호수가 살고 주인은 한 명이라면 앞선 세입자들의 보증금 현황은 나와 있지 않다. 그러나 이 세입자들의 보증금도 '집주인의 빚'으로 간주되기 때문에 해당 내역을 꼭 확인해봐야 한다.

03 잔금일자가 바뀔 가능성이 있다면 특약에 "잔금일자가 변동될 수 있다"라는 내용을 기재해주면 안전하다!

4

등기사항전부 증명서

집의 '신분증' 역할을 하는 등기부 구조 파악하기

부동산등기부란?
(풀네임=등기사항전부증명서) 부동산에 관한 권리관계 또는 부동산의 현황을 기재하는 장부. 2011년 정부가 문서의 명칭을 바꿨다.
(출처: 법원 인터넷등기소)

보통 마음에 든 집을 계약하겠다고 하면, 중개업소에서 먼저 그 집의 등기부를 확인시켜준다. 등기부는 앞에서 본 것처럼 집의 신분증 역할을 하는 공적 서류다.

그런데 보통의 문서와 다르게, 등기부는 제대로 보는 방법을 알아야 한다. 어떻게 읽는지를 모르면 그냥 글자의 나열일 뿐, 문서에 담긴 의미를 알 수 없기 때문이다.

등기부는 계약할 집과 관련해 법적인 권리가 누구에게 있는지를 보여주고, 재산으로서 그 집의 소위 말하는 '스펙'을 객관적으로 나타내는 역할을 하기도 한다. 때문에 계약 전에 반드시 계약할 집의 등기부를 확인해보는 것이 필요하다.

❶ 등기부의 구조

우선 등기부는 이렇게 생겼다. 크게 '표제부', '갑구', '을구' 라는 이름의 3가지 파트로 나뉜다.

등기사항전부증명서
- 건물 -

고유번호 111-22-333

[건물] 경기도 성공시 대시작동 01-2

[표제부]	(건물의 표시)		
1	경기도 성공시 대시작동 01-2	철근콘크리트조 85m²	

[갑구]	(소유권에 관한 사항)		
1	소유권보존	2020.3.4	소유자 박자취 670101-xxxxxxx 서울시 자취로 19가 xx 아파트

[을구]	(소유권 이외의 권리에 관한 사항)			
1	근저당권설정	2021.8.5 제33호	2021.8.5 설정계약	채권최고액 금 121,000,000원 채무자 박자취 서울시 자취로 19가 xx아파트

▲ 실제 등기부를 단순화해서 표현한 것

표제부: 집과 관련된 객관적 사실

'표제부'에는 집과 관련된 객관적인 사실들이 쓰여 있다. 집 주소, 어떤 식으로 지은 건물인지(예: 철근콘크리트 구조), 집의 면적 등이 나와 있다.

갑구: 집의 소유권과 관련된 내용

등기부의 '갑구'는 집의 소유권이 누구에서 누구에게로, 어떻게 넘어갔었는지 히스토리를 남기는 곳이다. 예를 들어, 집 A를 처음에 '김주인'이라는 사람이 샀다가 이후에 '박주인'에게 매매했다고 하면 갑구에 '김주인', '박주인' 두 사람 이름이 나온다.

을구: 소유권 이외의 권리사항
(주로 집에 얽힌 '빚'이 얼마인지 나와 있음)

등기부의 '을구'에는 융자, 전세권, 임차권등기명령 등 해당 집에 얽힌 소유권 이외의 법적 권리관계들이 나와 있다. 압류니 전세권이니 하는 것들을 보면 머리가 아프겠지만 쉽게 말해서 집주인을 제외하고, 그 집에 대해 법적으로 이런저런 '권리'를 갖고 있는 '제3자들'이 누가 있는지 나와 있다고 보면 된다. 이러한 권리 중 대표적으로는 **융자관계(=근저당권=빚)**를 확인할 수 있다.

❷ 등기부 '을구'에는 내용이 없을수록 좋다(?)

만약 3억짜리 집을 가진 집주인이 그 집을 담보로 ○○은행에서 8,000만 원 대출을, △△은행에서 2,000만 원 대출을 받았다고 치자.

그러면 ○○은행과 △△ 은행은 만약 집주인이 파산하거나 끝내 대출을 갚지 못하는 경우, 해당 집을 팔아서라도 대출금을 되찾을 수 있는 일종의 권리가 생긴다.

이럴 때 해당 집의 등기부에 ○○은행과 △△은행의 근저당권에 대해 기재되는데, 등기부의 '을구'에는 이렇게 소유주 외 제3자들이 가진 (소유권 이외의) 권리들이 나와 있다고 보면 된다.

그런데 이때 은행이 대출금을 회수하고 나서 남은 돈 중에 임차인의 보증금을 돌려주게 되는데, 3억-(8,000만 원)-(2,000만 원)을 빼고 나면 2억이 남는다. 그런데 만약 내 보증금이 2억 원보다 크다면 보증금을 전액 돌려받지 못하는 상황이 발생한다.

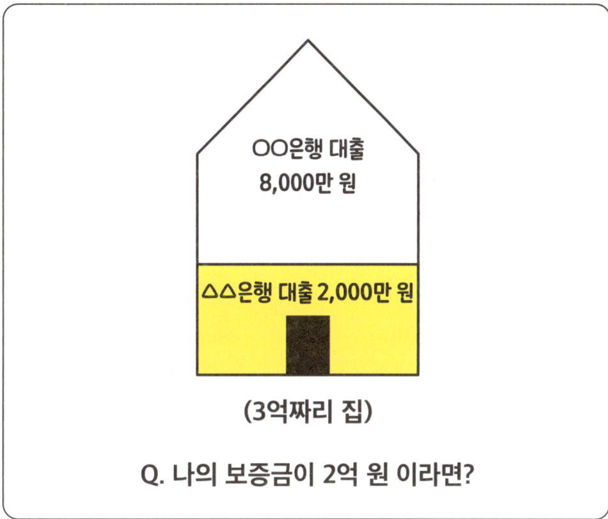

▲ 근저당권이 많이 잡혀 있는 집의 사례

이처럼 근저당이 크게 잡혀 있는데 내가 우선변제권을 확보하지도 못했다면 보증금을 다 돌려받지 못하고, 나의 권리가 선순위 권리자들보다 후순위가 되기 때문에 위험요소가 생긴다.

그렇기 때문에 등기부상의 '을구'에는 별 내용이 없을수록 좋다고 하는 것이다.

01 사실 등기부등본은 예전에 썼던 말이고, 현재는 '등기사항 전부증명서' 라는 용어로 바뀌었지만 지금도 익숙한 대로 등기부등본이라는 말이 많이 쓰이고 있다.

02 등기부를 볼 때는 '현재의 소유주'를 기준으로 보면 된다. 즉, 비록 이전에 세입자와 소유권 분쟁이 많았거나 빚(압류, 근저당 등)이 있던 흔적이 있더라도, 현재의 주인이 다른 사람이라면 이를 기준으로 권리관계를 살펴보면 된다.

※ 다만, 현재의 주인이 이전 주인의 가족이나 배우자라면, 이 경우는 '특수관계인'에 해당하기 때문에 완전히 다른 사람이라고 보기는 어렵다는 점도 알아두자

03 임대인에게 밀린 세금이 많을 경우 나중에 집이 압류/가압류 상태에 놓일 수도 있는데, 문제는 이런 상황이 벌어지기 전까지는 세금 체납 여부를 알 수 없다.

다행히 2024년 7월 10일부터 공인중개사법 시행령·시행규칙 개정안에 따라 임대차 계약 체결 시 집주인의 세금 체납 여부 확인이 의무화되었다.

❸ 등기부 발급하는 방법 A to Z

등기부가 어떻게 생겼는지 대략 파악했으니 이제 어떤 특징이 있는지, 그리고 무엇보다 어떻게 볼 수 있는지를 알아볼 차례다.

등기부를 열람하는 것 자체는 어렵지 않다. 온라인 뱅킹, 연말정산, Active X의 시대를 넘어온 인터넷 유저라면 친절하게 열람 방법을 설명해놓은 '인터넷등기소'에 접속해 누구나 성공할 수 있다.

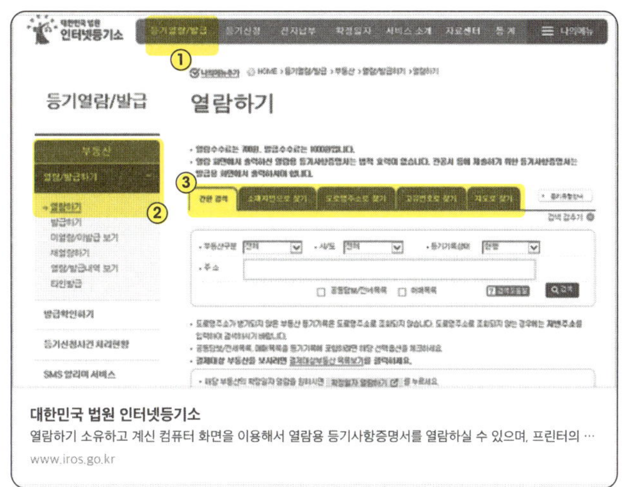

▲ 인터넷등기소의 등기열람/발급 방법 안내 화면

참고로 **열람 수수료는 700원, 발급 수수료는 1,000원이다.**

❹ 등기부의 특징

1. 누구나 볼 수 있다

주민등록증은 남의 신분증을 함부로 볼 수 없지만 부동산 등기는 조금 다르다. 제3자라도 누구나 어떤 건물의 등기를 자유롭게 열람할 수 있다. 즉, 인터넷등기소에 들어가 주소지로 검색만 몇 번 하면, 생판 모르는 남도 내 집의 등기부를 떼어볼 수 있다는 뜻이다.

그렇게 공개한 이유는 여러 가지가 있지만, 부동산이라는 것이 워낙 값비싼 재산인데다, 채무 관계나 소유주가 복잡하게 얽혀 있을 수 있기 때문에 투명하게 공개함으로써 최대한 피해가 발생하지 않도록 하는 것도 이유 중 하나이다.

즉, '공시'의 성격을 가지는데, 공시란 말 그대로 공공연하게 내보인다는 의미다.

2. 집주인 동의 없이도 열람이 가능하다

누구나 볼 수 있게 되어 있으니 등기부를 열람하는 것도 집주인 허락이 따로 필요 없다.

대법원 인터넷등기소(www.iros.go.kr)에 접속해 등기열람·발급 ⇨ 부동산 ⇨ 열람하기 ⇨ 집주소 입력을 차례대로 클릭하다 보면 원하는 집의 등기를 자유롭게 열람 할 수 있다.

3. 등기부의 종류가 여러 가지이다

외국과 다르게 우리나라는 '토지'와 '건물'의 등기를 따로 두고 있다. 즉, 땅과 건물은 붙어 있고 분리될 수 없지만, 각각 법적으로는 다른 것으로 취급하고 있다는 의미이다. 단, 건물의 종류(예: 아파트 같은 '집합건물')에 따라서는 하나의 등기부로 해당 토지와 건물에 관한 내용을 모두 확인할 수도 있다.

01 **등기부 떼볼 때 주의할 점**

'다가구주택'에 해당하는 경우 '토지'와 '건물'의 등기부를 각각 떼봐야 한다.

※ 해당 다가구주택이 남의 땅에 지은 건물이라면 토지 주인과 건물 주인이 다를 수 있기 때문에, 같은 주인인지 꼭 확인을 해봐야 한다.
다가구주택과 달리 아파트, 빌라, 연립주택 등 '다세대주택'은 '집합건물'로서 등기의 종류가 다르다. 즉, 호수별로 주인이 다르기 때문에 토지와 건물을 분리된 목적물로 보지 않고, '지분'으로 구분한다. 따라서 집합건물의 형태는 등기부가 호수별로 1개씩 나오는 것이다.

02 집합건물은 '토지별도 등기'라는 항목이 있으면 토지와 관련된 등기 사항이 별도로 있다는 의미이므로 꼭 확인해보는 것이 좋다. 보통 신축 건물에 많이 있는데, 땅에 근저당을 잡고 건물을 새로 올렸기 때문에 땅에만 별도로 설정된 권리가 등기되어 있다고 해서 '토지별도 등기'라고 한다. 따라서 이 내용을 확인하고 말소가 가능한지, 받아들일 수 있는 범위인지 알아봐야 한다.

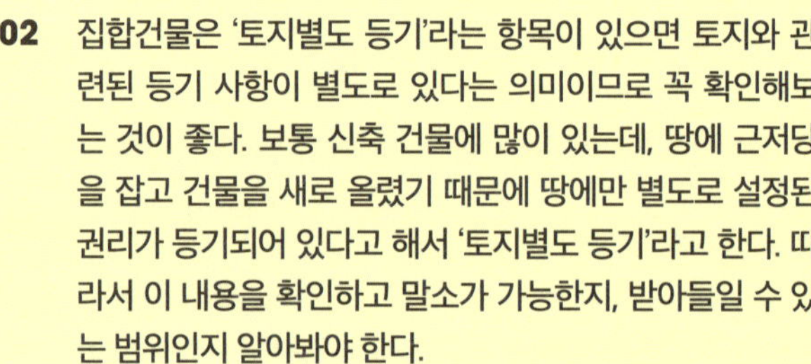

4. 등기부를 떼볼 때는 '말소사항 포함'으로 보는 것이 좋다

등기부를 떼볼 때는 검색 옵션 중에 '등기기록 유형'을 선택하는 화면이 나오는데 반드시 '말소사항 포함'으로 옵션을 설정하고 떼어보는 것이 좋다.

말소사항이란 쉽게 말해서 이전에 존재했으나 지금은 사라진, 히스토리를 의미한다고 보면 된다.

예를 들어, 어떤 집 A에 근저당권(빚)이 설정되어 있었는데 집주인이 열심히 대출을 갚아서 더 이상 대출이 없다면, 근저당권이 말소되었으므로 '말소사항 포함' 옵션을 설정하지 않는 한 과거에 근저당권이 있었던 사실은 나타나지 않는다. 하지만 말소사항을 포함해 열람할 경우 "과거에 근저당권이 있었으나 ○월 ○일 이후로 말소되었다"라는 흔적을 볼 수 있다.

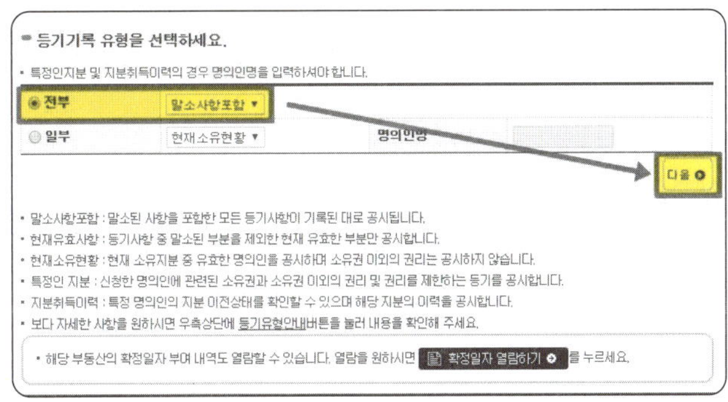

▲ 등기기록 유형 선택 옵션에서 반드시 '말소사항 포함'으로 검색하기!

등기부
실전 마스터

계약할 때 꼭 체크해야 하는
중요사항

등기부의 구조, 특징, 어떻게 떼어보는지 등을 살펴봤다면 이제는 그래서 정작 '계약서를 쓸 때 등기부의 어디를 봐야 하는지' 알아볼 차례다.

우선 마음에 든 집을 계약하겠다고 하면 중개업소에서 먼저 등기부를 확인해주지만, 만약에 부동산에서 확인해주지 않는다면 개인적으로라도 미리 확인한 이후에 계약서를 쓰는 것을 추천한다.

❶ 등기부 '표제부' 에서 주소 확인하기

- 등기부의 표제부상 집 주소가 계약서와 일치하는지 확인한다.
- 또한 내가 '실제로 본 집'과 구조 등이 일치하는지도 확인해 보면 좋다.

우선 계약할 집의 등기부상 주소를 확인한다. 중개업소에서 집을 보러 가기 전 "○○동 △△로 ◇◇◇호로 오세요~"라고 알려주었던 주소와 집의 등기부상에 쓰인 주소가 같아야 한다는 말이다.

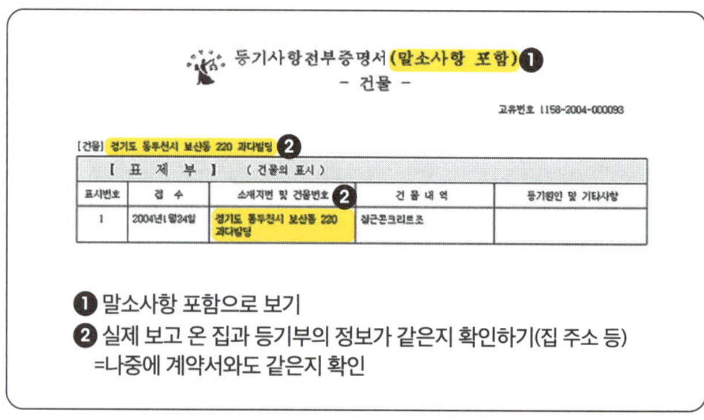

등기사항전부증명서 **(말소사항 포함)** ❶

\- 건물 \-

고유번호 1158-2004-000093

[건물] 경기도 동두천시 보산동 220 과다빌딩 ❷

【 표 제 부 】		（ 건물의 표시 ）		
표시번호	접 수	소재지번 및 건물번호 ❷	건 물 내 역	등기원인 및 기타사항
1	2004년1월24일	경기도 동두천시 보산동 220 과다빌딩	철근콘크리트조	

❶ 말소사항 포함으로 보기
❷ 실제 보고 온 집과 등기부의 정보가 같은지 확인하기(집 주소 등)
 =나중에 계약서와도 같은지 확인

그 이유는 아래 사례와 같은 일이 간혹 발생하기 때문이다. 아주 드문 경우지만, 실제로 계약한 집과 등기부상의 집이 달라서 보증금을 날리고 소송까지 가게 된 사건이었다.

사례   계약서상 집과 등기부상 집 주소가 달라서 보증금을 날리게 된 사건의 전말

① 2012년, A는 경기도 모 원룸에서 보증금 7,000만 원으로 1년간 거주함.

② 이후 해당 원룸이 있는 건물 전체가 경매에 넘어가게 됨.

③ 그런데 A가 살던 309호가 계약서상에는 309호로 적혀 있었지만, 실제로는 301호의 일부에 해당하는 공간이었기 때문에 등기부에는 '309'라는 호실이 없었음.   ▷ 여기서 문제가 터짐

④ 계약서상 집과 등기부상 집 주소가 다른 것 때문에 A씨는 309호에 대해 확정일자를 받았음에도 불구하고 최우선변제권(경매 등으로 집이 넘어갔을 때 내 보증금을 지킬 수 있는 권리)을 확보하지 못하게 됨.

⑤ 결국 A씨는 보증금 7,000만 원에서 5,600만 원을 돌려받지 못하는 상황이 벌어졌고, 이에 해당 부동산 계약을 할 때 중개인이 설명을 제대로 해주지 않았다며 공인중개사협회와 소송까지 가게 됨.

판결   이후 위 사건은 공인중개사가 임대차계약을 중개하면서 '현관문에 적힌 호수' 와 '등기부상 호수'가 서로 다른 것을 제대로 확인하지 않은 것이 임차인의 피해에 어느 정도 원인이 있다고 인정되어, 중개사 측에 40% 의 책임이 있다는 판결이 나왔다.

(출처: "경매 넘어간 원룸 호실, 등기부와 달라 보증금 날렸다면", 《법률신문》, 2017.06.29.)

또한 계약서와 등기부상의 '집의 구조(면적, 용도 등)'가 일치하는지도 확인해야 한다.

예를 들어, 나는 방이 2개인 집을 보고 계약하기로 했는데, 등기부상에는 방이 1개로 나와 있다면 해당 건물이 불법증축 등의 방법으로 방 개수를 늘렸을 가능성도 있다.

만일 대출이 필요하다면 불법증축 건축물은 대출이 제한되기 때문에, 나중에 골치 아파지는 상황을 방지하기 위해서 꼭 확인해봐야 한다.

추가로 '건물의 종류'를 확인한다(근린생활시설의 경우 주의 필요). 표제부의 '건물내역'에서 주택이나 근린생활시설

등 계약할 집의 건물 종류를 확인하면 된다. 만약에 오피스텔인줄 알고 계약하려 했는데, '근린생활시설'이라고 나와 있다면 추후에 대출이 제한되는 등의 불편할 수 있기 때문에 미리 체크 해보는 것이 좋다.

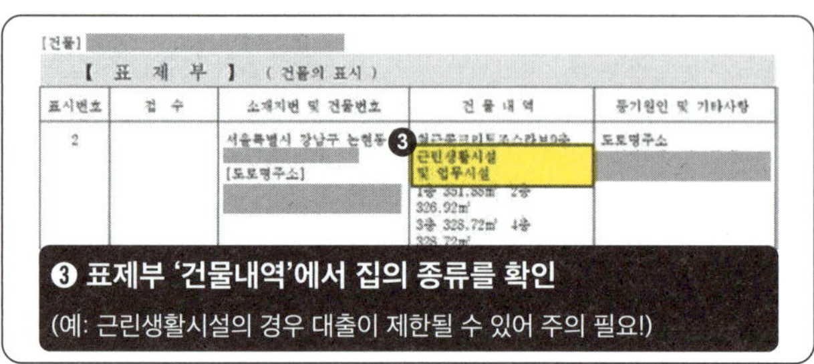

❷ '갑구'에서 소유권자 확인하기

나의 계약 상대방이 그 집의 실제 소유주와 일치하는지 확인한다.

또 하나 중요한 부분은 계약하는 상대방, 즉 집주인이 등기부상의 소유주와 같은 사람이어야 한다는 것이다. 때문에 소유권 관련 사항이 표시되는 '갑구'에서 소유주를 확인해야 한다.

보통 부동산을 계약할 때 집주인이 외국에 있거나 하는 특수한 상황이 아니라면 당사자가 직접 나타나기 마련인데, 간혹 집주인을 대신해 집을 관리해주는 '관리인'이 주인 행세를 하며 부동산 계약을 하는 사건이 발생해 뉴스에 나오고는 한다.

이처럼 계약의 당사자가 잘못되면 나중에 내 권리를 보장받기가 매우 힘들어지기 때문에 등기부상의 소유주와 계약하는 것이 맞는지 꼭 확인해야 하는 것이다.

다만 이 부분은 나중에 실제로 계약하는 날이 되었을 때 중개업소에서 서로 신분증을 가지고 '김선정'이라는 사람이 맞는지를 확인시켜주는 절차를 거치게 되니 미리 염두에 두고만 있으면 된다.

옆 예시를 보면 '박주인'이라는 사람과 '김선정'이라는 사람이 2019년 1월 10일 매매거래를 했고, 해당 집의 현 시점 소유자는 김선정이다. 그러니 내가 계약할 때에는 김선정과 해야 하는 것이다.

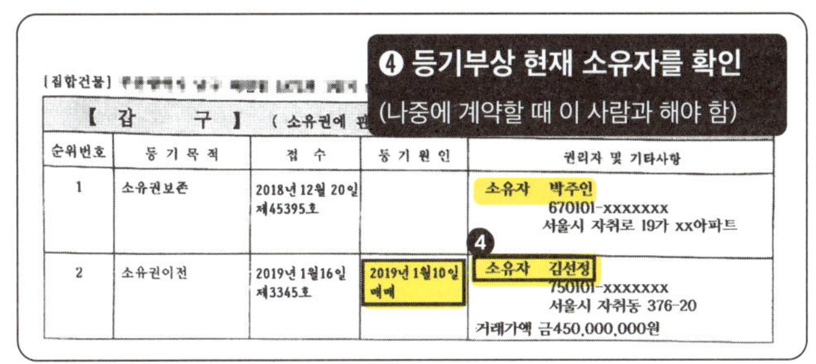

❸ '갑구'에 '가처분·가등기·가압류' 확인하기

가처분, 가등기, 가압류 등의 내용이 말소되지 않고 있다면 계약하지 않는 것이 낫다.

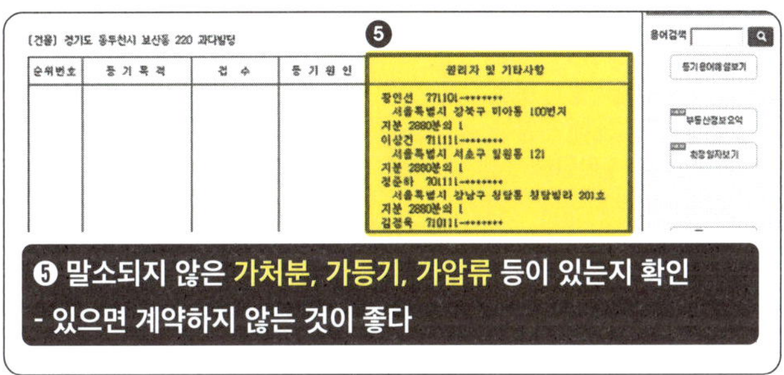

한편 등기부의 갑구에서는 집의 소유권과 관련해 문제가 없는지도 확인해볼 수 있다.

갑구에서는 '가처분, 가등기, 가압류' 등의 여부를 확인할 수 있는데, 만약에 이 내용들이 과거에 있었다면 (현재는 말소되었다고 해도) 애시당초 계약할 때 주의하는 것이 좋고 '말소되지 않은' 가처분, 가등기, 압류 등이 있다면 계약하지 말도록 하자.

❹ '을구'에서 근저당 확인하기, 그리고 '임차권등기'가 있(었)다면 조심하기

을구에서 '근저당'이 있는지를 확인하고, 만약 있다면 그 집의 보증금과 근저당의 합계가 집값의 70%를 넘지 않는 안전한 범위인지 확인해본다. 최근에는 집값이 조금 떨어지고 경매 물건이 워낙 많이 나오고 있기 때문에 낙찰율이 적어 60%를 안정권으로 보기도 한다. 근저당이 있는 집들은 중개업소의 집 소개에서 '시세 대비 30% 미만' 등으로 과도한 수준이 아니라는 것을 표시해놓기도 한다.

을구에 '임차권등기'의 흔적이 있다면 조심, 또 조심하자!! 만약에 등기부를 확인했을 때 과거에 임차권등기가 설정되었다가 지워진 흔적이 있다면, 과거에 집주인이 보증금을 제때 돌려주지 않았었다는 의미이다.

말소사항을 포함해서 등기부를 떼보면 과거에 있었던 임차권등기의 흔적이 나온다. 이 흔적이 자주 있다면 집주인이 상습적으로 보증금을 제때 주지 않는 사람일 가능성이 높다는 의미이니 주의하도록 하자.

> **임차권등기명령**
> '임차권등기명령'은 임대차계약이 만료된 이후에 보증금을 돌려받지 못한 세입자가 법원에 신청하면, 법원에서 판단해서 집주인의 동의 없이 소유권에 제한을 두는 것이다.

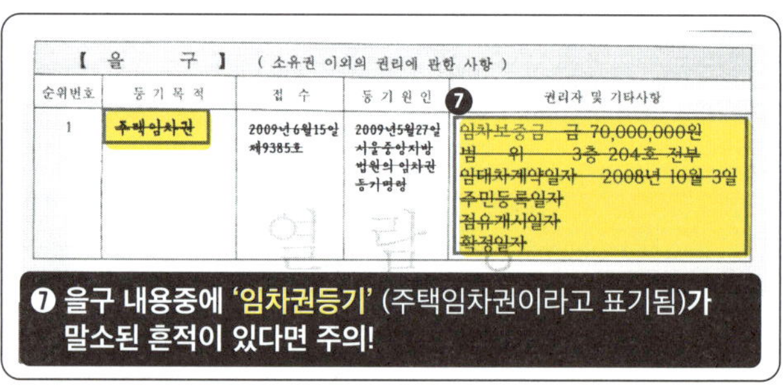

❼ 을구 내용중에 **'임차권등기'** (주택임차권이라고 표기됨)가 말소된 흔적이 있다면 주의!

❺ 등기부는 자주 떼봐도 좋다

참고로 등기부를 떼보는 '날짜'도 한 번쯤 확인해보면 좋다. 되도록 최신 날짜로 떼보는 것이 좋은데, 예를 들어, 한 달

전에 계약서를 작성하고, 잔금일이 되었을 때 그 사이에 집주인이 근저당 설정을 하는 사례들이 간혹 있다(아래는 임대인이 잔금 전에 근저당권을 설정해서 분쟁이 된 사례이다. 결국은 임대인의 패배(?)로 끝나기는 했다).

판결 임대차계약 시 임대인이 잔금을 받기 전 근저당권을 설정한 분쟁 사례. 저당권 등 제한물권 없는 상태로 임대차계약을 맺기로 '특약'을 맺었음에도 불구하고, 임대인이 이를 위반해 잔금지급일 전 임대차 목적물(=집)에 근저당권을 설정해 문제가 되었다. 이 경우 해당 근저당권 설정이 '계약 해제 사유'에 해당하고 위약금도 물어야 한다는 판결이 나왔다 (특약의 중요성).

(출처: "임대차계약 시 임대인이 잔금 받기 전 근저당권 설정했다면", 《법률신문》, 2022.09.05.)

때문에 잔금일에 한 번 더 등기부를 확인해보는 것이 좋다. 전셋집이나 매매 등 가격이 큰 경우에는 특히 더 조심하기 위해서 계약하기 전, 잔금 치르는 날, 전입신고한 이후 등 3번에 걸쳐서 등기부를 확인해보는 것도 괜찮다.
집주인의 동의나 허락 없이 인터넷에서 편하게 볼 수 있으니, 등기부 보기를 귀찮아하지 말도록 하자.

01 등기부를 3번까지 떼보기가 번거롭다면, 적어도 2번은 떼보도록 하자.

- 계약일
- 잔금일 혹은 특약에 기재했다면 잔금 후 전입신고한 다음 날(평일 기준)

02 '임차인이 전입신고를 한 익일(다음 날)까지 추가 근저당 등 등기부 권리를 발생시키지 않는다'는 취지의 특약은 언제나 옳다!

중개보수

수학시간에도
배우지 못했던 중개보수
특징과 계산법
(feat. 현금영수증)

'중개보수 계산방법' 간단히 알아보기

예를 들어, 내가 계약한 집의 거래 금액이 1억이고 중개요율은 0.5%라면, 100,000,000 × 0.005를 하면 되는데, 이를 계산해보면 50만 원이 나온다.

하나 더, 요율대로 곱하되 보증금과 월세가 적어 환산한 금액이 5,000만 원 미만이라면, 월세에 100을 곱하지 않고 70을 곱한다. 이 내용은 p.142, 143을 참고하자.

(참고로 '비율' 계산이 헷갈린다면 어린 시절 수학 시간을 떠올려보자. 0.5% 이면 0.005, 5% 이면 0.05, 50% 이면 0.5 를 곱해야 한다.)

물론 실제 계산 방법은 조금 더 복잡하다. 내가 거래한 집의 종류, 크기, 그리고 거래가액 등을 다 따져봐야 하기 때문이다.

학창 시절, 수학 시간에 2차 방정식도 배우고 피타고라스의 정리도 배웠는데 알아두면 피가 되고 살이 되는 부동산 중개보수 계산법은 배우지 못했다.

지금부터는 부동산 중개보수(일명 복비) 계산 방법에 대해 알아볼 차례다. 그 전에 일단 몇 가지 기억해둘 것들이 있다.

❶ 계약하는 집이 비쌀수록 부동산 중개보수도 올라간다

뉴스에 가끔 '집값도 오르고 중개보수도 올라서 못살겠다'는 내용의 기사가 나오고는 한다.

마음 아픈 기사지만, 이렇게 되는 이유는 부동산 중개보수가 집의 거래금액에 따라 결정되기 때문이다.

즉, '부동산 중개보수 = 집의 거래금액 × (정해진)요율'이라는 공식을 따르다 보니 높은 금액대에 거래되는 비싼 집일수록, 중개보수도 높아지는 구조인 것이다.

❷ 중개요율은 나라에서 정해준다

부동산 중개보수는 약간 독특한 면이 있다. 예를 들어, 김밥을 사 먹으면 가게별로 정한 가격에 따라서 3,500원인 곳도, 4,500원인 곳도 있기 마련이다.

하지만 중개보수는 앞서 본 것처럼 집의 특정한 요율표에 따라 계산되는데, 이때 이 '상한요율'을 나라에서 정해준다는 점이 특징이다.

상한요율은 서울시를 기준으로 하면 서울시 조례에 나와 있고, 아니면 아래 한국공인중개사협회에서도 확인 가능하다.

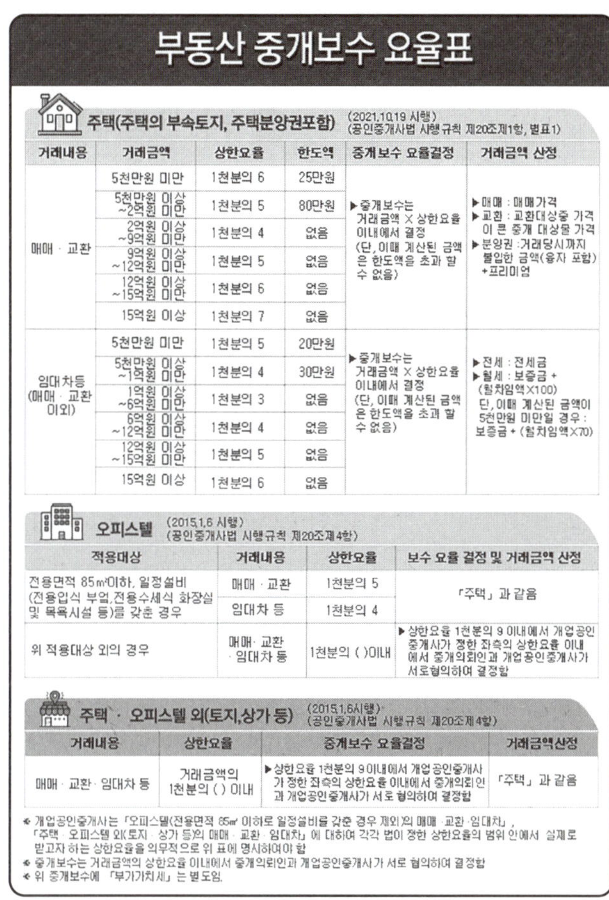

부동산 중개보수 요율표

주택(주택의 부속토지, 주택분양권포함)
(2021.10.19 시행)
(공인중개사법 시행규칙 제20조제1항, 별표1)

거래내용	거래금액	상한요율	한도액	중개보수 요율결정	거래금액 산정
매매·교환	5천만원 미만	1천분의 6	25만원	▶중개보수는 거래금액 × 상한요율 이내에서 결정 (단, 이때 계산된 금액은 한도액을 초과 할 수 없음)	▶매매 : 매매가격 ▶교환 : 교환대상중 가격이 큰 중개 대상물 가격 ▶분양권 : 거래당시까지 불입한 금액(융자 포함) +프리미엄
	5천만원 이상 ~2억원 미만	1천분의 5	80만원		
	2억원 이상 ~9억원 미만	1천분의 4	없음		
	9억원 이상 ~12억원 미만	1천분의 5	없음		
	12억원 이상 ~15억원 미만	1천분의 6	없음		
	15억원 이상	1천분의 7	없음		
임대차등 (매매·교환 이외)	5천만원 미만	1천분의 5	20만원	▶중개보수는 거래금액 × 상한요율 이내에서 결정 (단, 이때 계산된 금액은 한도액을 초과 할 수 없음)	▶전세 : 전세금 ▶월세 : 보증금 + (월차임액×100) 단, 이때 계산된 금액이 5천만원 미만일 경우 : 보증금 + (월차임액×70)
	5천만원 이상 ~1억원 미만	1천분의 4	30만원		
	1억원 이상 ~6억원 미만	1천분의 3	없음		
	6억원 이상 ~12억원 미만	1천분의 4	없음		
	12억원 이상 ~15억원 미만	1천분의 5	없음		
	15억원 이상	1천분의 6	없음		

오피스텔
(2015.1.6 시행)
(공인중개사법 시행규칙 제20조제4항)

적용대상	거래내용	상한요율	보수 요율 결정 및 거래금액 산정
전용면적 85㎡이하, 일정설비 (전용입식 부엌,전용수세식 화장실 및 목욕시설 등)를 갖춘 경우	매매·교환	1천분의 5	「주택」과 같음
	임대차 등	1천분의 4	
위 적용대상 외의 경우	매매·교환 ·임대차 등	1천분의 ( )이내	▶상한요율 1천분의 9 이내에서 개업공인중개사가 정한 좌측의 상한요율 이내에서 중개의뢰인과 개업공인중개사가 서로협의하여 결정함

주택 · 오피스텔 외(토지,상가 등)
(2015.1.6시행)
(공인중개사법 시행규칙 제20조제4항)

거래내용	상한요율	중개보수 요율결정	거래금액산정
매매·교환·임대차 등	거래금액의 1천분의 ( ) 이내	▶상한요율 1천분의 9 이내에서 개업 공인중개사가 정한 좌측의 상한요율 이내에서 중개의뢰인과 개업공인중개사가 서로 협의하여 결정함	「주택」과 같음

❈ 개업공인중개사는 「오피스텔(전용면적 85㎡ 이하로 일정설비를 갖춘 경우 제외)의 매매·교환·임대차」, 「주택·오피스텔 외(토지·상가 등)의 매매·교환·임대차」에 대하여 각각 법이 정한 상한요율의 범위 안에서 실제로 받고자 하는 상한요율을 의무적으로 위 표에 명시하여야 함
❈ 중개보수는 거래금액의 상한요율 이내에서 중개의뢰인과 개업공인중개사가 서로 협의하여 결정함
❈ 위 중개보수에 「부가가치세」는 별도임.

▲ 부동산 중개보수 요율표(출처: 한국공인중개사협회)

부동산중개업은 '현금영수증 의무 발행 업종'이기 때문에 원칙적으로는 10만 원 이상 거래에 대해 현금영수증을 발급하게 되어 있고, 이를 위반한 사실이 확인되면 거래대금의 20%를 가산세로 부과받거나 이를 신고한 소비자에게 포상금이 지급되기도 한다.

❸ 중개보수도 현금영수증 발행이 된다(의무대상임)

중개보수를 낼 때는 카드 계산도 가능하지만, 보통은 계좌이체나 현금으로 이루어진다. 그런데 아주 가끔 현금영수증 처리 요구에 '안 된다'라고 하는 중개업소가 있다. 이것은 불법이다.

현금영수증 미발급 신고를 하려면 현금결제 증빙자료를 준비해야 하는 등 조금 귀찮은 것이 사실이다.

만약 현금영수증 발급요청을 거부당한다면, 온라인 '국세청 홈택스 〉 상담/제보 〉 현금영수증 민원신고'를 통해 신고할 수 있으니 참고하자.

❹ 부동산 중개인과 중개보수의 요율과 금액을 미리 협의하자

집을 알아보고 계약과 관련한 사항을 협의하느라 정신없다 보면 수수료 부분을 깜빡하고 놓치기 쉽다.

계약서를 작성하고 나면 중개보수 청구권이 생긴다. 보통은 잔금을 치르고 일괄로 지급하지만, 중개업소마다 계약 후 청구하거나 계약 후 50%, 잔금 후 50%씩 나눠서 청구하는 경우도 있다. 그전에 중개인과 미리 중개보수 요율과 금액에 대해 서로 확인해보는 것이 좋다(사실 금액은 협의 가능한 부분이기 때문에 이렇게 얘기를 하면서 약간 깎을 수도 있다). 이때 앞서 살펴본 중개보수 현금영수증과 관련해 "현금영수증은 잔금일에 보수 다 드리고 해주시는 거죠?", "저는 직장인이라 소득공제로 해주시면 돼요."라는 식으로 자연스럽게 말하는 것도 방법이다.

❺ 현금영수증 발급해달라고 했는데 '부가세 붙어 요'라고 한다면?

현금영수증 요구에 '10% 부가세가 붙는다'는 답변을 듣게 될 수도 있다. 결론적으로는 아무 생각 없이 10%를 더 내야 하는 것은 아니다.

부가세를 추가 지급해야 하는 경우는 해당 중개업소가 간이과세업자인지, 일반과세업자인지에 따라 다르다.

간이과세자는 4%의 과세율을 적용하므로, 부가세를 포함한 보수인지, 부가세 별도로 4%를 청구하는지 확인해야 한다. 간이과세자의 경우 매출액이 적을 때에는 부가세를 받지 않고 현금영수증만 발행이 가능하나 그 부분까지는 너무 어려우므로 최대 4%라고 생각하는 것이 편하다. 일반과세자는 10%를 별도로 받을 수 있다. 중요한 것은 어느 쪽이든 현금영수증 발행은 해줘야 한다는 사실이다.

해당 중개업소가 간이과세자인지, 일반과세자인지 알고 싶다면 국세청 홈택스 사이트에서 해당 중개업소의 사업자등록번호를 검색해보거나 중개업소에 걸려 있는 사업자등록증 맨 위를 살펴보면 된다. 최근 중개업소의 사업자등록증도 게시가 의무화되었다.

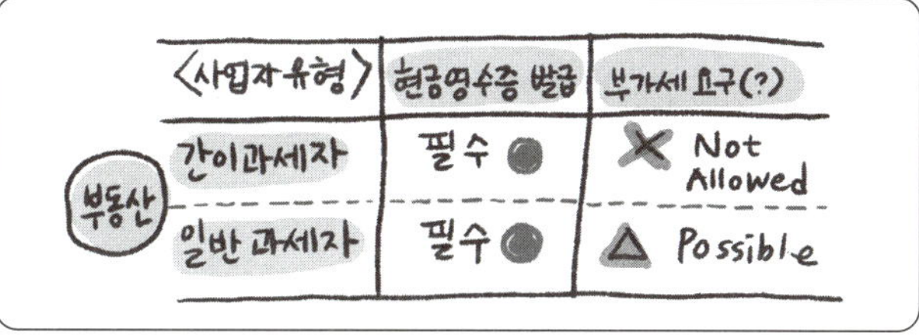

▲ 중개업소 사업자 유형에 따른 부가세 지불 의무 구분

❻ 중개보수 요율은 '고정'이 아닌 '최대치' 개념이다

마지막으로 중개보수 요율이 0.5%로 정해져 있다고 해서 그에 해당하는 금액을 모두 내야 하는 것이 꼭 의무는 아

니다(다만 통상적으로 거래 대금이 아주 크지 않은 경우에는 최대요율까지 다 받는 경우가 대부분이다).

즉, 중개보수 요율은 최대로 했을 때 얼마 정도인지를 정한 비율이라는 점을 염두에 두도록 하자

예시1 예를 들어, 5억 원짜리 아파트를 매매한다고 할 때, 매매거래 요율인 0.4%를 적용하면 중개보수가 200만 원이다. 하지만 이는 '최대의 요율을 적용했을 때'를 가정한 것일 뿐, 고객과 중개사의 합의하에 200만 원 이하로 정하는 것도 가능하다. 협상에 따라서 중개보수가 180만 원이 될 수도, 150만 원이 될 수도 있다. '중개보수를 최대로 하더라도 매매 가격의 0.4%까지밖에 못한다'는 상한선을 정해놓은 것일 뿐이기 때문에 그 이하로 네고할 여지가 언제나 있다는 점을 알아두도록 하자.

그럼 본격적으로 중개보수 계산 방법을 살펴보자.

우선 앞서 본 것처럼 중개보수는 상한요율(각 지역별로 다름)에 거래금액을 곱한 금액, 즉 '중개보수 = 거래금액 × 상한요율(%)'의 공식을 따른다. 이때 내가 거래한 집의 계약이 매매인지 임대인지, 계약할 집의 종류가 무엇인지 등에 따라 계산법과 요율이 달라진다.

예시2 보증금 2,000만 원 / 월세 60만 원 월세 계약의 경우
아래와 같이 보증금 2,000에 월세 60짜리 집 계약 시 부동산 중개보수를 계산해보자.

거래내용	거래금액	상한 요율	한도액	거래금액 산정
❶ 임대차 등 (매매·교환 이외의 거래)	5,000만원 미만	0.5%	20만원	▶전세 : 전세금 ❷ ▶월세 : 보증금 + (월차임액 × 100) 단, 이때 계산된 금액이 5,000만원 미만일 경우 : 보증금 + (월차임액 × 70)
	5000만원 이상 ~ 1억원 미만	0.4%	30만원	
	1억원 이상 ~ 6억원 미만	0.3%	없음	
	6억원 이상 ~ 12억원 미만	0.4%	없음	
	12억원 이상 ~ 15억원 미만	0.5%	없음	
	15억원 이상	0.6%	없음	

① 우선 중개보수 요율표에서 거래 내용이 '임대차'인지를 확인한다.

② 그에 따라 맞는 거래금액 계산 방식을 확인한다. 월세 계약은 아래 계산식을 따른다.

월세: 보증금 + (월차임액 × 100)

단, 이때 계산된 금액이 5,000만 원 미만일 경우: 보증금 + (월차임액 × 70)

즉, 보증금 2,000만 원 + (월세 60만 원 × 100)을 해서 8,000만 원이 나왔다.

③ 거래금액이 8,000만 원이면 거래금액 범위 중에 '5,000만 원 이상~1억 원 미만'에 해당하기 때문에 다음 표와 같이 상한요율이 0.4%가 적용된다.

거래 금액 8,000만 원에 0.4%를 곱해주면 8,000만 × 0.004 = 320,000원이 나온다.

즉, 이 사례에서 중개보수는 총 32만 원이다.

거래내용	거래금액	상한 요율	한도액	거래금액 산정
임대차 등 (매매·교환 이외의 거래)	5,000만원 미만	0.5%	20만원	▶전세 : 전세금 ▶월세 : 보증금 + (월차임액 × 100) 단, 이때 계산된 금액이 5,000만원 미만일 경우 : 보증금 + (월차임액 × 70)
③	5000만원 이상 ~ 1억원 미만	0.4%	30만원	
	1억원 이상 ~ 6억원 미만	0.3%	없음	
	6억원 이상 ~ 12억원 미만	0.4%	없음	
	12억원 이상 ~ 15억원 미만	0.5%	없음	
	15억원 이상	0.6%	없음	

그런데 한 가지 주의할 점이 있다. 이 경우에는 앞서 본 것처럼 '중개보수 한도액'이 30만 원이기 때문에, 중개보수는 32만 원이 아니라 최대 30만 원까지만 내면 된다. 즉, 최종 중개보수는 '최대 30만 원'이다(아마 중개업소에서 최대치를 적용한 30만 원을 달라고 할 것이다).

이처럼 한도액 제한이 있는 경우에는, 중개보수를 계산해 봤을 때 한도액을 초과하더라도 한도액 이내로 제한된다는 점도 알아두자.

예시3 **보증금 2,000만 원 / 월세 25만 원인 경우**

만약에 보증금 2,000에 월세 25만 원짜리 집을 계약하는 경우라면 어떨까?

우선 ①에 따라 월세 임대차계약 중개보수 계산식을 적용해보면 (2,000만 원) + (250,000×100) = 4,500만 원이 나온다.(②번 공식 적용)

그런데 다음 요율표의 거래금액 산정에서 ③을 보면 '거래금액이 5,000만 원 미만일 경우'의 계산 방식이 다른 것을 볼 수 있다.

거래내용	거래금액	상한 요율	한도액	거래금액 산정
❶ 임대차 등 (매매·교환 이외의 거래)	5,000만원 미만	0.5%	20만원	▶전세 : 전세금 ❷ ▶월세 : 보증금 + (월차임액 × 100) 단, 이때 계산된 금액이 5,000만원 미만일 경우 : 보증금 + (월차임액 × 70) ❸
	5000만원 이상 ~ 1억원 미만	0.4%	30만원	
	1억원 이상 ~ 6억원 미만	0.3%	없음	
	6억원 이상 ~ 12억원 미만	0.4%	없음	
	12억원 이상 ~ 15억원 미만	0.5%	없음	
	15억원 이상	0.6%	없음	

이때는 계산을 다시 해보면 (20,000,000) + (250,000 × 70) = 37,500,000원이 나온다.

이렇게 계산한 거래금액 3,750만 원에 위에 조건 범위에 맞는 상한요율 0.5%를 적용하면 총 중개보수는 187,500원이 되고, 20만 원을 넘지 않기 때문에 조건에도 부합하게 되는 것이다.(④번)

거래내용	거래금액	상한 요율	한도액	거래금액 산정
임대차 등 (매매·교환 이외의 거래)	❹ 5,000만원 미만	0.5%	20만원	▶전세 : 전세금 ▶월세 : 보증금 + (월차임액 × 100) 단, 이때 계산된 금액이 5,000만원 미만일 경우 : 보증금 + (월차임액 × 70)
	5000만원 이상 ~ 1억원 미만	0.4%	30만원	
	1억원 이상 ~ 6억원 미만	0.3%	없음	
	6억원 이상 ~ 12억원 미만	0.4%	없음	
	12억원 이상 ~ 15억원 미만	0.5%	없음	
	15억원 이상	0.6%	없음	

예시4 보증금 8,000만 원짜리 전세의 경우

그렇다면 전세의 경우는 어떨까? 전세는 월세보다 계산이 더 간단하다. 전세도 임대차계약에 해당하기 때문에 임대차계약 기준을 적용하면 되고, 거래금액 산정 방식을 보면 전세금이 곧 거래금액이므로 거래금액을 따로 계산하지 않아도 된다.

8,000만 원 구간을 보면 상한요율이 0.4%이기 때문에 80,000,000 × 0.004 = 320,000원이 나오는데, 이때 역시

한도액이 30만 원이기 때문에 최대 30만 원으로 중개보수가 제한되는 것이다.

거래내용		거래금액	상한 요율	한도액	거래금액 산정
❶ 임대차 등 (매매·교환 이외의 거래)	❸	5,000만원 미만	0.5%	20만원	❷ ▶ 전세 : 전세금 ▶ 월세 : 보증금 + (월차임액 × 100) 단, 이때 계산된 금액이 5,000만원 미만일 경우 : 보증금 + (월차임액 × 70)
		5000만원 이상 ~ 1억원 미만	0.4%	30만원	
		1억원 이상 ~ 6억원 미만	0.3%	없음	
		6억원 이상 ~ 12억원 미만	0.4%	없음	
		12억원 이상 ~ 15억원 미만	0.5%	없음	
		15억원 이상	0.6%	없음	

2021년부터 고가주택은 중개보수가 모두 반값 보수가 되었다.

01 임대차계약 6억 초과, 매매계약 9억 초과인 경우

02 새로운 요율구간:
이건 기준 임대차 최대 0.8%, 매매 최대 0.9% 이내에서 협의였으나, 해당 구간이 더욱 세분화되고 요율은 작아져서 사실상 반값 보수가 됐다.

❼ 오피스텔은 왜 중개보수가 더 비쌀까 (feat. 수수료 계산기)

중개보수 요율표를 보다보면 '오피스텔'의 경우 중개보수 적용 기준이 조금 다르다.

다음 서울시의 중개보수 요율표를 보면, '주택', '오피스텔', '그 외(상가, 토지)' 등 크게 3가지 카테고리로 나뉘어진 것을 볼 수 있다.

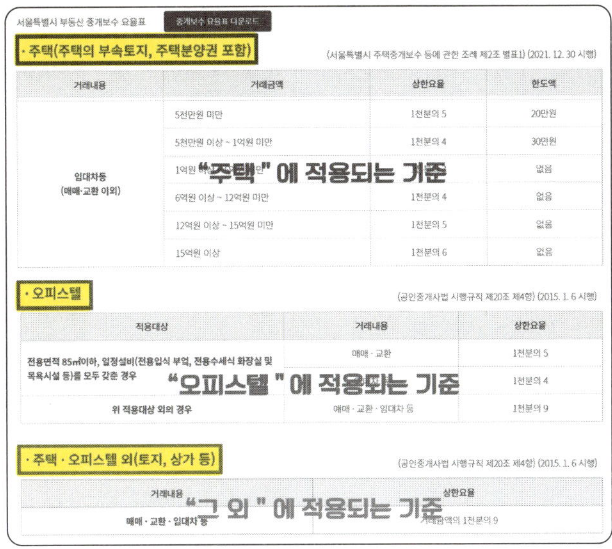

서울특별시 부동산 중개보수 요율표　중개보수 요율표 다운로드

· 주택(주택의 부속토지, 주택분양권 포함)　(서울특별시 주택중개보수 등에 관한 조례 제2조 별표1) (2021. 12. 30 시행)

거래내용	거래금액	상한요율	한도액
임대차등 (매매·교환 이외)	5천만원 미만	1천분의 5	20만원
	5천만원 이상 ~ 1억원 미만	1천분의 4	30만원
	1억원		없음
	6억원 이상 ~ 12억원 미만	1천분의 4	없음
	12억원 이상 ~ 15억원 미만	1천분의 5	없음
	15억원 이상	1천분의 6	없음

· 오피스텔　(공인중개사법 시행규직 제20조 제4항) (2015. 1. 6 시행)

적용대상	거래내용	상한요율
전용면적 85㎡이하, 일정설비(전용입식 부엌, 전용수세식 화장실 및 목욕시설 등)를 모두 갖춘 경우	매매·교환	1천분의 5
		1천분의 4
위 적용대상 외의 경우	매매·교환·임대차 등	1천분의 9

· 주택·오피스텔 외(토지, 상가 등)　(공인중개사법 시행규직 제20조 제4항) (2015. 1. 6 시행)

거래내용	상한요율
매매·교환·임대차 등	거래금액의 1천분의 9

▲ 서울특별시 부동산 중개보수 요율표

언뜻 보면 '오피스텔도 사람 사는 집인데 왜 주택이 아닐까?' 싶은 생각이 들 수 있는데 결론적으로 여기서의 주택과 오피스텔은 각각 적용되는 법이 다르기 때문이다.

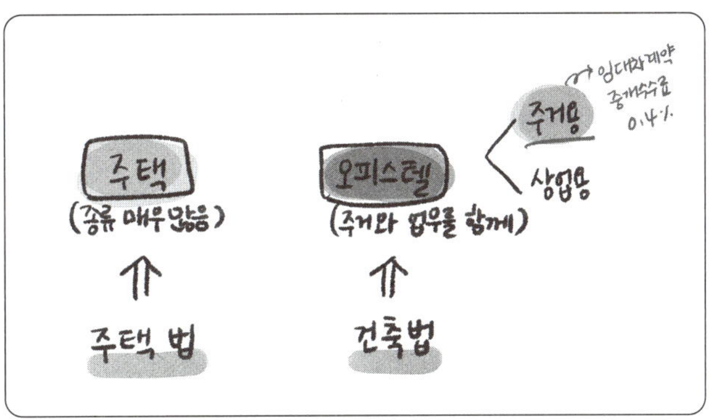

▲ 중개보수 산정 시 적용법에 따른 '주택'과 '오피스텔' 구분

건축법상 주택이 아닌 오피스텔은 원래는 중개보수 요율이 0.9% 다.

그런데 이는 앞에서 살펴본 '주택'의 보수 요율이 보통 0.3~0.5%인 것과 비교하면 거의 2배 이상의 차이다.

이런 문제 때문에 거주를 목적으로 하는 '주거용 오피스텔'의 경우에는 별도 조항을 마련해서 중개보수 요율을 0.4%로 해놓은 것이다.

단, '주거용'이어야 한다는 점 때문에 몇 가지 조건을 충족해야 하는데, 전용면적이 85m² 이하이고, 일정 설비(전용 부엌·화장실·목욕 시설 등)를 갖추어야 주거용 오피스텔로 인정되어 0.4%의 요율이 적용된다.

⑧ 오피스텔 중개보수 계산법

오피스텔 전월세 계약의 중개보수 계산은 앞서 보았던 '주택'에 적용되는 것과 거의 같은 방법으로 이루어지고, 요율만 0.4%로 고정된다고 보면 된다.

예시1 보증금 1억 2,000만 원 오피스텔 전세인 경우

보증금이 1억 2,000인 오피스텔 전세 계약을 할 때 중개보수를 계산해보자.

거래금액은 '주택' 기준을 따른다고 되어 있기 때문에, 전세보증금이 곧 거래금액이다. 따라서 보증금인 1억 2,000에 오피스텔 임대차 중개보수 요율 0.4%를 곱해주면 되는데, 계산해보면 $(120,000,000 \times 0.004) = 480,000$원으로 이 계약의 최대 중개보수는 48만 원이 된다.

참고로, '주택'에서의 계산법과 달리 오피스텔에는 중개보수 한도액이 따로 없다는 점도 알아두자.

적용 대상	거래 내용	상한요율	보수 요율 결정 및 거래금액 산정
전용면적 85m² 이하, 일정 설비 (전용입식부엌, 전용수세식 화장실 및 목욕시설 등)를 모두 갖춘 경우	매매, 교환	0.5%	'주택'과 같음
	임대차 등	0.4%	
위 적용 대상 외의 경우	매매, 교환, 임대차 등	0.9%	상한요율 0.9% 이내에서 개인공인중개사가 정한 좌측의 상한요율 이내에서 공개의뢰인과 공인중개사가 서로 협의해 결정함

※ 공인중개사법 시행규칙 제20조 제4항(2015.1.6 시행)

▲ '오피스텔' 중개보수 적용 기준

예시2 보증금 3,000만 원 / 월세 70만 원 오피스텔의 경우

'주택'과 '오피스텔' 계산법이 다르다 보니 같은 조건의 집이더라도 발생하는 비용은 차이가 나기도 한다.

예를 들어, 보증금 3,000만 원에 월세 70만 원인 집을 계약한다고 치자. 만약 이 집이 '주택'으로 분류된다면 중개보수는 거래금액이 [30,000,000 + (700,000 × 100)] = 1억이기 때문에 요율을 0.3% 적용하면 최대 30만 원이다(다음 표 적용).

거래내용	거래금액	상한 요율	한도액	거래금액 산정
임대차 등 (매매·교환 이외의 거래)	5,000만원 미만	0.5%	20만원	▶ 전세 : 전세금 ▶ 월세 : 보증금 + (월차임액 × 100) 단, 이때 계산된 금액이 5,000만원 미만일 경우 : 보증금 + (월차임액 × 70)
	5000만원 이상 ~ 1억원 미만	0.4%	30만원	
	1억원 이상 ~ 6억원 미만	0.3%	없음	
	6억원 이상 ~ 12억원 미만	0.4%	없음	
	12억원 이상 ~ 15억원 미만	0.5%	없음	
	15억원 이상	0.6%	없음	

▲ '주택' 중개보수 적용 기준 (보증금 3천에 월세 70만 '주택' 계약 시 중개보수)

반면에 똑같이 보증금 3,000에 월 70만 원 오피스텔 월세 계약을 한다면, 역시 거래금액은 [30,000,000 + (700,000 × 100)] = 1억으로 같지만 요율을 0.4% 적용하게 되어 이

집의 중개보수는 최대 40만 원이 되는 것이다.

적용 대상	거래 내용	상한요율	보수 요율 결정 및 거래금액 산정
전용면적 85m² 이하, 일정설비 (전용입식부엌, 전용수세식 화장실 및 목욕시설 등)를 모두 갖춘 경우	매매, 교환	0.5%	'주택'과 같음
	임대차 등	0.4%	
위 적용 대상 외의 경우	매매, 교환, 임대차 등	0.9%	상한요율 0.9% 이내에서 개인공인중개사가 정한 좌측의 상한요율 이내에서 공개의뢰인과 공인중개사가 서로 협의하여 결정함

※ 공인중개사법 시행규칙 제20조 제4항(2015.1.6 시행)

▲ '오피스텔' 중개보수 적용 기준 (보증금 3,000에 월세 70만 '오피스텔' 계약 시 중개보수)

예시3 보증금 3,000만/월세 70만

① 거래금액 = 30,000,000 + (700,000 × 100) = 1억

② 중개보수 = 100,000,000 × 0.004 = (최대) 30만 원

❾ 중개보수 계산기 활용하기

꼭 중개보수 계산을 내가 직접 해야 하는 것은 아니다.

이미 네이버 환율계산기처럼, 조건만 입력하면 알아서 계산해주는 온라인 재능기부 천사들이 많이 있기 때문이다. 앞서 본 예시를 그대로 '네이버부동산 중개보수 계산기'에 돌려보자.

먼저 매물 종류를 '주택'이나 '오피스텔' 중 고르고 거래 종류, 금액 조건(보증금과 월세) 등을 입력하면 자동으로 중개보수가 상한까지 계산되어 나온다.

부동산 중개보수 계산기

'네이버부동산 중개보수 계산기'를 통한 월세 (보증금 3,000/60) 중개보수 계산 예시

| 매물종류 | 주택 | 오피스텔 | 주택 외 부동산 | 주택의 부속토지, 주택분양권 포함 |

거래지역　서울시

거래종류　매매/교환　전세 임대차　월세 임대차

보증금　30,000,000 원
3,000만원

월세　700,000 원

보수율은 중개업소에 한 번 더 확인!

협의보수율　0.3 %

협의보수율을 입력하지 않거나, 상한요율보다 높으면 상한요율이 적용됩니다.

조기화　계산하기

계산 결과

최대 중개보수 (VAT 별도)　　300,000 원
협의 / 상한요율　　0.3 %
거래금액 보증금 + (월세액 x 100)　　100,000,000 원

중개보수는 [거래금액 X 상한요율] 범위 내에서 협의(단, 계산된 금액은 한도액을 초과할 수 없습니다.

조기화

▲ 네이버부동산 중개보수 계산기 화면

7

두근두근 부동산계약서 쓰기

드디어 내가 살 집의 계약서를 쓰는 날, 그러나 살면서 한 번도 '임대차계약서'를 본 적이 없다면, 막상 계약서를 쓰면서 어버버하지 말고 우선 어떻게 생겼는지부터 살펴보자.

주택임대차계약서에는 반드시 따라야 하는 정해진 양식은 없다. 주로 공인중개사협회에서 만든 '협회용 계약서 양식'이 많이 쓰이지만, 그 외에도 법무부에서 만든 '주택임대차 표준계약서'를 알고 있으면 좋다.

주택임대차표준계약서는 계약에서 상대적으로 약자인 임차인의 권리를 잘 보호하고 임대인과 임차인 각각의 이해관계를 고려해서 나름 공정하게 만들(었다고 하는) 계약서 샘플이다.

다만 현실에서는 이 계약서를 그대로 쓰기 어려운 측면이 있다. 그 이유는 뒤에서 자세히 나온다.

임대차계약서 살펴보기

(월세)

❶ 계약서 구조

1. 부동산의 표시

우선 임대차계약서(표준계약서 기준)를 살펴보면 대략 다음처럼 생겼다.

이 계약서는 법무부가 국토교통부·서울시 및 관련 전문가들과 함께 민법, 주택임대차보호법, 공인중개사법 등 관계법령에 근거하여 만들었습니다. 법의 보호를 받기 위해 【중요확인사항】(별지1)을 꼭 확인하시기 바랍니다.

☐보증금 있는 월세
☐전세   ☐월세

주택임대차표준계약서

임대인(   )과 임차인(   )은 아래와 같이 임대차 계약을 체결한다

소 재 지	(도로명주소)			
토 지	지목		면적	㎡
건 물	구조·용도		면적	㎡
임차할부분	등기부상 정확한 주소 기입		면적	㎡

계약의 종류	☐합의에 의한 재계약 ☐「주택임대차보호법」제6조의3의 계약갱신 요구권 행사에 의한 갱신계약 * 갱신 전 임대차계약 기간 및 금액 계약 기간: . . ~ . . 보증금: 원, 차임: 월 원

미납 국세·지방세	선순위 확정일자 현황	확정일자 부여란
☐없음 (임대인 서명 또는 날인 ________ 인)	☐해당 없음 (임대인 서명 또는 날인 ________ 인)	※ 주택임대차계약서를 제출하고 임대차 신고의 접수를 완료한 경우에는 별도로 확정일자 부여를 신청할 필요가 없습니다.
☐있음(중개대상물 확인·설명서 제2쪽 Ⅱ. 개업공인중개사 세부 확인사항 '⑨ 실제 권리관계 또는 공시되지 않은 물건의 권리사항에 기재)	☐해당 있음(중개대상물 확인·설명서 제2쪽 Ⅱ.개업공인중개사 세부 확인사항 '⑨ 실제 권리관계 또는 공시되지 않은 물건의 권리사항에 기재)	

▲ 주택임대차 표준계약서 예시

언뜻 복잡하게 생겼지만, 계약서의 내용은 계약 당일이 되면 담당 공인중개사가 미리 거의 다 작성해놓고 기다리고 있으니 걱정할 필요는 없다.

앞 사진의 노란색 박스 부분을 보면 임차주택의 소재지, 토지, 건물 등에 대한 표기를 하도록 되어 있다. 내가 살 집과 관련된 정보들을 적는 곳인데, 이때 이 정보들은 그 집의 등기부에 나와있는 정보들과 일치해야 한다('등기사항전부증명서 편'에서 이 부분이 틀리는 바람에 보증금을 날리게 된 사연을 기억하자).

특히 집합건물인 다세대주택은 호수별로 구분해 등기가 돼 있고 주인이 각각 다르다면 호수까지 정확히 일치해야만 한다. 반면 다가구주택은 1개의 주택으로 보기 때문에 문패만 구분돼 있으면 호수를 잘못 기재해도 주소만 정확히 일치하면 된다. 이를 꼭 명심하자. 앞 예시에서 '임차할 부분'이라고 표시된 곳에 집의 동, 호수를 기재하면 된다. 참고로 '호수'는 건물에 따라 기재 방식이 달라진다. 반지하 집이 있는 건물은 높이는 3층이지만 '402호'로 표기하기도 하고, 간혹 (일반적이지는 않지만) 호수 없이 '맨 왼쪽부터 세 번째 집'으로 표시하는 경우도 있다.

2. 임대인 특이사항 등

다음으로 임대인의 세금 미납 여부, 근저당 선순위 확정일자 현황 등을 체크하는 부분이 있다. 이는 법무부 버전의 표준계약서에만 있고, 공인중개사협회 버전에는 없는 내용이다. 단, 2024년 7월 10일부터 개정된 계약 시 확인설명서라고 하는 양식에 임대인의 선순위금액, 서류 제출 여부, 국세 및 지방세 체납 여부 등을 표시하게 되어 있으므로 걱정을 덜 수 있게 됐다. 설명서 내용에는 공인중개사의 설명 의무도 추가되었다.

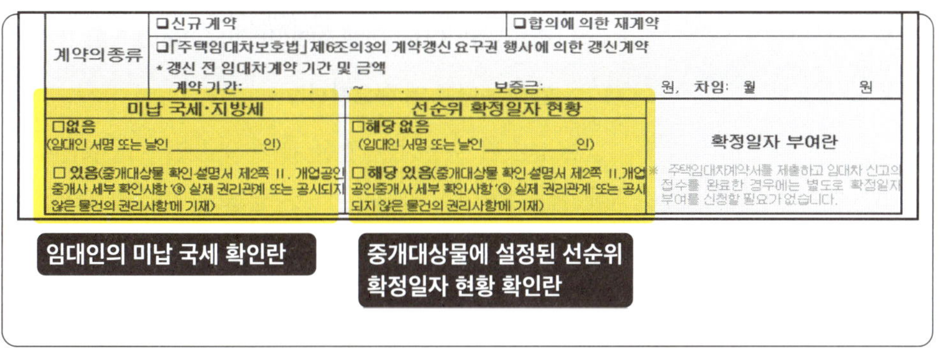

▲ 표준계약서 기준 [임대인 미납 국세 확인란] 및 [중개대상물 선순위확정일자 현황 확인란] 캡처

주택임대차 계약, 무엇을 어떻게 해야할지 몰라서 답답하지 않으셨나요?
이제 법무부에서 만든 "주택임대차표준계약서"를 사용해보세요!!

주택임대차 표준계약서(원본게시용) ↓	주택임대차 표준계약서(사용용) ↓

▲ 법무부 주택임대차 표준계약서 다운로드 화면

부 동 산 임 대 차 계 약 서

□ 전세   □ 월세

임대인과 임차인 쌍방은 아래 표시 부동산에 관하여 다음 계약내용과 같이 임대차계약을 체결한다.

1.부동산의 표시

소 재 지								
토 지	지 목		(대지권의 목적인 토지의) 면적		㎡	대지권 종류	대지권 비율	분의
건 물	구조·용도				면 적			㎡
임대할부분					면 적			㎡

2. 계약내용

제 1 조 (목적) 위 부동산의 임대차에 대하여 합의에 따라 임차인은 임대인에게 임차보증금 및 차임을 아래와 같이 지급하기로 한다.

보 증 금	금	원정 (₩　　　　　　　)
계 약 금	금	원정은 계약시에 지급하고 영수함. 영수자(　　　　㊞)
중 도 금	금	원정은　　년　　월　　일에 지급하며
잔 금	금	원정은　　년　　월　　일에 지급한다.
차 임	금	원정은 (선불로 · 후불로) 매월　　일에 지급한다.

제 2조 (존속기간) 임대인은 위 부동산을 임대차 목적대로 사용수익할 수 있는 상태로 ＿＿＿＿년＿＿＿＿월＿＿＿＿일까지 임차인에게 인도하며, 임대차 기간은 인도일로부터 ＿＿＿＿년＿＿＿＿월＿＿＿＿일까지로 한다.

제 3조 (용도변경 및 전대 등) 임차인은 임대인의 동의없이 위 부동산의 용도나 구조를 변경하거나 전대·임차권 양도 또는 담보제공을

▲ 협회 버전 계약서 캡처 (법무부 표준계약서와 좀 다르다.)

✅ **임대인의 미납 국세 확인란(임대인이 세금을 냈는지 안 냈는지가 왜 중요할까?)**

간혹 뉴스에 부동산을 몇십 채 가지고 있는 집주인이 파산하는 바람에 임차인들이 보증금을 돌려받지 못해 피해를 입었다는 내용이 나온다.

이처럼 재산이 많으면 그만큼 세금도 어마어마하게 내야 하는데, 이를 제대로 납부하지 않으면 집에 압류가 들어오고, 심지어는 경매로 넘어갈 수도 있다.

국가가 세금 미납자의 자산을 현금화해서 미납된 조세를 회수하려고 하기 때문이다.

그런데 문제는 집이 가압류 또는 압류 상황에 이르기 전까지는 국세 역시 '채권'으로 분류되기 때문에 등기부에 기재되지 않는다는 것이다. 즉, 어느 정도 곪은 상태가 되어야 등기부에 보인다.

때문에 전후 사정을 잘 알도록 법무부 표준계약서에는 임차인, 임대인이 서로 이런 것까지 확인하도록 유도(?)하고 최근에는 세금 체납 여부를 중개인이 확인해주도록 의무화되었다.

계약서를 작성하면서 각종 경우의 수를 고려하는 것이 중요하니 이런 것도 있구나 하는 정도는 알아두자.

✔ 선순위 확정일자 현황 확인(사전에 등기부를 보며 확인했어야 하는 부분)

선순위 확정일자 확인란 역시 중개인이 이 부분을 충분히 설명했는지, 임차인은 설명을 잘 듣고 확인했는지를 체크하라고 만들어놓은 내용이다.

혹시라도 내가 계약할 집이 담보가 잡혔을 때 돈을 받을 수 있는 우선순위가 바로 이 '선순위 확정일자'대로 매겨지므로 사전에 등기부를 보고 충분히 체크했어야 한다('등기사항전부증명서'편을 복습해보자면, 을구에 근저당 내용, 갑구에 소유권 관련 내용이 있다).

01 표준임대차계약서는 '민간임대주택사업자등록'을 한 임대인이면 필수로 해당 양식을 사용해야 한다.

02 표준임대차계약서와 일반표준계약서를 혼용하면 안된다. 임대사업자의 '표준임대차계약서' 외에는 모두 일반표준계약서를 사용하므로 헷갈릴 필요가 없다.

03 표준임대차계약서는 한 장이 아니라 여러 장으로 출력되어 확연히 구분된다.

04 부동산 중개인과 정식 계약할 경우 4페이지(2024년 7월 10일 이후 4페이지로 한 장이 추가되고 설명 의무가 개정됨) 분량의 확인설명서에서는 '확정일자 현황', '선순위 임차보증금 현황', '국세 및 지방세 완납증명서 제출 여부'를 확인할 수 있으며, 이를 제출하지 않을 시 임차인에게 열람 동의 항목이 신설되었고 임차인에게 고지하였음을 체크하도록 바뀌었다.

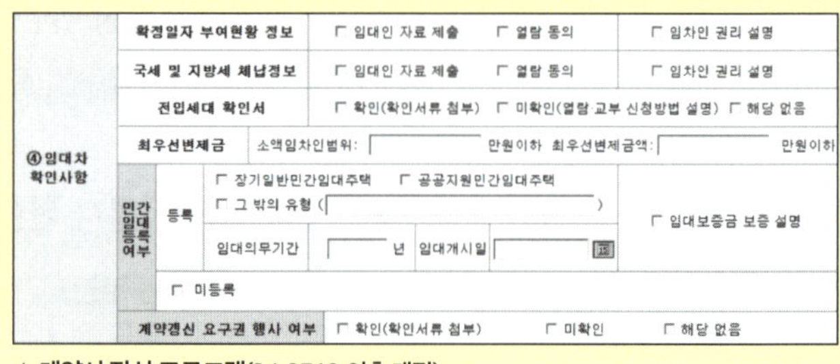

④임대차 확인사항	확정일자 부여현황 정보	☐ 임대인 자료 제출	☐ 열람 동의	☐ 임차인 권리 설명
국세 및 지방세 체납정보	☐ 임대인 자료 제출	☐ 열람 동의	☐ 임차인 권리 설명
전입세대 확인서	☐ 확인(확인서류 첨부)	☐ 미확인(열람·교부 신청방법 설명) ☐ 해당 없음
최우선변제금	소액임차인범위: ______ 만원이하 최우선변제금액: ______ 만원이하
민간임대 등록여부 / 등록	☐ 장기일반민간임대주택 ☐ 공공지원민간임대주택 ☐ 그 밖의 유형 (____) 임대의무기간 ___ 년 임대개시일 _____	☐ 임대보증금 보증 설명
☐ 미등록
계약갱신 요구권 행사 여부	☐ 확인(확인서류 첨부) ☐ 미확인 ☐ 해당 없음

▲ 계약서 작성 프로그램(24.07.10 이후 개정)

3. 계약의 내용(보증금 등)

다음으로 계약금, 중도금, 잔금, 그리고 임대차 기간을 작성하는 공간이 있다.

보증금 1,000만 원에 월세 60만 원짜리 계약을 예시로 들면, 다음과 같이 '보증금', '계약금', '잔금', '월세'에 대해 각각의 비용을 적도록 되어 있다.

여기서 기억해야 할 한 가지 중요한 부분은, '잔금일' = 즉, 잔금을 지불하는 날짜가 나의 이사 날짜(입주일)이자 계약 기간의 시작일이기도 하다는 점이다.

[계약내용]

제1조(보증금과 차임 및 관리비) 위 부동산의 임대차에 관하여 임대인과 임차인은 합의에 의하여 보증금과 차임 및 관리비를 아래와 같이 지불하기로 한다.

보증금	금	원정(₩	)			
계약금	금	원정(₩	)은 계약시에 지불하고 영수함. 영수자 (		인)
중도금	금	원정(₩	)은 ___ 년 ___ 월 ___ 일에 지불하며		
잔 금	금	원정(₩	)은 ___ 년 ___ 월 ___ 일에 지불한다		
차임(월세)	금	원정은 매월 ___ 일에 지불한다(입금계좌:	)		
관리비	(정액인 경우) 금	원정(₩	)		
	(정액이 아닌 경우) 관리비의 항목 및 산정방식을 기재				

'계약의 내용'에는 보증금, 계약금, 잔금 및 월세 등 '돈'에 대한 것들을 포함

▲ 표준계약서에서 돈에 관한 내용을 적는 부분

핵심 포인트

보증금
부동산을 임대차할 때 채무를 담보하기 위해 내주는 금액

계약금
보증금의 10% 내외의 금액으로 계약일 당시 지불하는 금액

중도금
임대인과 임차인 사이에 협의해 정함(월세는 중도금 없다고 봐도 OK)

잔금
보증금 총액에서 계약금, 중도금을 제외한 나머지 금액

Q 보증금까지는 알겠는데.. 계약금, 잔금은 뭘까?

보증금과 계약금, 잔금을 간단하게 이해하면 다음과 같다. 보통 계약서를 쓰는 계약일에, 보증금의 10%를 계약금으로 먼저 송금하고, 잔금일에 나머지 90%를 송금하는 것이 일반적이다.

계약금이 따로 있는 이유는, 혹시라도 계약을 파기할 경우 이 계약금을 위약금처럼 물어내야 하기 때문이다.

중도금은 부동산 거래 대금이 너무 큰 경우 한 번에 큰돈을 내기가 부담스러우니 중간에 나눠서 내는 개념인데, 비교적 거래 금액이 작은 월세 계약 등에서는 거의 해당되지 않는다. 잔금은 전체 보증금에서 계약금(중도금이 있다면 중도금까지)을 뺀 나머지 금액이다.

01 계약금은 상황에 따라 5%로 할 수도 있다.

현재 가진 여윳돈이 적거나, 계약을 파기하게 될 확률이 조금이라도 있다면, 보증금의 10%가 아닌 5%로 하는 것이 더 유리하다.

02 금액이 작더라도 임차인 입장에서 임대인이 계약을 파기하지 않도록 하는 방법으로 중도금 설정을 활용할 수 있다. 중도금을 납입하고서는 계약 해제가 불가능하기 때문이다(별도 약정이나 협의가 없는 한).

이 밖에도 월세를 지불해야 하는 '입금 계좌'에는 임대인 계좌번호가 들어가야 한다는 점이 중요하다. 나중에 실제로 내가 월세를 낼 때에도 계약서상에 명시된 계좌번호로 입금해야 뒷탈이 없다.

내가 쓴 계약서 양식이 앞에 나온 것과 다르더라도, 계약서 어딘가에 집주인에게 앞으로 지불해야 할 모든 금액을 송금할 곳(계좌번호)이 들어가 있어야 한다(보통 입금 계좌 정보는 특약사항에 쓰기도 한다).

4. 임대차 기간

다음으로 계약서에는 '임대차 기간'이 들어가야 하는데, 임대차계약은 기본 2년이지만, 동네에 따라 월세는 1년으로 계약하는 곳도 있다.

앞서 보았던 것처럼, 계약의 시작일은 내가 잔금을 송금하는 날(나머지 돈을 모두 내는 날)과 같다.

01 계약서 날짜 작성 방법

임대차계약은 계약서 날짜를 작성할 때 다음 2가지 방법 가운데 하나를 사용한다.

- 초일불산입 – 첫날을 계산하지 않음

- 초일산입 – 첫날을 계산함

[예] 2023년 1월 1일자로 2년짜리 계약을 하며 초일불산입 방식을 택할 경우 계약 기간은 2023.01.01 ~ 2025.01.01이 되고, 초일산입으로 할 경우 2023.01.01 ~ 2024.12.31이 된다.

민법상 원칙은 초일불산입이지만, 현실에서 둘 중 어떤 것을 선택하느냐가 문제되는 경우는 많지 않기 때문에 편의에 따라 선택하면 된다.

5. 특약사항

특약사항은 계약 당사자인 임대인과 임차인이 서로 합의하에 '우리는 특별히 이런 내용을 약속하자'고 넣는 것이다. 계약서의 다른 조항들이 대체로 관용적이고 일반적인 내용이라면, 특약은 서로의 사정에 맞게끔 커스터마이징하는 셈이다.

[특약사항] ●

상세주소가 없는 경우 임차인의 상세주소부여 신청에 대한 소유자 동의여부(□ 동의   □ 미동의)

※ 기타 임차인의 대항력·우선변제권 확보를 위한 사항, 관리비·전기료 납부방법 등 특별히 임대인과 임차인이 약정할 사항이 있으면 기재

– [대항력과 우선변제권 확보 관련 예시] "주택을 인도받은 임차인은 _____년 ___월 ___일까지 주민등록(전입신고)과 주택임대차계약서상 확정일자를 받기로 하고, 임대인은 _____년 ___월 ___일(최소한 임차인의 위 약정일자 이틀 후부터 가능)에 저당권 등 담보권을 설정할 수 있다"는 등 당사자 사이 합의에 의한 특약 가능

특약 예시 (예: 반려동물 관련)

반려동물 기르는 것을 허용하기로 한다. 단, 이로 인한 집 내부시설 파손에 대하여는 임차인이 계약 만료일 이전까지 전액 보상하기로 한다.

▲ 반려동물에 관한 특약사항 예시

즉, 특약사항에 들어가는 문구는 정해진 것은 없고 당사자끼리 쓰기 나름이다.

예를 들어, 집주인이 강아지를 기르는 것은 허락했지만, 이 때문에 도배, 장판 등이 상하는 경우 변상하고 나가야 한다는 점을 강력하게 주장하고 싶어 한다면 특약사항에 '반려동물 기르는 것을 허용하기로 한다. 단, '반려동물로 인해 훼손되는 도배, 장판, 문, 페인트 등'은 임차인이 퇴실 시 원상 복구 및 변상키로 하며, 애완동물 특수청소 후 퇴실하기로 한다.' 정도의 내용을 넣을 수 있을 것이다.

6. 인적사항

다음으로 임대인과 임차인의 인적사항에 대한 부분이다. 여기는 '임대인'으로 기재되는 집주인의 인적사항, 즉 계약하는 상대방이 실제 집주인이 맞는지를 등기부상의 소유주와 집주인의 주민등록증 확인을 거쳐서 꼭 비교해봐야 한다. 이 부분 역시 실제로 계약서를 쓸 때 부동산에서 알아서 챙겨주니 너무 걱정할 필요는 없다.

단, 부동산 중개인도 사람인지라 실수할 수 있기 때문에, 인적사항을 꼭 확인한다(보통은 계약서 사본을 출력해 확인하도록 안내한다). 참고로 주민등록번호가 잘못된 경우 전입신고가 되지 않으므로 반드시 정확히 기재해야 한다.

계약 당사자 관련 사항 기재

본 계약을 증명하기 위하여 계약 당사자가 이의 없음을 확인하고 각각 서명날인 후 임대인, 임차인, 개업공인중개사는 매 장마다 간인하여, 각각 1통씩 보관한다.   년   월   일

임대인	주 소		계약 상대방이 등기부상 주인이 맞는지 확인!		성 명		서명 또는 날인㉑
	주민등록번호		전 화		성 명		
	대 리 인	주 소	주민등록번호		성 명		
임차인	주 소						서명 또는 날인㉑
	주민등록번호		전 화		성 명		
	대 리 인	주 소	주민등록번호		성 명		
중개업자	사무소소재지		사무소소재지				
	사 무 소 명 칭		사 무 소 명 칭				
	대 표	서명 및 날인 ㉑	대 표	서명 및 날인			㉑
	등 록 번 호	전화	등 록 번 호		전화		
	소속공인중개사	서명 및 날인 ㉑	소속공인중개사	서명 및 날인			㉑

▲ 표준계약서상 임대인의 인적사항 확인

❷ 임대차계약서 특약사항 노하우

기본적으로 계약서는 추후에 일어날 수 있는 분쟁을 해결해야 할 때, 그 해결의 기준이 된다.

서로가 계약서를 쓸 당시에 무슨 내용이 들어갔는지 인지했다고 보기 때문에, 계약서를 쓸 때 처음부터 임대인과 임차인이 별도로 협의한 내용들이 들어가는 특약사항에 대해 감을 잘 잡고 있는 것이 중요하다.

1. 사전에 협의한 내용은 특약에 넣어달라고 하기

집을 보고, 계약을 결정하는 과정에서 자연스럽게 집주인/중개업소와 협의해야 하는 세부적인 것들이다. 이러한 것들은 되도록 공인중개사에게 '특약사항에 포함해달라'고 요구하는 것이 좋다.

예를 들어, 계약할 집을 보러 갔을 당시에 벽지가 너무 낡은 상태여서 집주인이 새로 도배를 해주기로 했다고 치자.

그렇다 하더라도 '말'로만 논의한 내용이기 때문에 실제 계약서를 쓸 때에는 해당 부분을 계약서상 명시하기 위해 한번 더 짚고 넘어가야 하고, 그러한 것들이 '특약'이 된다. 참고로 특약으로 들어가야 하는 사항들은 실제로 계약서를 쓰는 단계 이전에 미리 협의해놓는 것이 좋다.

2. 자주 쓰이는 특약 문구들

특약은 상호간에 정하기 나름이므로 사회적 통념에서 벗어나지만 않는다면 어떤 내용이든 쓸 수 있지만, 관용어구처럼 일반적으로 잘 쓰이는 특약 문구들도 있다.

✔️ 자주 쓰이는 특약사항 예

- 현 시설물 상태에서 임대차한다.
- 기타사항은 민법 임대차보호법 및 부동산임대차 계약 일반 관례에 따르기로 한다.
- 집의 옵션과 관련된 특약을 넣는다.
  (예: 가스레인지, 세탁기, 냉장고 옵션)

'현 시설물 상태에서 임대차한다' 또는 '이 계약은 기본 및 현 상태의 계약임, 상기 물건을 상호 확인하였음' 등의 특약 내용은 표현은 조금씩 달라질 수 있지만, 가장 보편적으로 쓰이는 특약 중 하나이다.

이 특약은 '임차인이 이미 본 집에서 바뀌지 않는 상태로 임대차계약을 한다' 정도의 뜻이라고 알아두면 된다. 만약 '옵션이 있는 집'은 옵션 목록을 특약으로 명시해놓는 것도 일반적인데, 아무래도 사람이 실제로 살다 보면 집 내부가 부서지는 등 여러 상황이 발생하기 때문에 이처럼 집의 시설 및 설비와 관련해 '최초'의 상태를 기록 및 명시해놓고자 하는 의도라고 보면 된다.

✔️ 월세는 '후불·선불'로 매월 O일에 임대인 계좌(계좌번호:xxxxx)로 입금하기로 한다.

월세 계약은 월세 납부 조건, 납부일, 입금계좌 정보를 특약으로 명시해놓기도 한다.

법조문상에 차임에 관한 선불, 후불이 명시되어 있다. 원칙은 후불이지만, 이는 법의 구속력이 없이 임의규정(양 당사자의 협의를 우선한다는 것)이므로 후불과 선불 가운데 어떤 것이든 협의를 우선으로 한다. 무엇이 됐든 명확히 써놓으면 몇 년간 살다가 나중에 헷갈릴 수 있는 부분을 확인할 수 있다는 점에서는 좋다(예를 들어, 나중에 이사를 나가기 전에, 월세 대금 지급횟수를 세어볼 일이 생겼을 때 도움이 될 수 있다).

'임대인의 계좌 정보' 또한 특약에 명시해놓는 경우가 많다. 참고로 월세 납부는 물론, 추후에 임대인과 하게 되는 모든 금전 거래는 계약서에 명시된 계좌번호로만 하는 편이 좋다는 점도 염두에 두자.

특약사항	예시
집, 시설 관리	현 시설물 상태에서 임대차한다(옵션: 냉장고, 세탁기)
계약 전 약속 사항	임대인은 입주일 이전(3월 7일)까지 도배를 새로 해주기로 한다.
월세, 보증금 관련	월세는 후불로 매월 8일 임대인 계좌로 입금하기로 한다. (임대인 계좌: 농협 00000-xxxxxxx)
기타	이 밖에 기타 사항은 임대차보호법 및 부동산임대차 계약 일반 관례를 따르기로 한다.

▲ 상황별 자주 쓰이는 특약 문구

3. 계약서에 넣으면 좋은 특약 문구들

특약사항을 쓰는 것은 어느 정도 '센스'의 영역에 해당하기도 한다.

곰곰이 생각해보다가 '어, 이거는 특약으로 넣으면 좋겠는데?' 싶은 것들이 있다면 공인중개사에게 꼭 츄라이 해보자.

특약에 들어가는 내용은 상호 협의가 전제되어야 하지만, 계약서에 도장 찍기 전에 원하는 부분을 말이라도 해보는 것은 전혀 문제될 게 없기 때문이다.

다음 내용들은 계약서에 특약으로 들어가면 좋을 만한 내용들이다(물론 모든 것은 케이스 바이 케이스로, 꼭 이런 특약들이 들어가야 좋은 것은 아니고 오히려 너무 디테일하면 미래의 나를 구속하는 족쇄가 될 수도 있다는 점도 살짝 생각해보자).

✅ **입주 전 하자 수리 조건**
  - (예) 도배 또는 장판 새로 해주기, 고장 난 인터폰 고쳐주기 등
  - 계약에 앞서 파손된 부분, 새롭게 임대인이 책임져 주기로 한 내용이 있다면 추후에 말이 달라지지 않도록 특약으로 한 번 더 명시하는 것이 좋다.

✅ **집의 상태, 시설 관련해 '미래에 약속받을 내용'**
  - (예) '옵션 중 세탁기는 입주 후 일주일 이내로 배치해주기로 한다'
  - 임대인 또는 중개업소에서 미래에 뭔가 해주기로 한 것들은 되도록이면 특약으로 확정해놓는 것이 좋다.

예를 들어, 신축입주를 하는 집에 세탁기가 아직 없는 상황이라면, 집을 볼 당시에 중개업소에서 "세탁기는 곧 들어올 거예요"라고 얘기하겠지만, 그렇다 하더라도 "나중에 계약서 쓸 때 그 내용도 넣어달라"고 말하는 것이 더 확실하다.

✅ **돈과 관련된 문제 (feat. 전세자금대출)**
  - (예) '임대인은 전세자금대출 진행 절차에 협조한다'
  - (예) '전세자금대출을 받지 못할 경우 경우 해당 임대차계약은 무효로 하고 임대인은 임차인에게 계약금을 전액 반환한다'

전세계약 시 대출이 필요한데, 간혹 집주인의 사정으로 대출이 불가능하거나 어려운 경우가 있다.
이런 상황에 대비해서 임대인에게 '전세대출 절차에 협조해달라'는 내용을 특약으로 넣어달라고 요구해볼 수 있다. 애초에 집을 알아볼 때 중개인이 전세대출의 가능/불가능 여부를 알려주지만, 실제로 계약서를 쓰기에 앞서 한 번

더 다짐을 받아두는 차원이다.

또는 대출이 불가능하게 되었을 때 계약금을 돌려받을 수 있도록 하는 내용도 임차인 입장에서는 좋은 특약이다(임대인이 환영할 만한 내용은 아니지만, 계약금을 다 날리는 것보다는 백 번 나으니 츄라이 해보도록 하자).

01 특약은 자세할수록, (단어 등이) 명확할수록 좋다!

(혹시나) 소송으로 이어지면 가장 먼저 보는 것이 '계약서의 특약'이다. 때문에 특약의 중요성은 아무리 강조해도 지나치지 않는다!

02 특약 작성 시 '구체적인 단어'와 '명확한 문장'을 써서, 중의적 표현이 되지 않도록 신경 쓰자.

4. 특약사항에 포함되는 것이 좋은지 헷갈리는 것들

임차인 입장에서 좋을 만한 특약들이 있다면, 임대인 입장에서 좋을 만한 특약 내용도 있기 마련이다. 이런 경우는 진리의 '케바케$^{case\,by\,case}$'로 나에게 유리할 수도, 불리할 수도 있다는 점을 염두에 두도록 하자.

> 참고로 보통 월세 계약은 살면서 발생하는 집의 크고 작은 고장, 하자 등을 집주인이 수리해주는 것이 원칙이지만 전세는 작은 수리는 임차인이 알아서 하는 것이 관례이다.

✔ **시설물의 수리, 비용 부담에 관한 특약들
(정하기 나름)**

- 앞으로 발생할 수 있는 집의 수리, 하자보수와 관련해서 '범위'를 명확히 하는 특약이 있다.

이러한 부분들이 명시되어 있는 것이 상황에 따라 좋을 수도, 나쁠 수도 있는데 어떤 때는 '특약에 있는 내용이니 수리를 해달라'고 요구할 수 있지만, 반면 수리를 해달라고 했을 때 '특약에 없으니 해줄 수 없다'고 거절당하는 상황도 발생할 수 있기 때문이다.

✔ 퇴실 청소비

- (예) '퇴실 시 청소비는 10만 원으로 한다'
- 예시처럼 '청소비' 항목을 특약으로 넣는 경우가 있는데, 청소비는 관례적으로 퇴실 시에 임차인이 지불한다.

다만 위처럼 금액까지 명시된 경우는 나중에 집주인이 '물가가 올랐으니 청소비를 15만 원으로 해야겠다'고 나온다면 특약에 금액을 명시해놓은 것이 장점이 될 수도 있다.

01 퇴실 청소비 현실 기준

퇴실 청소비는 보통 임대인이 직접 하면 저렴하게는 3만 ~8만 원까지 받고, 업체를 고용하면 15만 원이 넘는다.

업체는 아니지만 이모님들을 고용하는 중간급 퇴실 청소비는 10만~12만 원 정도에 형성되어 있다.

✔ 반려동물 관련 내용

(계약서 쓸 당시에 협의하는 것이 베스트)

- 반려동물과 관련해서는 처음부터 계약서에 명시하는 것이 좋다. 보통 반려동물이 금지되는 경우에는 특약 사항에 내용을 넣으려는 임대인이 많다.

특약에는 관련 내용이 없지만 살다가 나중에 반려동물을 들이게 된 경우라면 어떨까?

임대인들 중 반려동물 동반 거주를 이유로 '계약을 해지하겠다'고 나오는 경우가 종종 있는데, 결론적으로 반려동물 동반 거주 자체가 위법은 아니기 때문에 이것만으로 계약을 해지할 수는 없다. 계약 최초에 반려동물 불가 의사를 표명했거나 특약에 불가 여부를 기재했어야 하는 것이다.

하지만 집에 사는 동안 임대인과 계속해서 갈등을 겪으며 스트레스를 받게 될 수도 있다. 때문에 반려동물과 관련해서는 애초에 잘 협의를 해놓는 것이 가장 좋다.

✔ 원상복구의 의무/범위, 파손 비용 관련 내용

- (예) '임차인의 과실로 인해 집의 시설 등이 파손된 경우 복구 비용은 보증금에서 공제 후 반환한다'
- (예) '퇴실 시 임차인은 원상복구의 의무를 진다'

위 내용은 임차인 입장에서는 좋을 것이 없는, 불리한 내용의 특약이 맞다.

다만 원상복구는 범위를 따로 명시하지 않아도 당연히 발생하는 법 조항으로, 복구해야 할 일이 생겼을 때 임차인이 이에 대해 책임지는 것은 당연한 의무다. 퇴거 시, 임대인이 무리한 비용 요구를 할 것이 걱정된다면 '원상복구의 범위 중 자연 노후, 생활상 소모 등은 제외한다'는 특약 문구를 넣는 정도가 적당하다.

현직 공인중개사의 심화 노트

등기사항전부증명서만으로 확인할 수 없는 것들

이제 집을 구할 때 등기부를 떼봐야 한다는 것 정도는 상식이 되었다. 하지만 안전을 위해 중요하면서도 등기부만으로는 확인할 수 없는 정보들이 있는데, 대표적으로 ① 국세 체납, ② 고액의 선순위 보증금(다가구 형태일 때), ③ 개인적인 채권 채무 관계 등이다. 이러한 정보는 어떻게 알 수 있는지 알아두자.

① 국세와 지방세 체납

먼저 국세 체납 사실은 '국세완납증명서', '지방세완납증명서'로 확인할 수 있다. 기존에는 계약 시 집주인에게 이런 내용을 요청하면 법적으로 의무가 없었기 때문에 불쾌해하는 경우가 많았지만, 국세징수법이 개정되면서 이와 같은 내용을 열람할 수 있게 되었다. 임대인이 직접 발급할 때에는 국세는 홈택스, 지방세는 위택스에서 공인인증서로 로그인해서 발급받으면 된다. 가까운 행정복지센터에서도 발급이 가능하다. 임차인이 발급할 때는 계약 전이라면 임대인의 동의를 받아야 하고 계약 체결 후에는 임대인의 동의 없이도 계약 당사자로서 열람이 가능하다. 단, 임대인에게 열람했다는 사실 통지가 가니 사전에 고지를 하는 것이 좋다. 가장 좋은 방법은 임대인에게 계약 시 서류를 구비해달라고 요청하는 것이다.

국세, 지방세 체납 사실 여부 확인은 매우 중요하다. 특히 전세 계약이거나 보증금이 고액일수록 그 중요도가 커진다. 최근 법이 개정되면서 임차인에게도 열람권이 생겼고, 공인중개사도 임대인에게 인증번호를 받으면 채무 관계를 확인하는 신용도 조회를 할 수 있다. 임대인이 행정복지센터에 다녀왔는데 발급을 못 받았다면, 체납 세액이 있다는 의미일 수 있으므로 더더욱 주의를 기울이는 것이 좋다.

계약서에도 '임대인의 체납 사실이 없음을 확인하고 체납액이 있을 경우 상환 후 미납세액이 없는 상태에서 잔금 지급 및 입주한다'라는 내용의 특약을 넣어주는 것이 좋다. 다행히 최근 법 개정으로 우선변제권을 확보한 임차인이 들어온 다음에 발생한 미납세액에 대해서는 임차인의 우선변제권 순위를 인정해준다는 점이다. 이전까지 세금은 우선변제권보다 항상 우선이었으나 이제는 세금의 무서움을 조금 덜 수 있도록 보완이 됐다.

등기부에 현재 세금 체납으로 압류가 걸렸다는 것은 이미 독촉 과정을 지나 다음 단계로 들어갔다는 이야기이므로 조금 더 심각한 상태다. 과거 이력을 함께 볼 수 있는 '말소사항포함'으로 등기부를 출력해본 뒤, 현재 임대인이 세금 체납 이력이나 압류 이력이 많았다면 금전 관계 또는 신용 관계가 좋지 않다고 판단해볼 수 있다.

❷ 앞선 세입자의 보증금 합계(다가구 형태일 때)

두 번째로 고액의 선순위 보증금은 다가구 주택일 경우에만 문제가 된다. 아파트나 오피스텔, 다세대 주택은 호수별로 보증금이 따로 책정되기 때문에 해당 임차인이 퇴거하며 전입의 효력이 사라지고 다음 임차인이 입주하면서 먼저 입주한 입차인의 선순위 채권이 문제가 되지 않는다. 하지만 다가구 주택은 건물 전체가 한 집으로 구분되고 문패만 분류가 되어 있는 셈이다. 따라서 같은 건물에 고액의 선순위 보증금이 있는 가구가 있다면 집에 문제가 생겼을 때 보증금을 순서대로 받을 수밖에 없기 때문에 내가 받을 보증금의 위험성이 커진다.

현재는 다가구 주택 부동산 계약 시 공인중개사를 통해 '확인 설명서'의 '9. 기타 공시되지 않은 권리 관계'에 다른 가구의 보증금을 기재하는 것이 의무가 되었다. 또한 임대인이 필요 서류 등 자료를 제공하지 않을 경우 계약서의 자료 제공 항목에 'X'를 체크할 수 있고, 계약 후에는 임차인에게 열람 권한도 있기에 보완할 수 있다. 계약하는 공인중개사를 통해 권리의 안전성을 확실히 체크하는 것이 다가구주택 계약의 핵심이다.

2024년 7월부터 개정되는 공인중개사법 시행령 중개대상물 확인·설명서 의무 중에 '④ 임대차 확인 사항'이라는 항목이 신설되어 국세, 지방세 서류 교부에 관련된 내용과 선순위 전입 세대에 관한 사항 등을 기재하도록 보완되었다. 임차인에게 불리한 부분이 하나씩 보완되고 있으니, 안전한 부동산 거래가 될 수 있도록 주의를 기울이도록 하자.

개정법령:「공인중개사법 시행령」
　　　　　　　(대통령령 제34401호, 2024. 4. 9. 개정)
시행일 : 2024. 7. 10.
주요 개정사항
- 관리비에 관한 사항 (제21조 제1항 제3호)
- 「주택임대차보호법」 제3조의7에 따른 임대인의 정보제시 의무 및 같은 법 제8조에 따른 보증금 중 일정액의 보호에 관한 사항 (제21조 제1항 제10호)
- 「주민등록법」 제29조의2에 따른 전입세대확인서의 열람 또는 교부에 관한 사항 (제21조 제1항 제11호)
- 「민간임대주택에 관한 특별법」 제49조에 따른 임대보증금에 대한 보증에 관한 사항(제21조 제1항 제12호)
※ **부칙:** 개정규정은 2024. 7. 10. 시행 /
　　　　대통령령 시행 이후 중개를 의뢰받은 경우부터 적용
※ **중개대상물 확인·설명서 서식 개정:** 개정령 시행일(2024.7.10.)
　　　　　　　　　　　　　　　에 맞춰 개정

❸ 그 외의 개인 채권 채무 관계

세 번째로 임대인의 개인적인 채권 채무 관계는 정확하게 알기는 어렵다. 하지만 등기부 열람 시 말소 사항까지 확인하다 보면 채권 가압류, 가등기와 같은 복잡한 사항에 빨간줄이 그어진 것을 보고 추측이 가능하다. 단, 등기부 말소 사항이 많더라도 가족 등 특수 관계가 아닌 경우라면 현 주인과는 무관하므로 안전한 집이라고 생각할 수 있다.

❹ 건물과 땅 주인 일치 여부 확인

마지막으로 네 번째는 다가구주택에서 확인해야 하는 내용으로, 건물 주인과 땅 주인이 다른 사람인지 확인해야 하는 것이다. 아파트, 오피스텔, 다세대주택 같은 집합건물은 각 호수별로 땅에 대한 지분이 나눠져 있다. 다가구주택은 정당한 권리를 얻지 않은 채 타인의 토지에 건물을 짓는 경우가 발생할 수 있다. 이런 상황에 대비해 다가구주택에 입주할 때는 토지와 건물 등기를 각각 떼보고 권리관계와 소유권이 일치하는지 확인하는 것이 기본이다. 만약 건물 주인과 집주인이 다른데 '지상권'이란 것이 설정되어 있다면 땅 주인이 건물을 지을 수 있도록 임차해준 것이므로 법적으로 문제가 되지 않는다.

등기는 반드시 인터넷등기소에서 열람한 자료를 바탕으로 확인해야 한다. 증명서 좌측 하단에 발급 시간을 보고 계약 당일에 뽑은 것인지 반드시 확인하자. 잔금일에도 당일 등기부를 반드시 떼어보고, 공휴일이라면 전날 기관 운영 시간에 뗀 것인지 확인하는 것이 핵심이다.

또한 등기를 뗄 때는 현재 유효사항만 표시 혹은 말소사항까지 포함 중 선택할 수 있다. 말소사항 포함으로 떼면 빨간 줄로 과거의 이력까지 확실히 볼 수 있다. 그런데 공인중개사가 발급한 등기부를 확인하면 대부분 말소사항을 포함해 출력하지 않고 현재 유효사항만 기준으로 출력한다. 불필요한 지난 이력을 보여줄 필요가 없다고 판단하기도 하고, 설명할 필요가 없는 내용까지 포함된 경우도 있기 때문이다. 하지만 꼼꼼한 확인이 필요하다면, 공인중개사에게 '말소사항 포함'으로 뽑아달라고 말해도 된다.

06

계약서까지 쓰고 나면,
이제 정말로 나의 자취 라이프가 펼쳐지기 일보직전이다.
다만 계약서를 쓰고 나서 꼭 해야 하는 '후속 작업'들이 몇 가지가 있다.
여기에는 새로운 자취집으로 이사를 가는 것까지가 포함된다.

STEP 6
후속 작업 및 이사 가기

이사 방법 선택
이사 업체 계약

주요 이사 업체 사이트
위매치다이사
da24.wematch.com
짐카 zimcar.kr
짐싸 zimssa.kr

핵심 포인트

이사 업체 커뮤니케이션 꿀팁
이사 견적을 낼 때 **요청사항은 정확하게, 전달은 간단하게** 하는 것이 좋다. 수많은 고객을 상대하는 업체와 커뮤니케이션을 하다 보면, 나중에 내가 생각한 것과 차이 나는 부분이 반드시 있기 마련이다.

때문에 불필요한 스트레스를 줄이려면, 실제로 업체와 통화하거나 연락할 때 **'가장 중요한 것(예를 들어서 화장대가 골동품이니 흠집이 나지 않게 해달라)'** 위주로 몇 가지만 확실히 말하는 것이 낫다.

계약서를 쓰고 나면 계약일로부터 잔금일(=이삿날)까지 어느 정도 시간적 여유가 있다. 이때 이사 준비를 잘 해놓으면 좋은데, 어떤 준비들을 해야 하는지 알아보자.

아주 간단한 원룸 이사는 가족+친구를 총동원해서 짐을 옮길 수도 있지만, 자취를 하며 어느 정도 연차가 쌓이고 짐이 늘어나다 보면 전문 업체의 도움이 필요하다. 때문에 이사를 결심하고 나서 보통 이사 전문 업체(이삿짐센터)를 골라 이사 계약을 하게 될 것이다.

이사는 크게 포장이사와 일반이사 두 가지가 있다. 둘의 차이는 '포장이사는 덜 힘들고 비싸고, 일반이사는 덜 비싸고 아주 힘들다'는 것이다.

진행 단계	포장이사	일반이사
이삿짐 싸기(포장)	업체 담당 (*포장, 짐 정리 일부만 내가 직접 해야 함)	내가 직접
이사할 집까지 이동(운송)		업체 담당
짐 내려서 집까지 이동(운반)		내가 직접
짐 정리		내가 직접
가격	$$$(비쌈)	$(쌈)

▲ 포장이사 vs 일반이사 비교(돈을 더 들이더라도 포장이사를 추천한다)

② 이사의 과정

이사는 **짐 싸기** ⇨ **이사할 집까지 운송** ⇨ **짐 내려서 집으로 운반** ⇨ **짐 다 풀고 정리** 의 과정을 거친다.

포장이사는 이 전 과정을 업체에서 해주는 것이고, 일반이사는 '운송'만 해주는 것이다. 즉, 내가 짐을 싸고 준비를

해놓으면, 업체에서 용달차가 짐을 싣고 이사할 집 안으로 옮겨주는 것까지만 해주는 것을 의미한다.

가격은 포장이사가 훨씬 더 비싸지만, 그만큼 편리하다는 장점이 있다. 요즘에는 이사 업체를 고르기 위해 견적을 받고, 계약하는 전 과정을 온라인이나 앱으로 할 수 있다. 이 중에서 비교해보고 나에게 맞는 곳을 선택하면 된다.

참고로 이사 비용은 보통 현금영수증을 발행하지 않지만 현금영수증 발행 의무 업종이므로 필요하다면 요청하도록 하자.

핵심 포인트

이사 D-14일쯤 하면 좋은 것
① 집 대청소, 물건 정리하기
② 버려야 할 물건 구분해놓기
③ '대형폐기물 스티커' 미리 발급
　받기

2

이삿날 전까지 해야 하는 것들, 체크리스트

핵심 포인트

이사 D-3일쯤 하면 좋은 것
① 이사 업체와 일정 재확인
② 정기배송, 중요한 서류, 택배
　등 받을 것 확인 (주소 변경)
③ 공과금 미납금 처리 / 자동이
　체 해지 / 명의변경 방법 등 미
　리 확인

이사 업체를 계약하고 나서 이사 D-7일부터 D-1일까지 준비하면 좋은 것에 대해서 알아보자.

포장이사를 한다면 짐을 미리 싸놓을 필요는 없다.
하지만 이사 업체에서는 어떤 물건을 버려야 할지 판단할 권한이 없기 때문에, 원칙적으로 집에 있는 모든 물건을 패키징한다고 보면 된다. 때문에 앞으로 버릴 물건까지 이삿짐에 섞이지 않도록 미리 집 정리를 하면서 '물건을 버리는 과정'이 필요하다. 또한 버려야 할 물건 중에 '대형폐기물'이 있다면 미리 폐기물 처리 신고를 하고 스티커를 발급받아서 부착한 다음 버려야 한다. 혼자 버리기 어려운 피아노, 책상 등 큰 가구는 이사 당일에 이사 업체에 요청해서 버릴 수 있도록 미리 준비해놓는 것이 편리하다.

이사가 며칠 남지 않은 시점이 되면 이사 업체에 연락해 일정을 최종적으로 확인해보는 것이 좋다.
그리고 내가 정기적으로 배송받는 물품, 중요한 서류나 택

✔ 체크 포인트

□ 대형폐기물이란

가구, 가전제품, 사무용 기자재 및 냉·난방기 등 부피가 큰 쓰레기로, 버릴 때 수수료(스티커)를 내고 버려야 하는 물건들

- **가전제품류**
  TV, 냉장고, 에어컨 등
- **가구류**
  장롱, 쇼파, 침대 등
- **생활용품류**
  가방, 화분, 이불 등
- **유아용품류**
  유모차, 놀이매트, 카시트 등
- **기타**
  파티션, 화환, 폐 소화기 등

□ 대형폐기물 처리 절차
(온라인/오프라인 방법 2가지)

대형폐기물을 버릴 땐 **신청 접수 ⇨ 수수료 결제 ⇨ 스티커 발급 및 부착 ⇨ 버리기**의 절차를 거친다. 폐기물 신청은 주민센터 방문이나 온라인으로 가능하다. 온라인 신청은 각 구청이나 주민센터를 통해서 하면 된다.

▲ 대형폐기물 수거 인터넷 신청 화면(영등포구청 예시)

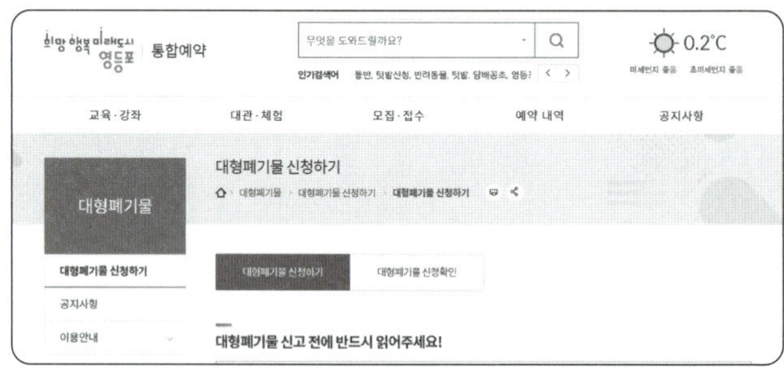

▲ 대형폐기물 신고 처리 절차 안내 화면(예)

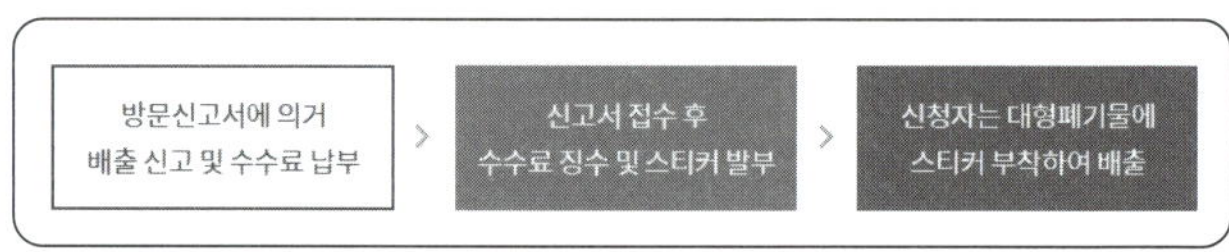

▲ 대형폐기물 수거 인터넷 신청 화면(예)

배가 올 일이 없는지 등을 확인해놓는 것이 좋은데, 만약 이사 당일에 받아야 하는 택배가 있다면 새로운 주소지로 미리 변경해놓는 것을 잊지 말자.

참고로 전기 요금, 상하수도, 도시가스 등의 공과금은 이사 전이 아닌 '이사하는 날' 정산하는 것이 원칙이다. 다만 가끔 납부 방법이 헷갈리기 때문에, 미리 납부 방법을 숙지해놓는 것도 도움이 된다. 만약 공과금을 자동납부하고 있었다면, 자동이체도 미리 해지해야 한다. 밀린 요금도 납부하면 마음이 한결 홀가분해질 것이다.

공과금 납부 시 앱을 이용하면 편리하다. 특히 서울시는 전자납부번호, 상하수도 고객번호 등으로 편리하게 공과금을 납부할 수 있는 STAX 앱을 운영하고 있으니 참고해보자.

이사할 때 박스 포장 꿀팁

01 박스 포장 시 용도별, 중요도별로 색상이 다른 박스를 구비한다.

02 파손이 우려되는 박스는 별도로 표시해놓는다.

03 이렇게 체크해둔 박스는 이삿짐센터 사장님에게 별도로 주의를 부탁드리기에 효율적인 방법이다.

04 침대, 비싼 장 등의 모서리 부분이나 전선이 연결된 곳은 무거운 가구를 옮기다 보면 찍히거나 끊어질 수도 있으므로 모서리 찍힘 방지 패드를 붙이거나 전선을 테이프로 감아두는 등의 조치를 해두면 금상첨화다.

핵심 포인트

이사 D-1일쯤 하면 좋은 것

① 귀중품 등 중요 물건 따로 챙기기
② 이사 당일 필요한 개인물품 챙기기
③ 밥 대책 (간식, 간단한 식사)
④ 이동수단 대책 마련하기
⑤ 현금 준비
⑥ 쓰레기봉투 준비
⑦ 폐기물처리 스티커 붙여놓기
⑧ 버릴 물건 확실히 구분 - 다시 한번 체크

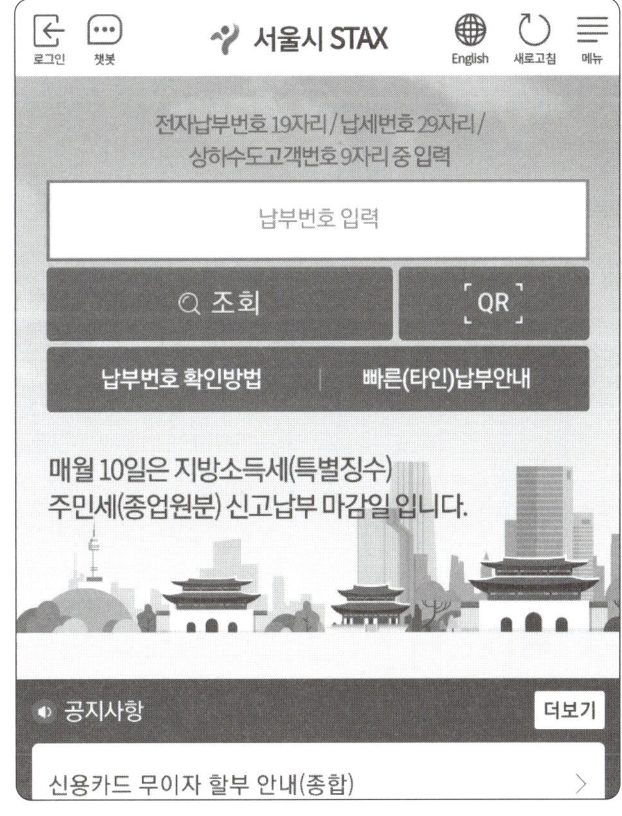

▲ 공과금 납부 (feat. 서울시 STAX 앱)

이사 당일이 되면 굉장히 정신이 없다. 때문에 중요한 물건이 섞이지 않도록 귀중품과 중요 서류는 따로 챙겨놓자.
또한 이삿날 들고 다닐 개인물품도 미리 챙겨놓으면 좋다. 산처럼 쌓인 짐더미에서 필요한 물건을 찾아야 하는 상황이 발생하면 난감하다.

참고로 이사한 당일에는 짐을 다 정리하지 못할 가능성이 높기 때문에, 잠옷이나 충전기 등 당장 필요한 생필품은 눈에 잘 띄도록 구분해놓는 것도 꿀팁이다.
또한 '밥 대책'과 '이동수단 대책'도 필요하다. 특히 이사 당일에 공과금을 정산하면서 전기, 가스, 수도가 끊길 수 있기 때문에 밥 대책이 꼭(?) 필요하다. 간식거리, 간편한 식사 방법을 생각해보고, 물과 음료수 등도 미리 준비해놓도록 하자. 이사할 집까지 이동하는 방법(자가용, 지하철, 버스 등)도 머릿속으로 한번 그려보자. 이삿짐센터 차량을 타고 함께 이동하면 혹시라도 사고가 나거나 할 경우 일이 복잡해지기 때문에 따로 이동하는 것이 편리하다.

이사 D-day에 쓸 현금도 어느 정도 준비하는 것이 좋다. 수고비, 설치비, 부동산 중개보수 등을 지불할 때 보통 현금 혹은 계좌 이체를 하므로 통장에 충분한 돈이 있는지 미리 체크해두는 것이 필요하다.
버려야 할 물건들도 미리 구분해놓는다. 특히 이삿짐을 옮기면서 나올 쓰레기들을 버릴 만한 큰 종량제봉투를 준비해놓는 것도 꿀팁이다. 이삿날 버려야 할 대형폐기물은 미리 준비한 폐기물 배출 스티커를 붙여 구분해놓고, 짐을 옮길 때 업체에 밖으로 내달라고 하면 된다.

전기, 수도, 가스 등 공과금은 이사 당일에 그때까지 쓴 요금을 정산 및 납부해야 한다.
각 업체에 전화해서 간단히 처리할 수 있지만, 문제는 고

핵심 포인트

이사 D-day에 할 일
① 공과금 납부
② 부동산 방문 및 잔금 처리
③ **전입신고, 확정일자 받기**
④ **우편물 주소 변경하기**

✓ 체크 포인트

□ **수도 요금**
고지서에 표기된 관할 상수도 사업본부 전화.

□ **전기 요금**
한국전력공사(핸드폰은 지역번호+123), 또는 한전 앱(한전:ON) 이용.

□ **가스 요금**
내 집에 해당하는 가스업체에 전화 또는 앱으로 전출 예약.

객센터가 전화를 너무나도 안 받는 경우가 있다는 것이다. 때문에 앱을 이용하거나 사전에 정산 방법을 미리 숙지해 놓으면 도움이 된다.

전기요금은 이사 당일에 정산하는 것이 원칙이며, 한전 고객센터(지역번호+123), 또는 한전 앱을 이용해 이사 정산 요금을 확인할 수 있다.

가스업체는 지역마다 다르기 때문에, 살던 집에 해당하는 업체에 맞는 방법으로 정산해야 한다. 예를 들어, (주)서울 도시가스에서는 '가스앱'이라는 앱을 제공하는데, 앱에서 이사 당일 전출 예약과 이사 요금 정산 등을 할 수 있다.

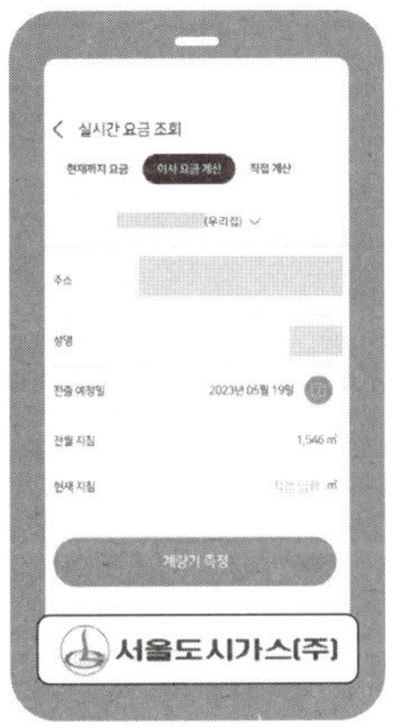

▲ 가스 전출 예약 및 이사요금 정산 (feat. 서울도시가스)

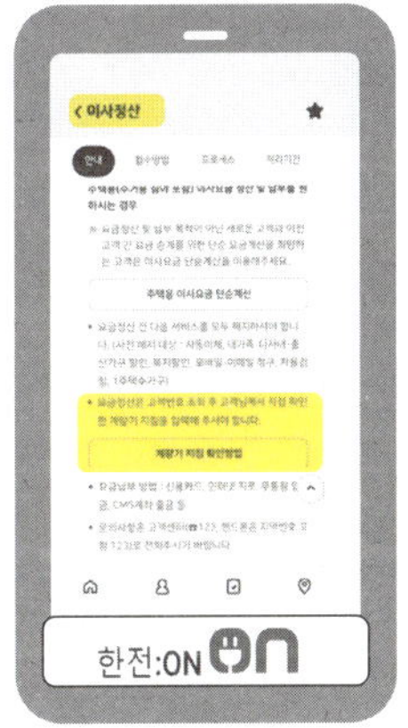
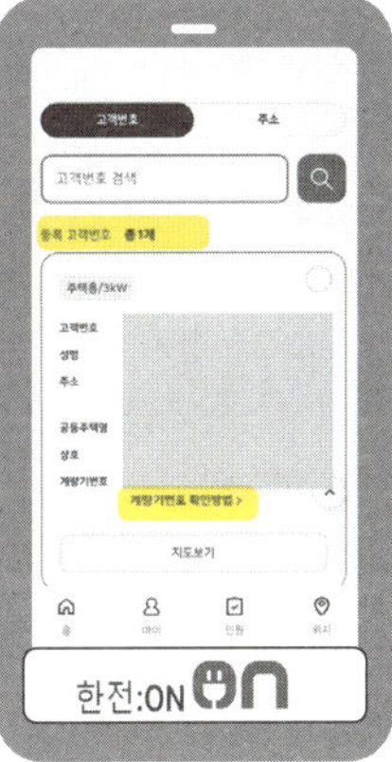

▲ 전기 이사요금 정산 (feat. 한전:ON 앱)

전입신고를 하고 나면 우편물 수령지도 변경하는 것이 편리하다. 우체국 홈페이지에서 '주거 이전 우편물 전송서비스'를 이용하면 된다.

3

잔금 치르고
이사하기

잔금일에는 잔금을 치르는 것과 동시에, 이사를 병행해야 하므로 365일 중 가장 정신없는 하루를 맞볼 수 있다.

돈 처리하랴, 이사 들고 나는 상황 관리하랴, 생각보다 꽤 긴박하게 흘러가기 때문에 미리 어떤 일이 벌어지는지 알아두는 것이 좋다(물론 모든 상황이 똑같이 적용되는 것은 아니고, 예외가 있을 수 있지만 사회 통념상 비슷한 절차를 밟는다고 보면 된다).

그럼 잔금일에 어떤 일이 벌어지게 되는지 따라가보자.

핵심 포인트

잔금일에 일어나는 일들
① 이사 나가는 집에서 짐을 뺀다.
② 짐을 빼면서 보증금을 돌려받는다.
③ 살던 집의 키를 건네준다. 이때 주인이 와서 집을 확인한다(2와 3은 동시에 일어날 수도 있고, 3이 먼저 끝난 후 2가 될 수도 있음).
④ 이사하는 집으로 이동한다.
⑤ 이사하는 집 잔금을 치른다(이때 등기부를 재확인하면 좋다).
⑥ 잔금과 함께 부동산 중개수수료를 지불한다.
⑦ 이사하는 집 키(또는 비밀번호)를 건네받는다.
⑧ 전입신고를 하고, 확정일자를 받는다(온라인 혹은 주민센터 방문).

① 이사 나가는 집에서 짐을 뺀다

이사의 시작은 내가 살던 집에서 짐을 빼는 것부터다.

이 타이밍을 맞추는 것이 쉽지 않으므로 이사 업체에 이사 예약을 할 때는 아침 일찍으로 잡는 것이 좋다.

이사 업체 예약은 보통 한 달 전부터 미리 하기도 하는데 사람에 따라 '이사하기 좋은 날(금요일, 손 없는 날 등)'에 수요가 몰리기 때문에, 미리 견적을 받고 예약을 완료해두면 마음이 편하다. 마음이 쪼들리면 실수가 발생하기 쉬우므로 여유롭게 준비하도록 하자.

② 짐을 빼면서 보증금을 돌려받는다

살던 집에서 짐을 다 빼고 나면, 집주인이 이상 유무를 확인한 다음 묶여 있던 보증금을 이체받는다.

집주인으로부터 보증금을 계좌이체 받고 나면 혹시 잘못된 점은 없는지 정신없는 와중이지만 침착하게 확인해보자.

참고로 표준계약서상 조항을 예로 본다면, 부동산 임대차 계약이 끝나면 임차인이 '집을 건네주는 것'과 동시에 임대인이 보증금을 반환해야 할 의무가 있다(1항).

반면, 임대료나 관리비가 밀린 경우 보증금에서 이를 제외하고 돌려줄 수 있다는 점도 명시되어 있기 때문에 권리만 챙기고, 의무는 누락되지 않도록 챙기는 것도 필요하다.

주택임대차 표준계약서 제11조(임대보증금의 반환)

① 임차인이 임대사업자에게 예치한 **임대보증금**은 이 계약이 끝나거나 해제 또는 해지되어 임차인이 임대사업자에게 **주택을 명도**明渡**함과 동시에 반환**한다.

② 제1항에 따라 반환할 경우 임대사업자는 **주택 및 내부 일체에 대한 점검**을 실시한 후 임차인이 임대사업자에게 내야 할 **임대료, 관리비 등 모든 납부 금액과** … (중략) … 임차인의 채무를 **임대보증금에서 우선 공제**하고 그 잔액을 반환한다.

③ 임차인은 위 주택을 임대사업자에게 명도할 때까지 사용한 전기·수도·가스 등의 사용료 (납부시효가 끝나지 않은 것을 말한다) 지급 영수증을 임대사업자에게 제시 또는 예치해야 한다.

* 편의상 임대사업자의 표준임대차계약서의 내용을 기재했지만, 임대사업자에 국한되는 것이 아니라 모든 임대인과 임차인에게 동일하게 부여되는 과정과 의무다.

▲ 표준계약서상 임대보증금 반환 관련 조항

❸ 살던 집의 키를 건네준다

집주인이나 중개업소에서 나온 사람이 집의 이상 유무를 확인할 때는 벽지 또는 장판 등이 크게 훼손되지는 않았는지, 옵션으로 있던 것 중 없어진 물건은 없는지, 입주 시에 약속했던 것(특약에 있는 것들) 중 안 지켜진 부분이 있는지 등을 살핀다.

사람마다 스타일은 다르겠지만, 크게 눈에 띄는 하자가 없다면 보통 한 번 쓱-하고 보는 정도이다(하지만 까다로운 집주인이라면 꼬투리와 함께 실랑이가 벌어질 수도 있다. 스트레스를 피하기 위해 가능하면 이삿날 전에 혹시라도 내가 인지하지 못한 하자가 있는지 확인해보자). 집을 확인하고 이상이 없다면, 내가 쓰던 키를 집주인에게 건네준다(요즘에는 비밀번호를 알려주는 것으로 바뀌었다).

❹ 이사하는 집으로 이동한다

살던 집의 집주인으로부터 보증금을 돌려받았다면, 이 돈을 더해 새로 '이사 가는 집'의 잔금을 치르러 갈 차례다.

위의 1~3번 과정이 이루어지는 동안 이사 업체의 직원들은 짐을 다 빼서 이미 이사 가는 집으로 이동하고 있을 것이고, 나도 뒤따라서 이사 가는 집을 계약했던 중개업소로 이동하게 된다.

❺ 이사하는 집의 잔금을 치른다 (with 등기부 재확인)

이사하는 집으로 가기 전 임차인의 계좌로 잔금을 보내는 '잔금 절차'를 밟는다. 만약 계약했던 부동산을 방문해 잔금을 지불한다면, 등기부를 한 번 더 발급해달라고 요청하는 것이 좋다.

등기부를 확인해야 하는 이유는 계약 당일~이사일(잔금일) 사이에 혹시나 생겼을 변동 상황을 체크하려는 것이다. 만약에 계약할 당시에 특약으로 약속되었던 내용들이 있다면, (대출이 있었지만 말소하기로 했다거나, 집주인이 새로운 담보대출을 받지 않기로 했다거나 등) 제대로 지켜졌는지 새롭게 발급한 등기부로 확인해보는 것이 좋다.

❻ 잔금과 함께 부동산 중개보수를 지불한다

미리 확인할 것 – 중개보수, 이체한도 등.

잔금을 치를 때는 평소에 잘 오고 가지 않는 큰돈을 거래하는 것이기 때문에 이체한도가 막히는 경우가 있다. 이체한도는 잔금일 전에 은행 앱에서 미리 늘려놓는 것이 좋다.

잔금날에는 부동산 중개보수도 함께 지불하게 된다. 이 역시 모자라지 않도록 미리 확인해두는 것도 좋은 방법이다. 중개보수는 얼마로 할지 당일에 얘기하는 것보다는 미리 물어놓는 것이 좋은데 사전에는 과하다 싶으면 조정해볼 여지라도 있지만, 잔금 당일에는 솔직히 쉽지 않기 때문이다. 참고로 잔금을 지불하고 나서 가급적이면 대금 지급에 대한 내용을 영수증으로 받아두자. 계좌이체를 하는 경우 내역이 남기 때문에 필수적인 것은 아니다. 다만, 계좌이체

부동산 중개보수

관련 상세한 내용은 p092~ p104 내용을 참고해보자.

를 할 때 보내는 사람 이름에 내 이름이 제대로 들어갔는지 확인하고, '508호 잔금' 등으로 명시해서 보내는 것이 좋다.

<table>
<tr><td>NO:</td><td></td><td>발행일 2021년 03월 22일</td></tr>
</table>

영 수 증

귀하

(₩ 119,000,000)

―金 일억일천구백만 원정

부동산의 표시: ___________
상기 금액을 위 표시 부동산에 대한 전세잔금조(계좌송금함) ___________
(으)로 정히 영수하고 이에 본 영수증을 발행합니다.

발행인 　주소:
　　　　성명:

▲ 부동산 전세 계약 잔금 지급의 실제 영수증

❼ 이사하는 집의 키를 건네받는다 (또는 비밀번호 전수)

키^{Key}를 주고받는다는 것은 '열쇠'를 획득(?)하고 나서야 정말로 그 집에 들어가 살게 된다는 상징적인 의미다.

하지만 대부분 도어락을 이용하는 요즘에는 도어락 비밀번호를 알려주거나 비밀번호를 리셋하는 것을 의미한다. 도구는 바뀌었지만, 그 상징적인 의미는 아직도 부동산 절차에서 중요한 부분이니 염두에 두도록 하자.

❽ 주민센터로 가서 '전입신고'를 한다 동시에 '확정일자'를 받는다

잔금을 지불하고 나면 그때부터 새로운 집이 'My Sweet Home'이 된 것 같고, 아침부터 정신없던 모든 상황이 끝난 것 같은 기분이 든다. 하지만 가장 중요한 절차가 남았다.

잔금 지급과 동시에 모든 거래 절차가 완료되면, 계약서를 들고 관할 주민센터로 달려가서 전입신고를 해야 한다.

'전입'은 말 그대로 집에 '들어간다'는 뜻이다. 즉, 내가 새 집에 왔다고 관할 시·군·구에 알려서, 나의 '주민등록상 내용을 정정하는 것'을 의미한다.

전입신고는 새로운 거주지로 이전한 날부터 14일 이내에 해야 한다. 하지만 대항력을 확보하기 위해서는 이삿날 잔금을 치르고 최대한 빨리 하는 것이 좋다. 일반적으로 전입신고를 하는 날 확정일자를 같이 받지만, 요즘은 임대차신고를 하면서 확정일자가 자동으로 부여되기 때문에 확정일자를 먼저 받기도 한다. 내 보증금이 최우선변제금에 해당된다면 확정일자가 없어도 전입신고를 하면 대항력은 생기지만, 임대차신고를 하면서 확정일자를 같이 받아두면 편하므로 세트처럼 잊지 말고 같이 하자(참고로 확정일자는 전입신고 전에 먼저 받을 수 있다. 대출을 받을 경우 확정일자부 계약서가 필요하므로 확정일자만 먼저 받기도 한다. 단, 확정일자는 전입신고가 되어야 효력이 생기므로 확정일자를 받는다고 해서 대항력이 생기는 것은 아니다. 전입신고가 수반되어야 확정일자도 유효하고 우선변제권을 받을 수 있는 효력이 생긴다).

01 잔금 치를 때 주의할 점

이사할 때 짐은 잔금을 먼저 지급하고 난 다음 넣어야 한다(별도로 협의한 경우는 제외). 잔금 전에 짐을 넣을 경우 무단 점유로 문제가 될 수도 있다.

02 참고로 최근 '전월세신고제'가 도입되어 계약일로부터 30일 이내에 전월세 계약에 대한 신고를 해야 한다(보증금이 6,000만 원을 초과하거나, 월세가 30만 원을 넘는 계약에 해당). 둘 중 하나만 해당되어도 임대차신고의 대상이므로 서울 및 수도권 대부분의 임대차 계약에서 신고 의무가 부여됐다고 보면 된다.

즉, 계약일이 1월 1일이고 잔금일이 1월 20일이라면 전입신고를 하면서 전월세 신고를 해도 되지만, 계약일이 1월 1일이고 잔금이 2월 28일이라면 전월세 신고를 1월 30일까지는 해야 하는 것이다.

4

이사 후에
꼭 해야 하는 일,
전입신고와
확정일자

나의 권리 보호하기

구분	알아야 하는 것
'임차인' 권리 보호받기	'전입신고'와 '확정일자'의 뜻
	전입신고 하는 방법
	확정일자 받는 방법
	주택임대차계약 신고제
보증금 지키기	'대항력' 이해하기
	대항력의 요건
	대항력의 효력 발생
보증금을 지키지 못할 위기에 처했을 때	우선변제권, 최우선변제권

▲ 임차인 보호 관련 개념 체크리스트

임대차보호법
국민 주거생활의 안정을 보장하기 위해 임차인의 권리, 보호 대상인 임대차계약의 내용과 보호 방법 등을 규정하고 있는 법률.

❶ '임차인인 나의 권리'를 보호하는 방법 (전입신고와 확정일자)

잔금일에 돈을 처리하고, 이사까지 마무리했으면 꼭 해야 하는 것이 바로 '전입신고와 확정일자 받기'이다.

'전입신고'는 쉽게 말해 '내가 사는 곳이 바뀌었다'라고 관할청에 신고해서 새로 등록하는 것이다. 이삿날 관할 주민센터에 가서 하면 되는데, 이사일보다 더 미루지 않는 게 좋은 이유는 전입신고를 빨리 할수록 임차인을 보호해주는 대항력을 빨리 획득할 수 있기 때문이다.

'확정일자'는 내가 체결한 임대차계약에 대해 법원 명의로 계약이 이루어진 날짜를 확인해준다는 것이다(법원 등기가 원칙이지만, 실제 절차는 동네 주민센터에서 이루어진다). 확정일자는 대항력을 확보한 임차인에게 우선변제권을 부여해주는 기능이 있어서, 보증금이 높다면 확정일자를 반드시 받아서 순위를 보전해야 한다.

전입신고 절차
① 이사한 날부터 14일 내
② 새로 이사한 거주지의 읍/면/
동 주민센터에 방문
③ 전입신고 신고서를 작성

전입신고, 확정일자, 대항력 등.
임차인 보호 개념 완벽 이해하기
① **전입신고** 하는 방법
② **확정일자** 받는 방법
③ **임대차계약 신고제**
④ **대항력** 이해하기
⑤ **우선변제권** 이해하기

그래서 중요한 것은?

② 전입신고 하는 방법

우선 전입신고 방법부터 알아보자.

전입신고를 하러 갈 때는 신분증(주민등록증)과 계약서를 들고 가면 된다. 전입신고를 하고 주소가 바뀌고 나면 주민등록증 주소 부분에 스티커를 붙여 변경한다.

원칙적으로는 거주지를 옮긴 날부터 14일 내에 전입신고를 하지 않으면 과태료를 5만 원 부과받는다(하지만 이삿날 당장 전입신고를 할 것이기 때문에 크게 의미는 없다).

또한 '정부24' 홈페이지나 앱 등 온라인으로도 손쉽게 전입신고를 할 수 있다.

주민센터에 가면 다음과 같이 생긴 양식을 작성해서 제출

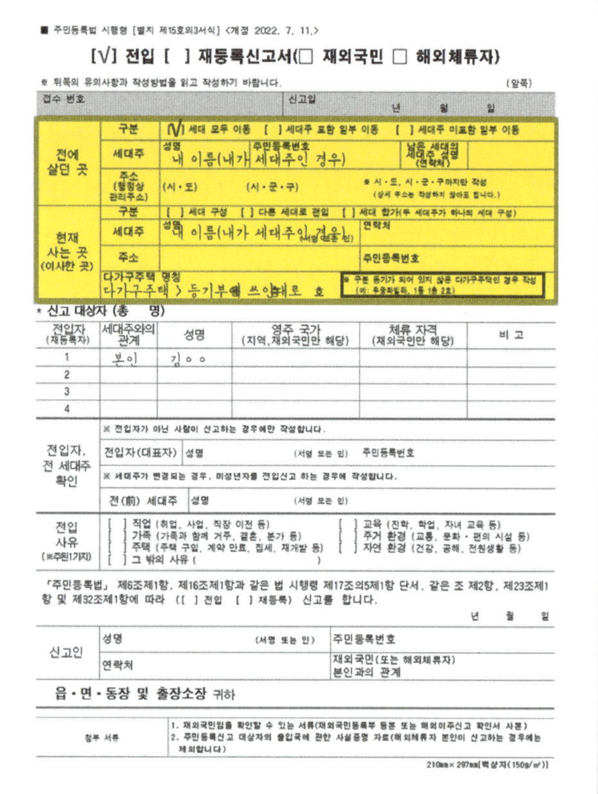

■ 주민등록법 시행령 [별지 제15호의3서식] <개정 2022. 7. 11.>

[√] 전입 [ ] 재등록신고서(□ 재외국민 □ 해외체류자)

※ 뒤쪽의 유의사항과 작성방법을 읽고 작성하기 바랍니다.　　　　　　　　(앞쪽)

접수 번호			신고일	년　월　일

	구분	[√] 세대 모두 이동　[ ] 세대주 포함 일부 이동　[ ] 세대주 미포함 일부 이동		
전에 살던 곳	세대주	성명 내 이름(내가 세대주인 경우)	주민등록번호	남은 세대의 세대주 성명 (연락처)
	주소 (행정상 관리주소)	(시·도)　　(시·군·구)	※ 시·도, 시·군·구까지만 작성 (상세 주소는 작성하지 않아도 됩니다.)	
현재 사는 곳 (이사한 곳)	구분	[ ] 세대 구성　[ ] 다른 세대로 편입　[ ] 세대 합가(두 세대주가 하나의 세대 구성)		
	세대주	성명 내 이름(내가 세대주인 경우 연락 없음)	연락처	
	주소		주민등록번호	
	다가구주택 명칭 다가구주택 > 등기부에 쓰인대로 호	※ 구분 등기가 되어 있지 않은 다가구주택인 경우 작성 (예: 우정빌라, 1동 1층 2호)		

＊ 신고 대상자 (총　　명)

전입자 (재등록자)	세대주와의 관계	성명	영주 국가 (지역, 재외국민만 해당)	체류 자격 (재외국민만 해당)	비 고
1	본인	김○○			
2					
3					
4					

전입자, 전 세대주 확인	※ 전입자가 아닌 사람이 신고하는 경우에만 작성합니다.			
	전입자(대표자)	성명	(서명 또는 인)	주민등록번호
	※ 세대주가 변경되는 경우, 미성년자를 전입신고 하는 경우에 작성합니다.			
	전(前) 세대주	성명	(서명 또는 인)	

전입 사유 (※주된1가지)	[ ] 직업 (취업, 사업, 직장 이전 등) [ ] 가족 (가족과 함께 거주, 결혼, 분가 등) [ ] 주택 (주택 구입, 계약 만료, 집세, 재개발 등) [ ] 그 밖의 사유 (　)	[ ] 교육 (진학, 학업, 자녀 교육 등) [ ] 주거 환경 (교통, 문화·편의 시설 등) [ ] 자연 환경 (건강, 공해, 전원생활 등)

「주민등록법」 제6조제1항, 제16조제1항과 같은 법 시행령 제17조의5제1항 단서, 같은 조 제2항, 제23조제1항 및 제32조제1항에 따라 ([ ] 전입　[ ] 재등록) 신고를 합니다.

　　　　　　　　　　　　년　　월　　일

신고인	성명	(서명 또는 인)	주민등록번호
	연락처		재외국민(또는 해외체류자) 본인과의 관계

읍·면·동장 및 출장소장 귀하

첨부 서류	1. 재외국민임을 확인할 수 있는 서류(재외국민등록부 등본 또는 해외이주신고 확인서 사본) 2. 주민등록신고 대상자의 출입국에 관한 사실증명 자료(해외체류자 본인이 신고하는 경우에는 제외합니다)

210mm×297mm[백상지(150g/㎡)]

▲ 전입신고서 양식

하면 된다. 다가구주택은 전체 건물을 한 개의 주택으로 보기 때문에 호수를 잘못 기재해도 지번만 정확하면 효력이 있지만, 다세대주택은 호수별로 구분되어 있는 등기이기 때문에 호수까지 정확히 기재되지 않으면 전입신고를 통한 보호를 받을 수 없다.

❸ 확정일자 받는 방법

확정일자는 내가 임대차계약을 했다는 것을 국가에 확인받고, 확인받은 날짜를 도장 찍는 것이다.

단, 내가 한 계약이 좋은 계약인지 아닌지를 확인하는 것은 아니고, '계약을 했다는 사실을 인지시키는 것'에 가깝다.

확정일자는 ① 이사한 곳의 주민센터에 ② 신분증, 계약서를 들고 가서 처리하면 된다. 별도의 서류 작성 없이 확정일자를 받겠다고 하면 담당자가 알아서 발급해준다.

2020년 임대차 3법을 신설하면서 그중 가장 늦게 2021년 6월부터 임대차 신고제도가 정식 시행되었다. 임대차신고를 하면 자동으로 확정일자가 부여된다. 임대차신고만 하고 싶다면 임대차신고만 요청할 수도 있지만, 별도로 요청하지 않는다면 확정일자가 자동 부여된다.

좋아진 점은 확정일자만 받을 경우 소정의 수수료(600원)

▲ 온라인 확정일자 발급 화면

를 냈지만, 이제는 임대차신고를 하면서 확정일자를 받을 때는 수수료가 없다.

주민센터까지 방문하기가 어렵다면 역시 온라인으로도 할 수 있다. 온라인으로 확정일자를 받기 위해서는 법원 인터넷 등기소를 이용하면 되는데, 이때 계약서를 스캔해서 첨부해야 한다. 온라인 확정일자는 '대한민국 법원 인터넷등기소'에서 부여받을 수 있다.

온라인으로 확정일자를 신청하면 가장 많이 헷갈리는 것이 다음과 같이 '부동산 구분'에서 건물 유형을 선택하는 것인데 다가구주택, 단독주택 등 호수 구분 없이 건물의 등기가 하나로 이루어진 경우면 '건물'이고 여러 세대로 개별등기가 가능한 건물이라면 '집합건물'을 선택하면 된다. 보통의 단독주택, 다가구주택은 집합건물이 아닌 그냥 '건물'에 해당한다.

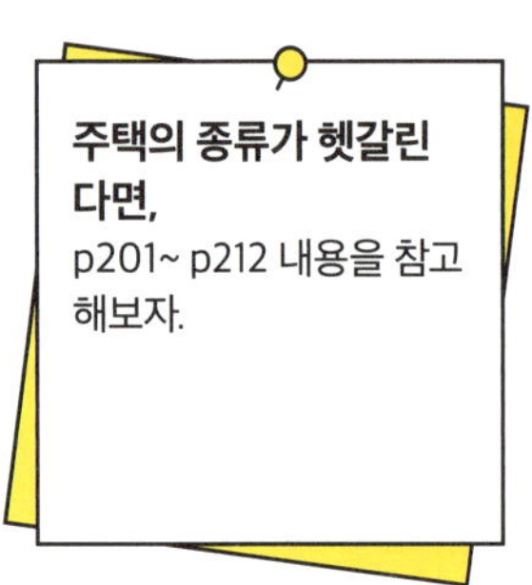

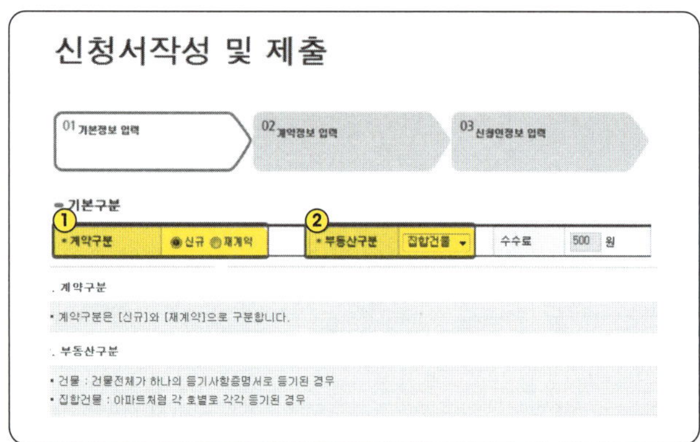

▲ 온라인 확정일자 발급 신청 시 건물 유형 선택 화면

❹ 주택임대차계약 신고제(2021년 6월 시행)

참고로 2021년 6월부터 '주택임대차계약 신고제'가 시행되었다. 2021년에 생겼지만 1년간의 유예기간을 갖고 2022년 6월부터 적용되고 있다. 계약한 지 30일 이내에 신고하지 않으면 신고 금액별로 4만~100만 원까지의 과

주택임대차계약 신고제 A to Z

☐ **신고 내용**

임대인, 임차인의 인적사항, 건물 주소 및 면적 등, 임대료, 계약 기간, 체결일 등.

☐ **신고 요건**

모든 임대차계약을 신고하는 것은 아니고, 다음 조건에만 해당한다.

· **수도권**(서울, 경기도, 인천) **전역, 광역시, 세종시, 제주시 및 도道의 시市** 지역(도 지역의 군은 제외)

· **보증금 6,000만 원을 초과**하거나 **월 차임이 30만 원을 초과**하는 경우

☐ **신고 방법**

신고 방법은 어렵지 않다. 확정일자를 받으러 주민센터에 계약서를 들고 가서 간 김에 임대차계약 신고도 하겠다고 하면 된다.

또는 '국토교통부 부동산거래관리시스템(rtms.molit.go.kr)'에서 온라인으로 신청 가능하다.

☐ **임대차계약 신고와 확정일자**

임대차계약 신고 시에 계약서를 제출하면, '주택임대차보호법'에 따른 확정일자가 부여된 것으로 본다. 즉, 임대차계약을 신고함과 동시에 확정일자를 발급받게 되는 것이다.

태료를 비례해서 부과하지만, 현재는 2024년까지 3년 연속으로 과태료 부과를 유예하고 있다. 또한 과태료의 금액 기준을 줄이는 내용의 법이 발의된 상태다. 과태료를 적게 낸다고 안일하게 생각하지 말고, 의무는 여전히 부과되어 있으니 기간 내에 반드시 신고하자!

❺ 대항력 이해하기

그렇다면 전입신고와 확정일자가 왜 중요한지 알아보자. 기본적으로 전월세 등의 임대차계약은 '계약 당사자끼리의 일'이기 때문에, 제3자에게 내 권리를 주장하기가 쉽지 않다.

제3자에게 권리를 주장한다는 것은, 예를 들어, 내가 세 들어 살고 있는 집의 주인이 바뀌는 경우에 새로 바뀐 주인에게도 세입자로서의 권리를 요구할 수 있는 '법률상의 힘'을 의미한다.

이렇게 임대차계약상에서 발생하는 내 권리를 제3자에게 주장할 수 있는 힘을 '대항력'이라고 한다.

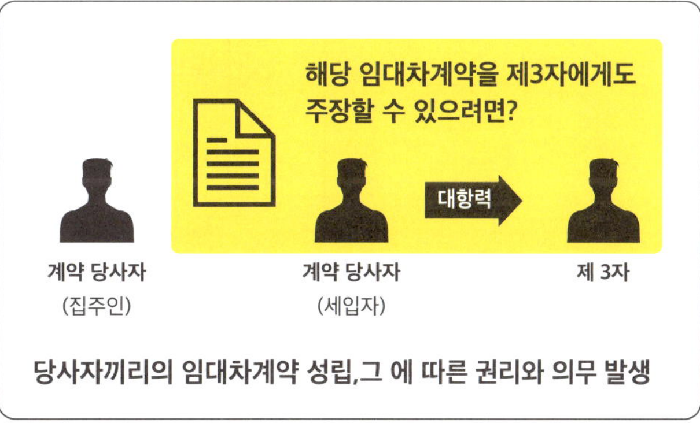

▲ 대항력 의미 개념도

❻ 대항력의 요건

'주택임대차보호법'상의 대항력을 얻기 위해서는 ① 주택

> **'대항력'이란**
> 제3자에게 임대차계약상 권리를 주장할 수 있는 법률상의 힘
>
> **대항력 요건**
> - 주택의 인도
>   (들어가 살거나 짐을 두고 있음)
> - 주민등록 = 전입신고

의 인도와 ② 주민등록 두 가지가 필요하다.

주택의 인도는 쉽게 말하면 집주인으로부터 집을 건네받아 실제로 들어가서 살고 있거나(거주) 점유하고 있는 상태를 의미한다(이때 짐을 두고 있는가의 여부도 '점유'에 해당할 수 있으므로 이사할 때 짐을 언제 빼느냐, 언제 들여놓느냐가 생각보다 중요하다).

또한 주택임대차보호법에서는 전입신고를 한 때에 주민등록이 된 것으로 보기 때문에 전입신고가 중요한 것이다.

❼ 대항력의 효력 발생 - '다음 날 0시부터'

한 가지 주의할 점은 주택의 인도, 주민등록 두 가지를 하고 나서 대항력이 바로 생기는 것이 아니라는 점이다. 대항력은 주택 인도와 주민등록을 마친 다음 날 0시부터 효력이 발생한다.

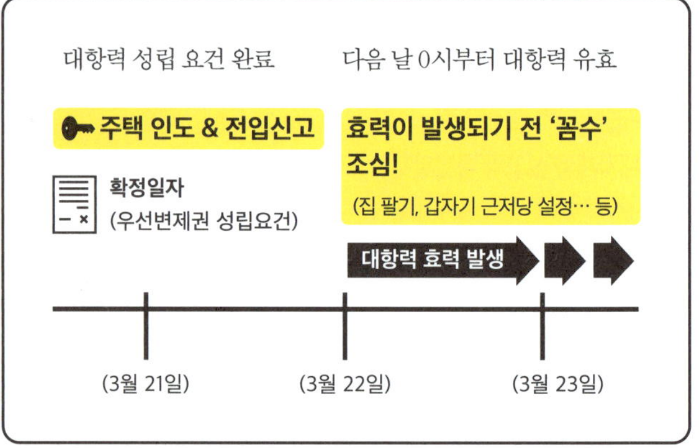

▲ 대항력 타임라인

가끔 뉴스를 보면 이 '다음 날 0시부터 효력 발생' 때문에 문제가 생긴 경우가 있다. 대항력의 효력 발생까지 시차가 발생하는 것을 악용한 사건이다.

예를 들어, 집주인이 세입자가 이사를 들어온 날 갑자기 근저당권(담보대출)을 설정하면, 해당 날짜에는 대항력의

효력이 없어 임차인의 보증금에 대한 권리가 후순위로 밀려날 가능성이 생기는 것이다.

⑧ 우선변제권, 최우선변제권이란?

우선변제권이란 집이 경매 등으로 넘어갈 때, 후순위권의 권리자보다 내 돈(보증금)을 먼저 보장받을 수 있는 권리다. 대항 요건(주택의 인도, 전입신고)과 확정일자를 완성하면 우선변제권이 성립된다.

추가로 최우선변제권이란 우선변제권과 비슷하지만, 소액임차인에게만 한정해 '최우선'으로 보증금의 일부를 보장해주는 권리를 의미한다. 확정일자를 받지 않은 상태라 하더라도 법률에서 정한 소액임차인이라면 최우선변제권이 성립된다.

✔ 선순위자가 누구인지가 왜 중요할까?

채권은 우선변제권 확보 시점에 따라, 근저당권 등은 누가 먼저 설정했느냐에 따라 차례대로 빌려준 돈을 되돌려 받을 수 있다(이때 '근저당권 설정'은 쉽게 말해 부동산을 담보로 은행에서 돈을 빌리고 등기부에 얼마를 빌렸는지 적는 것이다). 때문에 만약 집이 경매로 팔리면서 제 값보다 싼 금액에 낙찰되면, 후순위에 있는 세입자는 보증금을 돌려받지 못하는 상황이 벌어지기도 한다. 이러한 이유로 임차인인 나의 권리를 보호하기 위해서는, 선순위 설정이 중요한 문제가 된다.

✔ 우선변제권의 요건

우선변제권을 얻기 위해서는 앞서 대항력에 필요했던 ① 주택의 인도와 ② 주민등록에 더해, ③ 확정일자까지 받아야 한다. 때문에 전입신고와 확정일자를 마치면 자연스럽게 대항력과 우선변제권을 갖추게 되는 것이다.

'우선변제권'이란

후순위 권리자나 그 밖의 채권자에 우선해 보증금을 변제 받을 권리
대항 요건(주택의 인도, 전입신고)과 확정일자를 받으면 성립

'최우선변제권'이란

소액임차인이 다른 선순위담보권자보다 최우선해 보증금을 변제받을 수 있는 권리
단, '소액임차인'에 해당하는지 여부, 최우선변제를 받을 수 있는 보증금의 한도 등은 지역별로 다름

✅ 최우선변제권의 요건

우선변제권과 달리 최우선변제권은 소액임차인에 해당해야 하고, 확정일자를 받지 못했을 경우에도 성립된다.

단, 보증금 전액이 최우선변제권으로 인정되지는 않고 그 범위가 정해져 있다. 소액임차인에 해당되는지 여부 또한 법률로 정해져 있는데, 지역마다 금액 기준이 다르다.

즉, 예를 들어, 서울에서는 보증금 7,000만 원인 경우 최우선변제권에 해당되지만, 지방에서는 보증금 3,000만 원이면 소액임차인에 해당될 수도 있다는 의미이다.

01 소액임차인의 범위

2023년부터 소액임차인 범위가 상향 조정되었는데, 아래에 해당하는 범위의 임대보증금을 낸 임차인은 '소액임차인'으로 보호를 받을 수 있다.

구분	기준 금액
[1호] 서울특별시	1억 6,500만 원 이하
[2호] 과밀억제권역, 용인, 화성, 세종시, 김포 등	1억 4,500만 원 이하
[3호] 광역시, 안산, 광주, 파주, 이천, 평택 등	8,500만 원 이하
[4호] 그 밖의 지역	7,500만 원 이하

▲ 우선 변제받을 임차인의 범위(2023년 2월 시행)

한 가지 유의할 점은, 최우선변제금은 근저당 등의 담보물권이 설정된 시점을 기준으로 적용한다는 것이다. 예를 들어, 서울에 2021년 1월에 근저당을 받은 집에 들어간다면 나의 최우선변제금 대상 금액은 2023년의 서울 기준이 아니라 2021년 1월 당시 서울의 최우선변제금을 기준으로 적용한다는 뜻이다.

⑨ 그래서 중요한 것은?

전입신고를 하더라도 대항력은 다음 날부터 효력이 발생

하기 때문에, 그 사이에 불미스러운 일이 일어나지 않도록 애초에 계약서에 다음과 같은 취지의 특약을 추가하는 것이 좋다.

✅ 대항력 유지 조건 특약 예시

- 임대인은 임차인의 전입신고일 다음 날까지 등기부를 현 상태로 유지해야 한다.
- 임대인이 추가 대출 및 근저당권 설정을 하는 경우, 임차인의 동의를 받아야 한다 또는 사전에 고지해야 한다.
- 임대인이 이를 위반할 경우 임차인은 계약을 해지할 수 있으며, 보증금을 반환한다. '보증금을 반환하며 손해배상은 보증금 미반환 시 보증금을 기준하여 법정이자를 일할 계산한다.' 등으로 위반 시 손해배상의 내용에 대해 자세하게 특약을 맺는 것도 좋다.

또한 전입신고만 해놓는다고 무조건 대항력을 얻을 수 있는 것은 아니다. 다음의 경우에는 전입신고를 했더라도 정상적으로 대항력을 얻을 수 없으므로 혹시 내가 해당하지 않는지 주의하자.

✅ 전입신고할 때 주의해야 하는 경우

- 전입신고를 한 상세주소(번지, 호수)와 계약한 집의 등기부상 주소가 다른 경우
- 아파트, 연립주택, 다세대주택 등에서 동·호수를 기입하지 않고 전입신고를 한 경우
- 신축 중인 주택을 계약했는데, 등기부가 아직 완성되지 않아 우선 임시 동·호수로 전입신고를 한 경우 (이 경우, 준공검사 이후 등기부가 완료되면 해당 등기사항증명서를 다시 발급받아 제대로 된 동·호수를 다시 확인해야 한다)

현직 공인중개사의 심화 노트

**소중한 보증금을 지키는
마지막 안전장치,
전세반환보증보험**

집을 전세로 결정하고 대출까지 받은 후, 입주까지 마쳤다. 그런데 아직 해야 할 일이 하나 더 남아 있다. 무엇일까? 혹여나 있을 불의의 전세 사고에 대비해 나의 소중한 전세금을 보호해줄 전세반환보증보험에 가입해야 한다.

① 전세반환보증보험의 종류

전세반환보증보험은 HUG 주택도시보증공사/SGI 서울보증보험/HF 한국주택도시공사 세 곳에서 관할한다. 각 기관마다 가입 조건과 보증 기간, 한도 등이 다르므로 꼼꼼하게 살펴보고 가입하자.

보증보험은 잔급일과 전입신고일 중 늦은 날 기준으로 1년 이내에 가입해야 보험 혜택을 받을 수 있다. 가입 기간이 넉넉하다고 나중에 해야지 미루다가는 잊어버릴 수 있으므로 되도록 이사 후 한 달 이내에 가입하는 것을 추천한다.

보증료율은 보증금 대비로 계산하면 적지 않은 금액이므로 부담이 있을 수 있다. 보증보험은 전적으로 임차인의 선택으로 가입하는 것이므로 안전을 위해서는 비싸더라도 가입해두는 것이 좋다. 다만, 집주인이 주택임대사업자라면, 보험료를 집주인 75%, 세입자 25%로 나눠서 낼 수도 있다.

최근에는 전세자금대출 기관이 보증보험회사와 제휴해 전세 계약 시 보증보험에 자동 가입되는 상품이 많아졌다. 모든 대출의 종류가 자동 보증보험 가입 상품은 아니므로, 내가 이용하는 대출이 여기에 해당하는지 꼼꼼히 확인해봐야 한다. 따라서 버팀목전세대출 등 보증보험이 자동 가입되는 조건의 대출상품이라면 크게 걱정하지 않아도 된다. 또한 HF는 특정 전세대출과 묶음 상품만 가입이 가능하다는 점도 알아두자.

보증기관	HUG주택도시보증공사	SGI서울보증보험	HF한국주택도시공사
상품명	전세보증금반환보증	전세금보장신용보험	전세지킴보증
신청인	임차인		
가입 주택	아파트, 다세대주택, 다가구주택, 주거용 오피스텔 (근린생활시설 가입 불가능, 사무용 오피스텔 불가능)		
가입 대상	- 임대차 계약 완료 - 확정일자 및 전입신고 완료		
보증 범위	7억 원 이하 (수도권 외 5억 원 이하)	10억 원 이하 (아파트 제한 없음)	7억 원 이하 (수도권 외 5억 원 이하)

보증료율	- 보증금 대비
	  연 0.115~0.154%
	- 주택 유형 및 보증금에
	  따라 상이
		- 보증금 대비 연 0.208%
		- 아파트는 연 0.183%
			- 보증금 대비
			  연 0.02~0.04%
			- 보증금 및 소득에 따라
			  상이

보증료 할인	사회배려계층 40~60%	LTV(주택담보대출) 할인 최대 30%	다자녀, 저소득, 신혼부부 등 보증료 연 0.02%
가입 방법	모바일 HUG 앱, HUG 방문, 네이버부동산, 카카오페이, KB 부동산	SGI 홈페이지 및 지사 방문	인터넷 신청 불가. 전세대출 신청 은행 방문.

▲ 기관별 보증보험의 비교

② 집주인의 동의가 필요할까?

보증보험은 민법상 '형성권'이라고 해서 임대인의 동의가 필요 없다. 임차인의 일방적인 선택으로 보증보험에 가입하면 효력이 발생한다는 뜻이다.

보증보험을 관할하는 곳은 각각의 장단점이 있다. 일반적으로 사람들이 가장 많이 가입하는 곳이 HUG이고, SGI는 민영기업으로 보증금이 높은 고가의 주택이나 고가 아파트를 계약하는 사람늘이 가입한다. 보상 범위가 큰 만큼 보험료가 상대적으로 비싸기 때문에 임차인의 부담 금액이 크지만, 나의 소중한 재산을 지키려면 그 정도 비용은 감수하는 것이 현명하다. HF의 경우 가입을 따로 할 수 있는 다른 2개의 보험과는 다르게, HF와 연계된 대출을 받을 때에만 가입되는 묶음형 상품이다. 즉 HUG, SGI는 대출과 별도로 가입이 가능하지만 대출 시 연계해 가입할 수도 있고, HF는 기관에서 정한 대출 상품을 받을 경우에만 묶어서 가입할 수 있다.

최근에는 보증보험 가입 요건이 강화됐다. 즉, 대출과 보증보험이 모두 가능한 조건의 집이라면 보통은 권리상의 하자는 없다고 볼 수 있다. 요즘에는 대출받을 때 대출 실행 후 일정 기간 내에 보증보험 가입이 의무인 상품이 많아졌지만, 절차상 보증보험은 전입신고 후 입주하고 나서 가입이 가능하다. 이때 잔금을 다 치른 뒤 보험 가입이 불가하다고 하면 큰 낭패를 볼 수 있다. 따라서 가계약금을 바로 입금하지 말고 서류를 받아 사전에 대출하고자 하는 은행을 방문해 미리 가심사를 요청하는 것이 아주 중요하다.

또한 기관별로 보험료 할인 기준이 있으니 보증보험 3사 중 해당되는 기관의 요강을 확인하거나 담당자에게 확인해보는 것도 좋다.

Q 전세 2년을 계약하고 1년밖에 거주하지 못했어요. 1년이 남았는데 그럼 퇴실할 때 이 보험료를 못 돌려받나요?

우선 가입은 잔금일에 전입신고 후 바로 진행하는 것이 좋다!
보증보험은 가입 후 기간 만료 전 퇴거하게 될 경우에는 잔여 일수를 일 단위로 계산해 반환이 가능하다. 2년을 계약했는데 1년만 가입하는 분도 있는데, 결국은 임대차 기간 만료 시 돈을 제대로 돌려받기 위한 것이 목적이므로, 2년 중 처음 1년만 보장받는 것은 의미가 없다. 반드시 전체 임대차계약 기간에 맞추어 가입해야 한다.

또한 임대인이 주택임대사업자라서 75:25로 나눠 낼 경우, 임대인이 보증보험 가입 후 가입증서를 보여주면 임차인이 선납한 임대인의 보험료 중 25%를 송금하는 방식이 실제 계약에서는 가장 흔한 방식이다.

이삿짐을 풀기 전에 전입신고부터 하는 것을 잊지 말아야 한다. 잔금일에 전입신고를 해야 보증금을 지킬 수 있는 대항력을 확보하고, 이와 더불어 보증금 완납영수증을 증빙해야 보증보험에도 가입할 수 있다.

❸ 이삿날이 공휴일이라면

마지막으로 주의할 점이 있다. 대출 실행일이 주말이라면 은행이 영업을 하지 않기 때문에, 평일로 잔금일자를 맞추어야 한다. 이사를 주말에 하는 경우가 많으므로, 대출 실행일을 평일로 잡고 위와 같이 날짜를 설정해 만료일을 연장하는 방법을 권한다. 이는 집주인과 반드시 사전 협의가 필요하고, 대출 담당자와도 사전 논의를 충분히 한 뒤 잔금일자를 잡아야 문제가 없다.

보통은 잔금일에 이전 세입자의 보증금을 대체해서 반환하고 새로운 세입자가 입주권리를 얻기 때문에, 같은 날 짐이 빠지고 들어오게 된다. 이때 집을 수선하거나 정비를 해야 할 경우 임대인과 잔금 후 수리 일정을 잡아 이삿짐 보관을 별도로 맡기는 등 후속 작업이 필요하다. 이삿짐을 사전에 보관 요청하지 않을 경우 큰 낭패가 생길 수 있다.

또한 이사 비용은 '손없는날'이나 주말에 더 비싸기 때문에 견적을 3곳 이상 받아보고 친절하고 합리적인 곳으로 선택해야 한다. 손없는날은 우리나라 이사 문화 중 하나로, 인터넷에 검색하면 날짜를 쉽게 알 수 있다.

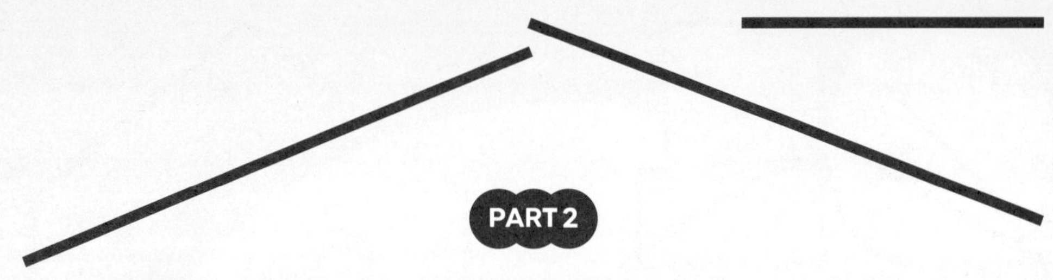

PART 2
똑똑한 자취러를 위한
부동산 핵심 정보

01

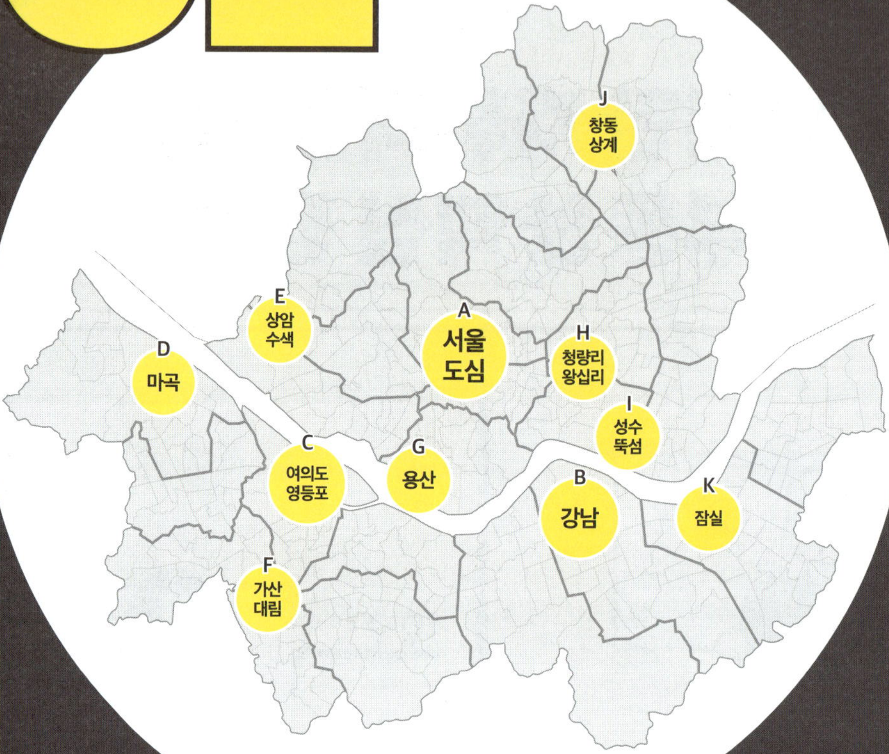

대학교를 졸업하고 서울에서 사회생활을 시작한 25살 희진 씨. 대학생 때는 학교와 본가의 거리가 조금 떨어져 있었지만, 주로 기숙사 생활과 본가 통학을 했기 때문에 본격적인 1인 가구 생활은 이번이 처음이다. 사회 초년생이기 때문에 자본금이 적어 세가 비싸지 않으면서도 회사와 너무 멀지 않은, 그러면서도 깨끗한 집을 구하고 싶은데 막상 집을 구하려니 어느 지역을 살펴봐야 할지부터 막막하다. 희진 씨는 과연 자신이 원하는 집을 얻을 수 있을까?

서울 자취 지도

1

서울의 대표적인 도심 BEST 11

회사에 다니면서 집을 구할 때 가장 먼저 기억해야 하는 단어는 '직주근접'이다. 쉽게 말하자면 직장과 주거지가 가까워야 한다는 의미다. 집이 회사까지 걸어서 갈 수 있는 위치라면 베스트겠지만, 이는 현실적으로 쉽지 않다. 보통 대규모 오피스 단지가 모여 있는 곳은 주거 지역이 작아서 매물이 거의 없거나 있어도 세가 비싸기 때문이다. 그보다는 회사까지 한 번에 가는 지하철이나 버스가 있는지, 지하철을 갈아타더라도 대중교통으로 걸리는 시간이 30분 안팎인지, 회사에 셔틀버스가 있다면 정류장과 집이 가까운지 등 교통편을 고려해 집을 구하는 것이 좋다.

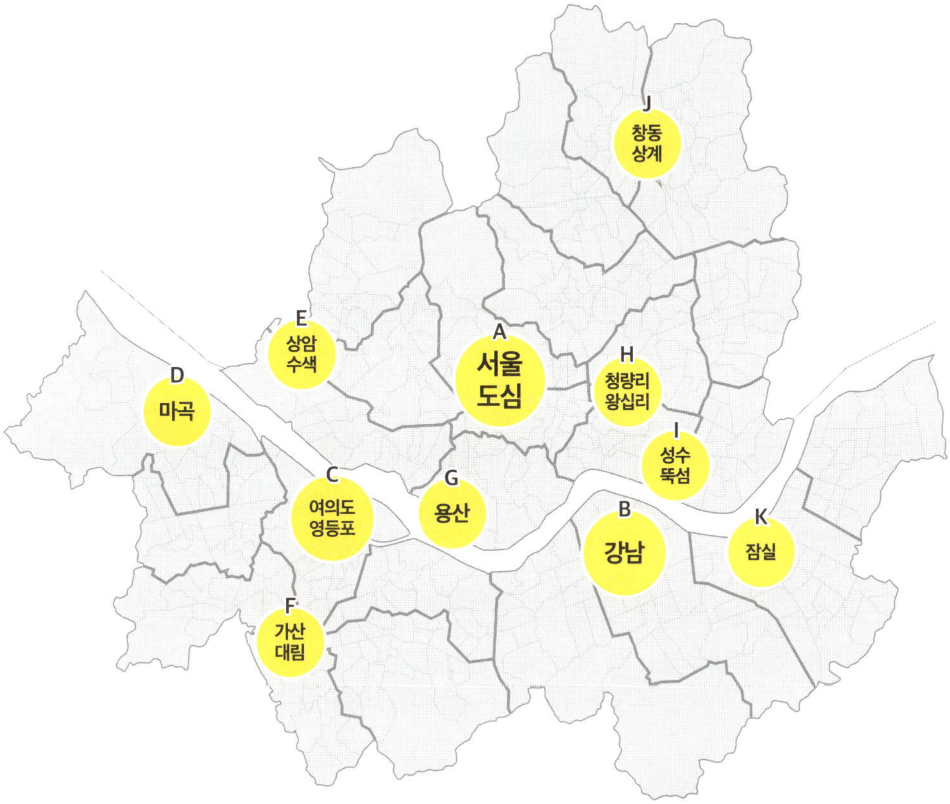

▲ 서울시 중심지 체계(출처: 「2040 서울도시기본계획」)에서 수정 발췌

2023년 국회미래연구원이 발간한 보고서에 따르면 서울 직장인의 평균 통근 시간은 71.77분으로 한 시간이 넘는 것으로 나타났다. 통근 시간은 삶의 질을 높이는 데 중요한 요인이므로 직주근접을 반드시 기억하자.

가장 먼저 자신이 근무하는 곳이 어느 지역에 위치해 있는지 살펴보자. 서울의 도심은 대표적으로 3대 업무 지구인 CBD, GBD, YBD와 8광역인 마곡, 상암·수색, 가산·대림, 용산, 청량리·왕십리, 성수·뚝섬, 창동·상계, 잠실 등으로 나뉜다. 다음 지도에서 자신이 일하는 곳의 위치와 대략적인 특징을 확인해보자.

🅐 CBD(Central Business District)

중심 업무 지구. 지리상 서울의 정가운데로 종로와 광화문 일대에 위치한다. 대기업 본사와 공공기관, 주요 언론사와 금융기관 등이 밀집해 있다. 서울 곳곳으로 가는 버스는 물론, 경기도로 가는 광역버스도 많은 편이다. 지하철은 1호선, 2호선, 3호선, 5호선 등이 지난다.

🅑 GBD(Gangnam Business District)

서울에서 가장 큰 업무 지구. 강남과 삼성, 역삼 등을 아우르는 대기업 밀집 지역이다. 대기업 및 IT 업계 본사, 글로벌 기업의 한국 본사 등이 위치한다. 분당, 수원과 같은 경기 남부권, 남양주, 하남 같은 경기 동부권과의 접근성이 좋다. 지하철은 2호선, 3호선, 7호선, 9호선, 수인분당선, 신분당선 등이 지난다.

🅒 YBD(Yeouido Business District)

서울 3대 업무 지구 가운데 규모는 가장 작지만 '한국의 월가'라고 불릴 정도로 증권사와 1금융권 본사 등이 몰려 있는 금융의 중심지다. 최근에는 지역을 넓혀 공덕역 인근까지도 포함한다. 서울 이외에도 광명, 부천과 같은 경기 서부권, 인천과의 접근성이 좋은 편이다. 지하철은 여의도로는 5호선, 9호선, 신림선이 지나고, 인근까지 포함하면 1호선, 2호선, 6호선도 가까운 편이다.

D 마곡

서울의 가장 서쪽인 강서구에 위치한 업무 지구. 대기업 연구소를 비롯해 다양한 R&D 관련 기업이 밀집되어 있다. 정부 주도하에 만들어진 대규모 업무 단지로 상암 및 구로 업무 단지와의 연계성이 좋고, 김포공항과도 가깝다. 지하철은 5호선과 9호선이 지난다.

E 상암·수색

주요 방송국을 비롯한 언론사, 영화 관련 기업 등이 밀집된 미디어, 엔터테인먼트 산업 단지. 주거지와 동시에 개발되면서 대단지 아파트도 다수 들어서 있다. 서울의 서쪽에 치우쳐 있지만 디지털미디어시티역(DMC역)이 트리플 역세권으로 교통이 좋은 편이다. 지하철은 6호선, 경의중앙선, 공항철도가 지난다.

F 가산·대림

구로구 구로동과 금천구 가산동에 걸쳐 조성된 대규모 기술 산업 단지. 주로 IT· 벤처회사가 모여 있는 디지털단지다. 버스 이동편은 제한적이지만 1호선, 2호선, 7호선이 이어져 있어 지하철로의 이동은 편한 편이다.

G 용산

과거에는 전자상가 중심의 상업 지구였지만, 현재는 국제 업무 지구로 고층 건물 위주의 개발이 계획된 미래형 산업

단지다. KTX역인 용산역이 자리하고 서울의 중심지로써 교통편이 매우 좋다. 지하철은 1호선과 경의중앙선이 지나며, 인근으로 확장하면 4호선과 6호선까지 포함된다.

H 청량리·왕십리

서울 동부권에서 가장 큰 규모의 상업 지구. 다른 업무 지구에 비해 작은 편이지만 교통 면에서는 기차가 지나는 청량리역, 쿼드러플 역세권인 왕십리를 중심으로 좋은 편이다. 인프라가 잘 갖춰져 있어 주거지로서도 훌륭하다. 지하철은 1호선, 2호선, 5호선, 수인분당선, 경춘선 등이 지난다.

I 성수·뚝섬

2010년대 이후 가장 크게 성장한 핫플레이스. 뚝섬역에서 건대입구역까지 넓게 상업 지구가 조성되어 있다. 인근에 크고 작은 엔터테인먼트 및 스타트업 회사도 다수 들어서면서 지금은 하나의 업무 지구로 자리 잡았다. 지하철은 2호선, 7호선, 수인분당선 등이 지난다.

J 창동·상계

서울 동북권의 도시 개발 계획의 일환으로 조성된 업무 지구. 이곳은 지금까지 업무 단지보다는 주거지로서의 역할을 담당했으나 현재 개발 계획으로 바이오 산업 단지가 들어설 전망이다. 지하철은 1호선, 4호선, 6호선, 7호선이 지난다.

K 잠실

잠실의 랜드마크인 롯데월드타워를 중심으로 상업 및 복합 문화 지역이 조성되어 있다. 강남권에서 가장 큰 규모의 주거 지역이 포함되며 분당 및 판교 등으로의 출퇴근도 용이한 편이다. 지하철은 2호선, 8호선이 지난다.

지금부터는 지역별로 앞서 설명한 서울의 주요 도심에서 가깝거나 통근이 편한 거주지가 어딘지 하나씩 알아보자. 서울은 지역에 따라 집값이 천차만별이고 아파트 단지가 많은 지역은 자취생이 거주하기에 적합하지 않다. 따라서 각각의 구를 하나씩 살펴보기보다는 서울의 25개 구를 인접한 구끼리 1~3개씩 묶어 그중에 자취생에게 추천할 만한 동네와 시세, 그곳에서 이어지는 주요 도심, 동네의 장점과 인프라 등을 설명하려고 한다.

구별 주거 정보

현재 서울의 25개 구의 부동산 매물은 대부분 상향 평준화되어 있다. 따라서 대상물 및 컨디션에 따라 집값이 다르다. 여기에서 설명하는 시세 및 지역적 특성은 추세 정도로만 참고해야 하며, 정확한 매물 정보 및 동네별 특징은 원하는 지역의 중개업소를 방문해 문의해야 한다. 또한 모든 형태의 자취 매물을 확인하기에는 제한이 있으므로 여기에서는 원룸/월세 및 전세를 위주로 살펴본다.

① 마포구+은평구

#1인가구의성지 #서북권의중심지 #주거와번화가의조화 #연트럴파크 #망리단길

- **연계 도심**: Ⓐ, Ⓒ, Ⓔ, Ⓖ, Ⓘ
- **빌라 지역**: 합정동, 상수동, 성산동, 연남동, 망원동, 노고산동,
  신사동, 응암동, 갈현동, 불광동
- **오피스텔 지역**: 상암동, 공덕동, 서교동, 노고산동
- **평균 월세(관리비 별도)**
  - 다가구: 보증금 500~/월세 40~
  - 다세대: 보증금 1000~/월세 50~
  - 오피스텔: 보증금 1000~/월세 70~
- **평균 전세**
  - 다가구: 7000~2억
  - 다세대: 8000~3억
  - 오피스텔: 1억 5000~3억 5000

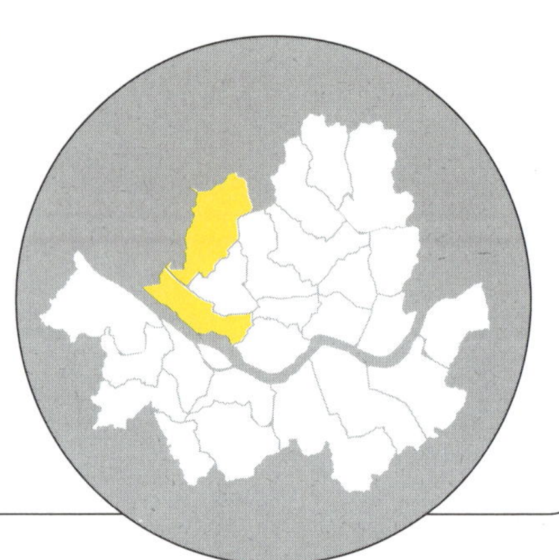

마포구와 은평구는 방송국이 모여 있는 상암·수색 지역과 가깝고, 출판사를 비롯한 콘텐츠 산업이 발달해 있다. 또한 마포구는 서울 전체를 통틀어 숙박업체와 요식업체가 두 번째로 많을 정도로 자영업 종사자가 많다. 이러한 산업의 특성상 젊은 층이 많아 오래전부터 자취 인구가 많은 편이다.

2030 생활 편의시설이 가까운 마포구

마포구의 가장 큰 장점은 대부분의 지역이 슬세권(슬리퍼를 신고 편의점, 맛집, 카페, 쇼핑몰 등 각종 편의시설을 이용할 수 있다는 의미)이라는 것이다. 망리단길, 합정, 연트럴파크, 경의선 숲길과 같은 상권이 2호선을 따라 이어져 있고, 유명 맛집과 카페도 즐비하다. 마포구의 남쪽은 한강과 가까워 러닝과 같은 외부 활동을 즐긴다면 여가를 즐

기기에도 적합하다. 특히 상암동은 대형 공원인 하늘공원과 인접해 더욱 자연 친화적이다. 가까운 대형 쇼핑몰로는 상암동의 홈플러스 월드컵점, 서교동의 홈플러스 합정점, 공덕동의 이마트 마포점 등이 있다.

강북권이라면 어디든 OK, 단 가격은…

2호선과 5호선, 6호선이 지나는 교통의 요지라는 것도 장점이다. 덕분에 주요 업무 지구인 CBD, GBD, YBD와 모두 연결되고, 용산까지도 이동이 쉬운 편이다. 하지만 신촌·홍대에서 강남으로 이동하는 2호선 외선순환은 혼잡도가 높고 이동 시간도 지하철만 40분 이상이 걸려 추천하지는 않는다.

마포구는 편의시설과 교통의 장점 때문에 부동산 시세가 저렴한 편은 아니다. 다가구 반지층이나 연식이 30년 이상 된 구축은 월세가 30~40에서부터 시작하지만, 그 외에는 대부분 50~60 이상의 월세를 요구한다. 전세를 찾는다면 원룸이어도 최소 1억 원의 보증금은 마련할 수 있어야 한다.

가용 비용이 적다면 은평구를 주목하자

이럴 때는 북쪽에 있는 은평구로 눈을 넓혀보면 좋다. 은평구는 마포구와 6호선으로 이어져 있고, 연신내역과 불광역으로 3호선도 이어져 있어 CBD와의 연계성이 좋다. 지하철을 한 번만 갈아타면 마포구가 가진 대부분의 장점을 모두 누릴 수 있으면서 오래된 동네에서 조용하게 생활할 수 있다. 새절역 동쪽의 몇몇 브랜드 아파트 단지를 제외하면 대부분 200세대 이하의 소규모 아파트 단지이며, 그 사이사이로 주택가가 조성되어 있어 자취를 시작하는 사람들에게 추천할 만하다.

6호선을 따라 이어진 불광천은 산책로가 잘 조성되어 있다. 특히 3월 말에는 여의도 못지않은 대규모 벚꽃축제가 열리는데, 몇 년 전부터 입소문이 나면서 많은 사람이 찾는 벚꽃 명소로 발돋움했다.

불광천 이외에도 북한산, 백련산, 망월산 등 크고 작은 산이 은평구를 둘러싸고 있어 자연 친화적인 공간을 선호한다면 더욱 좋은 거주지다. 대형 쇼핑몰로는 응암동의 이마트 은평점, 구파발역의 롯데몰과 롯데마트 등이 있으며, 연신내역 주변으로 상업 지역이 조성되어 있다.

"강남보다는 합정, 홍대쪽이 주 생활권이며 금액 대비 큰 집을 원한다면!"

- 친구를 자주 부른다면 마포구가 좋다.
- 은평구를 알아본다면 연신내역과 구산역이 순환 노선에서 끝이라는 점을 참고.
- 신축 빌라를 원한다면 마포구보다는 은평구.
- 3호선을 주로 이용한다면 화정~구파발 쪽의 소형아파트 월세 또는 반전세를 알아보는 것도 좋다.

② 서대문구

#전통적인대학가 #홍대신촌 #산세권 #안산자락길

- **연계 도심:** Ⓐ, Ⓔ, Ⓖ
- **빌라 지역:** 연희동, 남가좌동, 북가좌동, 홍제동, 신촌동, 창천동, 북아현동
- **오피스텔 지역:** 대현동, 창천동
- **평균 월세(관리비 별도)**
  - 다가구: 보증금 500~/월세 45~
  - 다세대: 보증금 1000~/월세 55~
  - 오피스텔: 보증금 500~/ 월세 90~
- **평균 전세**
  - 다가구: 5000~1억 5000
  - 다세대: 1억 5000~2억
  - 오피스텔: 1억 5000~2억 5000

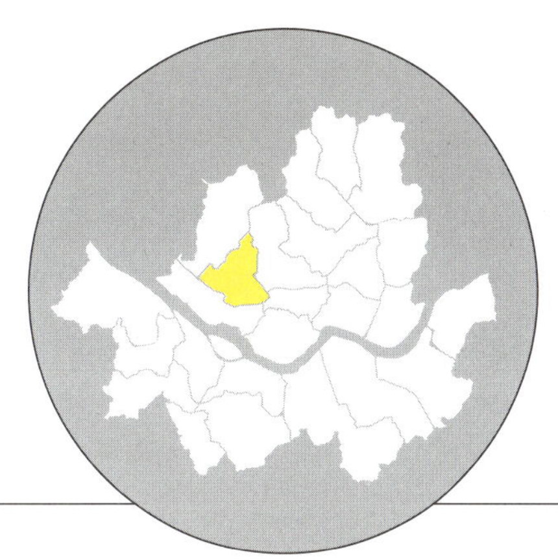

연세대와 이화여대, 명지대가 몰려 있고, 길 하나를 건너면 서강대까지 아우르는 오래된 대학가인 서대문구. 그래서 2호선 라인을 중심으로 예로부터 1인가구가 살 만한 집이 많이 몰려 있다. 단독주택과 빌라가 섞여 있는 연희동은 조용한 생활을 선호하는 사람에게 적합하다. 서대문구 한가운데는 안산이 자리하고 있는데, 산책길로 유명한 안산자락길은 인근 주민들이 즐겨 찾는 힐링 숲길이므로 산책을 좋아하는 사람이라면 이 근처를 추천한다.

번화가냐 주거지냐 그것이 문제

서대문구의 1인가구 주거 지역은 크게 2호선을 따라 조성된 오피스텔과 빌라 지구, 조금 더 안쪽에 자리 잡은 연희동과 가좌동, 홍제역 인근으로 나뉜다.

편의시설이 가까운 게 좋고 편리한 교통편과 오피스텔처럼 관리가 잘되는 집을 선호한다면 신촌역과 이대역, 아현

역으로 이어지는 창천동과 대현동, 북아현동에 집을 알아
보자. 이곳은 실제로 서대문구 중에서 가장 매물이 많은
동네이기도 하다.

편의시설이나 교통편이 조금 아쉽더라도 조용한 분위기
와 동네 맛집, 특색 있는 카페를 선호한다면 연희동과 가
좌동을 추천한다. 단, 연희동에는 단독주택 등에서 오래
거주하는 토박이가 많아 집값이 아주 저렴하지는 않다. 그
럴 때는 가좌동까지 눈을 넓혀보는 것도 방법이다. 가좌동
은 경의중앙선인 가좌역이 있어 위쪽의 상암, 아래쪽의 용
산으로 출퇴근도 용이하다. 최근 대규모 개발 이슈로 다가
구 및 다세대 주택 매물이 점점 줄어드는 추세라는 점은
아쉽다.

대규모 개발을 한다는 뜻은 오래되었지만 가성비가 좋은
매물이 많다는 뜻이기도 하다. 그런 틈새시장을 노려보고
싶다면 좋은 선택이니, 집의 크기와 금액에 중점을 두지
않는다면 발품을 팔아볼 만하다.

서울에서 손꼽히는 숲세권

서대문구의 가장 큰 장점은 뭐니 뭐니 해도 안산이다. 서
대문구에서 조성한 안산자락길은 많은 방문객에도 관리
가 잘되는 쾌적한 산책로다. 안산과 맞닿아 있는 동네로는
연희동과 홍제동을 추천한다. 특히 홍제동은 안산과 맞붙
은 인왕산과도 가까워 등산 마니아에게 적합하며, 직장이
CBD 지역이거나 출퇴근 시 3호선을 이용한다면 홍제역
과 무악재역을 이용할 수 있어 더욱 좋다.

숲 이외에 서대문구의 주요 편의시설로는 대형마트인 신
촌 이마트점과 현대백화점 신촌점이 있고, 서울의 빅5 대
학병원 중 한 곳인 신촌세브란스 병원도 가깝다.

"근처 대학생."

- 오피스텔이 타 지역에 비해 평수 대비 매우 비싼 편.
- 연세대, 이화여대, 명지대 등 인근 대학생이라면 추천. 직장인이라면 고민을….
- 단, 가좌동은 서북권 중에 가장 저렴(재개발 이슈가 있어서 크기 대비 저렴한 집을 찾을 수 있음).

③ 용산구

#한강조망권 #서울의중심 #이태원관광특구 #경리단길 #남산

- **연계 도심**: Ⓐ, Ⓑ, Ⓒ, Ⓔ, Ⓖ, Ⓘ
- **빌라 지역**: 용문동, 효창동, 원효로1가, 청파동 1~3가
- **오피스텔 지역**: 용산역, 신용산역 주변
- **평균 월세(관리비 별도)**
  - 다가구: 보증금 500~ / 월세 50~
  - 다세대: 보증금 1000~ / 월세 60~
  - 오피스텔: 보증금 1000~ / 월세 100~
- **평균 전세**
  - 다가구: 1억 2000~1억 5000
  - 다세대: 1억 2000~3억
  - 오피스텔: 2억 4000~3억 5000

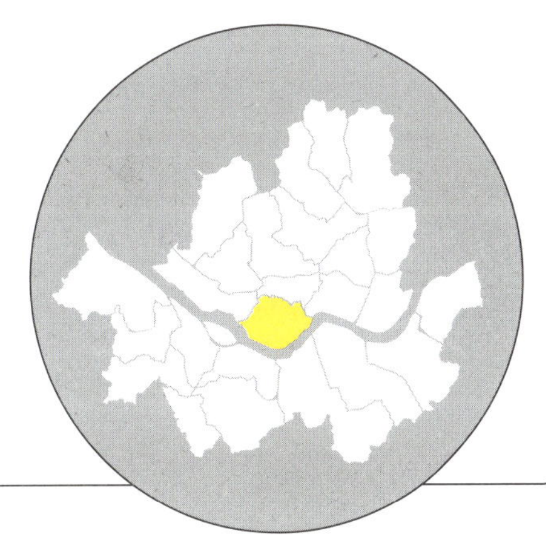

서울의 중심인 용산구는 개발 호재로 부동산 업계에서 주목하고 있는 지역이다. 그러다 보니 대형 아파트 단지가 이미 많이 들어서 있고 집값도 저렴한 편은 아니어서 1인 가구보다 가족 단위로 거주하는 사람이 많다. 서울 25개 구 중에 1인가구 수는 24번째로 매우 적다. 다가구나 다세대 매물도 찾기 어렵고, 오피스텔은 보증금뿐 아니라 월세

도 매우 비싼 편이다. 특히 한강변에 위치한 오피스텔이라면 더욱 그렇다. 그렇다면 용산구에서 사는 건 포기해야 할까?

그래도 용산구에 살고 싶다면?

용산구에도 1인가구에 적합한 다가구 주택과 빌라, 오피스텔이 있는 모여 있는 동네가 몇 곳 있다. 6호선 효창공원역 북쪽의 효창동과 청파동, 남쪽의 용문동 등이다. 이곳들도 용산구의 메인 스트림인 용산역, 서울역, 녹사평역, 이태원과 접근성이 좋기 때문에 한번 살펴보는 것을 추천한다. 특히 1호선, 4호선, 경의중앙선을 자주 이용한다면 이 지역에 집을 얻는 게 유리할 수 있다. 발품을 판다면 이태원역, 한강진역 근처의 구축 가운데서 괜찮은 매물을 발견할 수도 있다.

교통, 쇼핑, 자연까지 완벽한 주거 밸런스

용산구는 엄청난 장점이 많은 지역이다. 무엇보다 KTX역인 서울역과 용산역을 끼고 있고, 1호선, 4호선, 6호선, 경의중앙선, 공항철도가 이어지는 교통의 요지다. 서울 곳곳으로 한 번에 이동하는 버스도 많아 위치만 잘 선정한다면 CBD, GBD, YBD를 모두 아우를 수 있다. 관광특구로 지정된 이태원, 경리단길이 가까워 이국적이고 색다른 맛집과 카페를 접할 수 있다는 것도 큰 장점.

국립중앙박물관과 남산 같은 서울의 대표 스팟들도 용산구에 위치한다. 계절마다 보이는 풍경이 달라지는 건 덤이다. 대형마트로는 이마트 용산점, 롯데마트 서울역점이 있으며, 종합쇼핑몰인 아이파크몰이 용산역에 입점해 있다.

"내 맘대로 집 꾸미기를 원하는 사람에게는 기회일 수도?"

- 이 지역에서 크기 대비 저렴한 물건을 찾고 싶으면 후암동, 서빙고동, 한남동까지 재개발 구역을 잘 찾아보자.
- 신용산역 근처 신축 오피스텔은 조금은 비싸더라도, 용리단길을 포함한 힙한 곳들 + 서울의 중심이라는 장점이 필요하다면 추천.
- 출장이 잦은 사람이라면 강추(KTX와 공항철도 접근성 좋음)!

④ 성북구+종로구+중구

#가장오래된서울도심 #부촌의상징 #광화문 #힙지로 #신구의조화

- **연계 도심:** Ⓐ, Ⓑ, Ⓒ, Ⓓ, Ⓖ, Ⓗ, Ⓘ, Ⓙ, Ⓚ
- **빌라 지역:** 신당동, 창신동, 숭인동, 하월곡동, 장위동, 석관동, 정릉동, 혜화동, 보문동, 안암동, 동소문동, 삼선동
- **오피스텔 지역:** 중림동, 신당동, 흥인동, 황학동, 숭인동
- **평균 월세(관리비 별도)**
  - 다가구: 보증금 500~ / 월세 50~
  - 다세대: 보증금 1000~ / 월세 60~
  - 오피스텔: 보증금 500~ / 월세 70~
- **평균 전세**
  - 다가구: 5000~2억
  - 다세대: 8000~2억 3000
  - 오피스텔: 2억 1000~3억

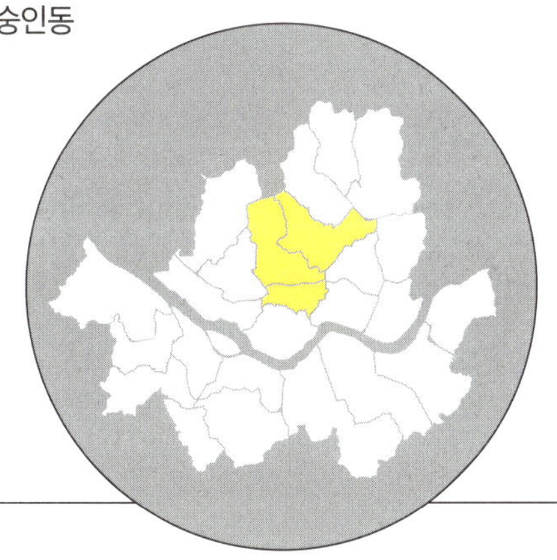

소위 서울의 사대문 안이라고 불리는 성북구와 종로구, 중구는 조선시대부터 이어진 서울에서 가장 오래된 도심이

다. 그러다 보니 주거지보다 오피스 단지가 많고, 북한산을 등지고 있는 평창동, 구기동, 성북동 등은 부촌의 상징처럼 여겨지며 단독주택 단지가 조성되었다. 그래서 종로구와 중구는 서울에서 1인가구 수가 가장 적다. 물론 이 동네는 경사가 가파른 데다 지하철역이 닿지 않아 자차가 없다면 불편하다는 것도 단점이다.

성북구, 종로구, 중구 쪽에서 집을 찾는다면 도심지보다는 성북구 동쪽 동네를 돌아보자. 도심지를 조금 벗어난 지역도 서울 어디든 닿을 만큼 교통편이 좋기 때문에 크게 걱정하지 않아도 된다.

광활한 이 지역에서는 대학교 인근을 공략!

어디에서부터 집을 알아볼지 고민이 된다면 대학교 인근을 공략한다고 생각해보자. 이 지역에는 중앙대와 성균관대, 한성대, 동국대, 고려대까지 종합 4년제 대학이 많다. 그나마 대학가 근처는 살 만한 매물을 어느 정도 찾을 수 있다. 다만 서울의 다른 주거권과 비교하면 아주 저렴하지는 않다. 집을 찾을 때는 구축 다가구 주택 위주로 알아보는 것이 낫다. 빈티지 시장으로 유명한 동묘앞역 근처의 숭인동도 적당한 매물이 많아 발품을 팔 만하다.

교통의 요지지만 상황에 맞게 선택하자

이 지역은 지하철 1~6호선이 모두 지나갈 정도라 북한산 자락에 위치한 몇몇 동네를 제외하면 대부분 역세권에 포함된다. 하지만 1인가구 매물이 없는 곳은 사실상 배제해야 한다. 1호선 서울역에서 동대문역, 2호선 시청역에서 동대문역사문화공원역, 3호선 경복궁역에서 충무로역, 4호선 서울역에서 동대문역, 5호선 서대문역에서 동대문역사문화공원역까지는 완전한 오피스권역이다. 이곳을 제외한 동쪽에서 직주근접이 가능한 동네를 선택하자. 하지만 지하철이 아니더라도 버스편이 잘 갖춰져 있어서 크게 걱정하지 않아도 된다.

문화 생활자의 최적화 지역

이 지역에서는 편의시설만큼은 걱정하지 않아도 된다. 대형마트는 이마트 청계천점, 이마트 하월곡점, 이마트 미아점, 홈플러스 월곡점, 롯데마트 삼양점 등이 있으며 을지로 인근에 현대백화점 본점과 신세계백화점이 있어 편한 쇼핑이 가능하다. 오래된 맛집과 대형 번화가가 가득한 종로3가, 을지로, 명동 등도 이 지역에 포함되므로 쇼핑이나 미식 탐방이 취미라면 이것만으로도 이곳에 살 가치가 충분하다. 성북구 혜화동 근처 대학로에서는 공연을 즐기기 좋고, 미술 전시를 좋아한다면 서울시립미술관, 국립현대미술관을 비롯해 크고 작은 미술관이 많은 종로구 쪽을 자주 찾게 될 것이다. 청계천과 이 주변을 감싸고 있는 서울의 궁궐들이 공원의 역할을 톡톡히 해주고 있어 녹지도 아쉽진 않다.

자취남's 한줄평

"오래된 도심을 단점보다는 장점으로 생각하는 분들에게 추천!"

- 사람들이 주거지로서 잘 생각하지 못하는 지역이지만 호선이 많아 발품을 팔면 의외로 좋은 곳이 얻어 걸릴 수 있음.
- 서울의 맛집 밀집지. 주로 배달로 끼니를 해결한다면 완전 강추! 오래된 도심이니만큼 역사를 자랑하는 맛집들이 많은 동네 중 하나.
- 직장, 학교 등 종로 쪽이 주 생활권이면 파란 버스가 정말 많아 교통이 편한 곳 중 하나.

5 강북구+도봉구+노원구

#동북권의대표주거지 #오래살기좋은곳 #자연친화적 #조용한강자

- **연계 도심**: Ⓐ, Ⓗ, Ⓘ, Ⓙ
- **빌라 지역**: 미아동, 수유동, 쌍문동, 방학동, 창동, 상계동, 공릉동
- **오피스텔 지역**: 수유동, 창동
- **아파트 지역**: 쌍문동, 방학동, 창동, 상계동, 월계동, 공릉동, 공릉동, 하계동
- **평균 월세(관리비 별도)**
  - 다가구: 보증금 300~ / 월세 30~
  - 다세대: 보증금 500~ / 월세 40~
  - 오피스텔: 보증금 500~ / 월세 50~
  - 아파트: 보증금 1000~ / 월세 70~
- **평균 전세**
  - 다가구: 3000~1억
  - 다세대: 6000~2억
  - 오피스텔: 1억 3500~2억
  - 아파트: 1억 4000~2억

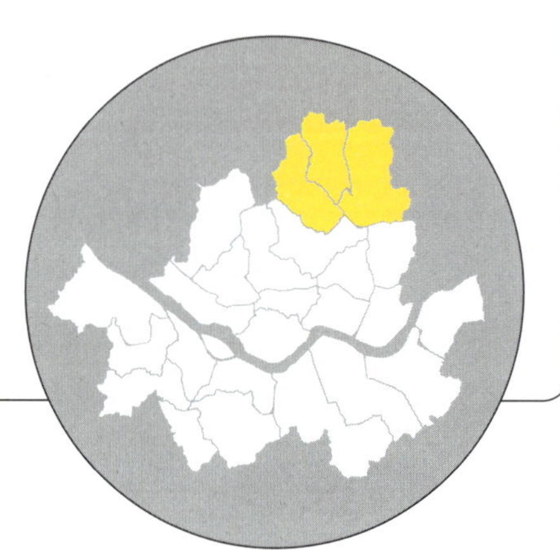

서울 동북 지역의 대표적 주거 지역인 강북구, 도봉구, 노원구는 주변이 산으로 둘러싸여 있어 아늑한 느낌을 주면서 오래 거주하는 인구가 많아 조용한 편이다. 외곽 지역이지만, 1호선, 4호선, 6호선이 이어져 있어 도심으로 나가기에도 나쁘지 않다. 이 지역에는 상계주공, 창동주공, 월계주공, 중계그린처럼 1,500세대 이상의 대단지 아파트가 많다. 대체로 40년 가까운 세월을 가진 구축이지만, 리모델링만 잘 되어 있다면 투룸에 넓게 거주하면서 아파트가 가진 장점을 마음껏 누릴 수 있다. 따라서 여기에서는 예외적으로 아파트를 추가했다.

조용한 주거지의 장점이 한곳에

가족 단위의 가구가 많은 오래된 주거지의 가장 큰 장점은 평온한 삶이다. 1,000세대 이상의 아파트는 장기수선충당금 같은 비용도 세대당 부담금이 크지 않다는 것도 장점이다. 그럼에도 아파트는 너무 비싸서 고민된다면, 다가구 매물을 찾아보자. 이 지역에는 여전히 예전의 시세를 유지하는 곳이 많고 대학로 상권이 가깝기 때문에 저렴한 월세를 찾는 예술인들이나 경기 북부, 강북 쪽 동선을 이용하는 이들이 많이 거주한다. 다만 산자락에 위치한 동네는 출퇴근하기에 번거로울 수 있으므로 조금 더 세를 높이더라도 역세권으로 알아보는 것이 좋다.

서울의 가장 큰 산세권

이 세 구는 서울의 대표적인 산들이 감싸고 있는 곳이다. 북한산, 도봉산, 사패산, 수락산, 불암산 등 등산 마니아들이 사랑하는 서울의 산은 거의 이곳에 모여 있다. 그러다 보니 한여름에도 서울 도심지에 비해 평균 기온이 1~2도가량 낮다. 도봉구와 노원구 사이를 흐르는 중랑천도 조용한 분위기에 한몫한다. 양주시에서 서울 성수동까지 이어지는 중랑천은 수질이 깨끗하고, 수변공원도 잘 조성되어 있어 주민들이 운동과 산책을 위해 자주 찾는 곳이다.

아쉬워도 불편하진 않은 편의시설

도심에서는 조금 벗어나 있다 보니 이 지역의 편의시설은 서울의 다른 지역에 비하면 적어 보일지도 모르겠다. 그렇다고 해서 거주하기에 불편할 정도는 아니다. 대형마트는 이마트 월계점과 창동점, 홈플러스 중계점과 방학점, 롯데마트 중계점 등 다섯 곳으로 어느 지역보다 많고, 방학동 도깨비시장, 상계중앙시장, 창동골목시장 등 크고 작은 시장도 다수 있다. 문화시설은 다소 부족할 수 있으나 현재 창동역 인근에 2만 석 규모의 대형 공연장을 포함한 복합 문화 시설인 서울 아레나가 2027년 건설 완료를 목표로 착공될 예정이므로 주목해봐도 좋겠다.

자취남's 한줄평

"주거 지역이라는 특성을 좋아하고, 아파트를 선호하는 분들에게 추천."

- 힙한 것보다 안정형인 사람에게 추천하는 동네.
- 서울에서 비교적 가장 저렴한 월세로 아파트에 살 수 있다.

6 동대문구+중랑구

#동서울교통의중심 #주거최적화 #중랑천 #5월장미축제

- **연계 도심:** Ⓐ, Ⓑ, Ⓒ, Ⓖ, Ⓗ, Ⓘ, Ⓙ, Ⓚ
- **빌라 지역:** 전농동, 답십리동, 장안동, 중화동, 상봉동, 면목동, 망우동
- **오피스텔 지역:** 용두동, 전농동, 답십리동, 장안동, 휘경동, 상봉동, 면목동
- **평균 월세(관리비 별도)**
  - 다가구: 보증금 300~ / 월세 30~
  - 다세대: 보증금 500~ / 월세 40~
  - 오피스텔: 보증금 500~ / 월세 60~
- **평균 전세**
  - 다가구: 5000~1억 8000
  - 다세대: 8000~2억 5000
  - 오피스텔: 1억 3000~2억 3000

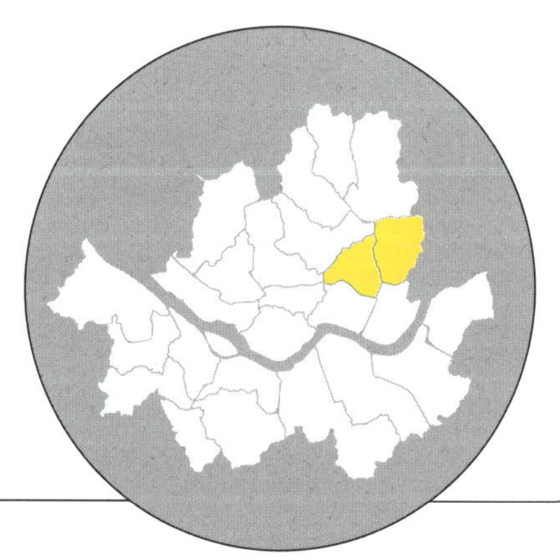

중랑구는 과거 동대문구였다가 구획이 분할되면서 따로 분리되었다. 그러다 보니 두 곳 모두 토박이가 많고 구도

심의 안정적인 분위기가 비슷하다. 이곳은 서울의 가장 동쪽으로 발전이 다소 더딘 느낌이 있지만 경춘선, 경의중앙선 등이 지나고 있어 서울 외곽으로 나가기에 편한 동서울 교통의 중심이다. 상봉 인근에 엔터식스, 코스트코 상봉점 등 다양한 편의시설도 잘 갖춰져 있다.

서울에서 이렇게 저렴한 곳이?

이곳의 가장 큰 장점은 서울 내에서 비교적 저렴하게 집을 구할 수 있다는 것이다. 전농동, 답십리동, 장안동, 면목동 등에는 여전히 구축 다가구 및 다세대 주택이 꽤 남아 있어서 저렴하게 집을 구하기 쉽다. 조금만 발품을 팔면 보증금 1억 미만의 전세도 가능하다. 다만 가장 매물이 많은 면목동 지역은 7호선 이외에 도보로 접근 가능한 지하철역이 없으므로 직주근접이 최우선이라면 회사와의 접근성을 잘 살펴야 한다.

동서울 교통의 중심지

동대문구 교통의 요지인 청량리역은 1호선, 경의중앙선, 경춘선, 수인분당선이 지난다. 이 근방에 집을 구한다면 CBD, YBD, 용산은 물론 GBD까지도 출퇴근이 용이하다. 출퇴근 시 6호선이나 7호선을 이용한다면 집값이 조금 저렴한 중랑구 쪽도 좋다. 다만 6호선 신내행은 한 시간에 3~4편가량 운행된다는 점을 명심하자.

물류형 마트부터 시장까지 모인 생활 밀착형 편의시설

주거 인구가 많은 만큼 이 지역에는 힙하지는 않아도 삶의 질을 높이는 편의시설이 잘 갖춰져 있다. 대형 마트로는 이마트 묵동점, 홈플러스 상봉점과 면목점, 롯데마트 청량리점, 그리고 코스트코 상봉점까지 다양하다. 농수산시장으로 유명한 청량리전통시장을 비롯해 중랑동부시장, 동원시장 등 여러 시장이 주택가 곳곳에 즐비하다. 북쪽에서부터 내려오는 중랑천 역시 이곳의 생활을 한층 윤택하게 만드는 데 일조한다. 특히 5월에 열리는 중랑 서울 장미축제는 아름답기로 손꼽히는 이 지역의 대표 축제다. 이곳에 거주하게 된다면 절대 놓치지 말길.

"집보다는 다른 곳에 투자하고 싶어!"

- 전반적으로 집값이 저렴해 예산에 맞는 집을 쉽게 구할 수 있음.
- 회사가 5호선, 7호선 라인이라면 가장 합리적인 선택지. 7호선 중 특히 논현이나 청담 쪽으로 출퇴근하는 사람들이 많이 사는 동네이기도 하다.

⑦ 성동구+광진구

#동서울문화중심지 #성수동 #팝업스토어의성지 #한강과아차산

- **연계 도심**: Ⓐ, Ⓑ, Ⓒ, Ⓗ, Ⓘ, Ⓙ
- **빌라 지역**: 성수동, 능동, 송정동, 행당동, 용답동, 중곡동, 화양동, 자양동, 구의동
- **오피스텔 지역**: 성수동, 황학동, 행당동, 도선동 용답동, 화양동, 자양동, 구의동
- **평균 월세(관리비 별도)**
  - 다가구: 보증금 500~ / 월세 35~
  - 다세대: 보증금 1000~ / 월세 50~
  - 오피스텔: 보증금 500~ / 월세 80~
- **평균 전세**
  - 다가구: 8000~1억 5000
  - 다세대: 1억~2억 3000
  - 오피스텔: 1억 7000~3억

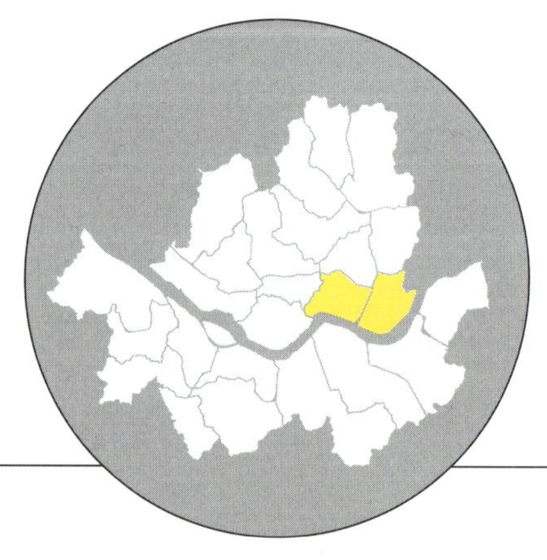

성동구는 동서울 지역의 문화 중심지라고 해도 과언이 아니다. 이 지역을 가로지르는 2호선을 따라가면 오래된 맛집이 가득한 왕십리, 팝업스토어와 MZ 문화의 정수인 뚝섬과 성수동이 있고, 20대가 많이 찾는 건대입구까지 이어진다. 번잡한 곳이 부담스럽다면 광진구 쪽으로 눈을 돌려보자. 성동구에 비해 주거비가 저렴하고, 어린이대공원과 아차산, 용마산 등 녹지가 많아 쾌적한 생활이 가능하다.

지금 서울에서 가장 힙한 동네

성수는 명실상부 현재 서울에서 가장 젊은 인구가 많이 몰리는 곳이다. 이미 10여 년 전부터 카페거리가 생기면서 유동인구가 많아졌지만, 1~2년 전부터는 팝업 스토어가 유행하면서 최신 유행을 가장 먼저 접할 수 있는 곳이 되었다. 성수에는 부유한 아파트의 상징인 서울숲 트리마제가 위치한다. 그만큼 주거지로도 각광받는다는 의미지만 그렇기 때문에 집값이 저렴하지는 않다. 따라서 성동구에서 1인가구가 살 만한 곳을 찾는다면 중랑천 왼쪽에서 대단지 아파트가 들어선 금호동을 제외한 그 외의 주택 지역을 추천한다. 중랑천 오른쪽에서는 건대입구역 근처인 광진구 자양동, 아차산 근처의 구의동, 중곡동, 7호선라인의 면목동 등이 1인 주거지로 적합하다.

쿼드러플 역세권 왕십리를 포함한 직주근접지

서울에는 총 3곳의 쿼드러플 역세권(4개의 호선이 지나는 역)이 있는데, 그중 서울역은 주거지로 적합하지 않고 공덕역은 오피스텔이 많은 편이다. 왕십리역은 유일하게 오래된 주거지를 끼고 있다. 이곳은 2호선, 5호선, 경의중앙선, 수인분당선이 지나고 있어 CBD, YBD, GBD까지 주요 업무지구와 그 외의 서울 대부분 지역이 닿는다. 물론 최근 부동산 개발이 활발히 진행되면서 집값이 올라갔지만, 교통을 최우선으로 고려한다면 이 지역에서 집을 알아보는 것도 좋다. 광진구 역시 2호선, 5호선, 7호선이 지나고 있으므로 출퇴근에 적합한 지역을 알아보기 쉬울 것이다.

한강과 아차산, 서울숲까지 녹지의 집합체

이 지역은 남쪽으로는 한강이, 가운데로는 중랑천이 지나고 동쪽에는 아차산과 용마산, 도심에는 서울숲, 어린이대공원, 뚝섬유원지, 응봉산 등 다양한 녹지와 근린 시설로 가득하다. 한강 조망권은 1인가구가 살기에 부담스러운 가격이지만, 한강으로부터 버스 10분 이내 혹은 지하철 한두 정거장 거리 정도로는 얼마든지 좋은 조건의 집을 구할 수 있다. 근처 대형 마트로는 이마트 왕십리점과 자양점, 롯데마트 행당역점과 강변점이 있으며, 왕십리역 엔터식스와 건대입구역 스타시티 등의 대형 쇼핑몰에서 쇼핑을 즐길 수 있다. 그 외에도 맛집과 카페는 이 지역 대부분에 넓게 퍼져 있으므로 편의를 걱정할 필요는 없다.

"거주자들에게 아쉬운 점을 물었을 때, 단점이 거의 없다고 하는 동네."

- 성동구 중심지는 집 컨디션 대비 가격이 높아 자취는 어렵고, 광진구는 가격 대비 컨디션이 좋아 자취인들에게 선호도가 있는 편. 다만, 성동구 중심지는 분당선을 타야 하는 직장인들이 은근히 많이 오는 동네이기도 하다.

8 강서구+양천구

#서울의최서쪽 #R&D중심지 #떠오르는신도시 #김포공항

- **연계 도심**: Ⓐ, Ⓑ, Ⓒ, Ⓓ, Ⓔ, Ⓕ
- **빌라 지역**: 화곡동, 방화동, 등촌동, 목동, 신월동, 신정동
- **오피스텔 지역**: 화곡동, 방화동, 마곡동, 등촌동, 염창동, 목동, 신정동
- **평균 월세(관리비 별도)**
  - 다가구: 보증금 300~ / 월세 30~
  - 다세대: 보증금 300~ / 월세 50~
  - 오피스텔: 보증금 500~ / 월세 60~
- **평균 전세**
  - 다가구: 4000~1억 5000
  - 다세대: 5000~2억 5000
  - 오피스텔: 6000~2억

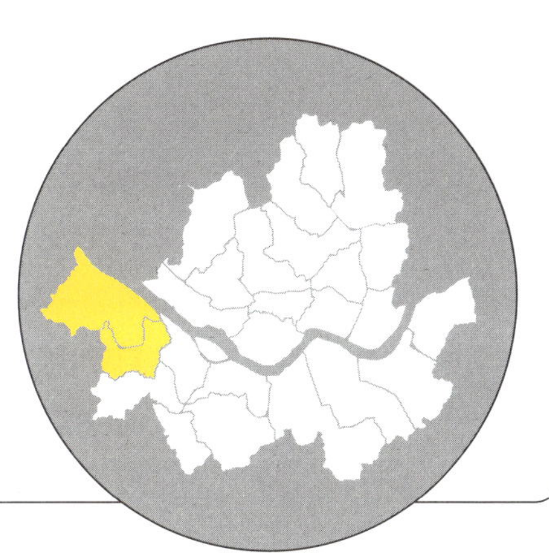

서울의 가장 최서쪽에 위치한 강서구는 오래전부터 등촌 주공아파트와 같은 대단지 아파트가 들어서 있어 가족 단위의 인구가 많을 것 같지만 의외로 1인가구수로는 서울 구 가운데 2위를 차지할 정도로 많다. 25~34세 인구는 전체 구 가운데 3위다. 공항 근무자들을 비롯해 김포, 인천 지역으로 출퇴근하는 이들도 많이 거주한다. 이곳은 LG 사이언스파크와 여러 기업의 R&D센터가 마곡단지로 조성되면서 더욱 각광받았다. 그러다 보니 최근에는 소형 평수 위주의 아파트 개발도 점점 늘어나는 추세다.

강변 뷰만 포기하면 어디든 좋다

강서구와 양천구는 강변을 따라 이어지는 가양동, 등촌동, 염창동, 목동에 오래된 아파트가 많은 편이다. 한강과 가까운 지역에서 살고 싶다면 이곳의 3억 원 미만 소형 평수

아파트 전세를 알아봐도 좋다. 하지만 그 역시 사회 초년 생에게는 부담스러운 법. 그렇다면 화곡동이나 방화동, 신월동, 신정동에서 자신의 조건에 맞는 빌라와 주택의 월세 매물을 찾아보자. 이곳은 아직 과거의 주거지 모습을 그대로 갖추고 있어 조용한 동네가 장점이다.

중심 업무지구도, 여의도도, 강남까지 OK

서울의 한편에 치우쳐 있지만, 이곳은 어디든 한 번에 갈 수 있는 좋은 입지를 갖추고 있다. 5호선으로 CBD 와 YBD까지 닿을 수 있는 것은 물론, 9호선을 이용하면 GBD도 문제 없다. 출퇴근 시 악명 높은 9호선도 기점과 가까워 조금이나마 여유롭게 이용할 수 있다. 공항철도를 타면 상암과 마곡, 서울역으로도 이어진다. 상암과는 다리 하나만 건너면 닿는다. 이 정도면 명실상부한 서서울 교통 의 중심지라고 할 만하다. 구로 및 가산 디지털단지 역시 직선거리로는 매우 가깝다. 다만 지하철로는 여러 번 갈아 타야 하므로 자차가 있는 경우에만 고려해보자.

편안한 주거지의 장점을 고루 갖춘 곳

강서구의 가장 큰 편의시설은 무엇보다도 김포공항이다. 지방이나 해외로 이동하는 일이 잦다면 더할 나위 없이 좋은 입지다. 공항 내 롯데몰은 안락한 쇼핑 공간으로도 훌륭하다. 이 근방의 대표적인 녹지 공간은 마곡나루역 인근의 서울수목원이다. 수목원 주변으로는 산책로도 잘 조성되어 있다. 그 외에 편의시설로는 이마트 신월점과 목동점, 전통시장인 화곡중앙시장, 남부골목시장, 까치산시장 등 곳곳에 숨은 시장도 많다.

"전세는 한 번 더 확인해보시는 걸 추천합니다"

- 강서구는 몇 년 사이 '전세' 관련 뉴스가 상대적으로 많았던 지역. 강서구를 선택한다면 월세로 들어가는 것을 추천.
- 5호선, 9호선을 이용한다면 가장 합리적인 금액으로 자취를 시작할 수 있는 곳.
- 안양천과 한강을 좋아한다면 역시나 추천.

⑨ 구로구+금천구

#서울의관문 #구로디지털단지 #가산디지털단지 #고척동 #안양천

- **연계 도심:** Ⓑ, Ⓒ, Ⓕ, Ⓖ
- **빌라 지역:** 오류동, 개봉동, 고척동, 구로동, 가리봉동, 가산동, 독산동, 시흥동
- **오피스텔 지역:** 오류동, 고척동, 구로동, 가산동, 독산동, 시흥동
- **평균 월세 (관리비 별도)**
  - 다가구: 보증금 300~ / 월세 25~
  - 다세대: 보증금 300~ / 월세 40~
  - 오피스텔: 보증금 200~ / 월세 65~
- **평균 전세**
  - 다가구: 3000~1억 5000
  - 다세대: 4000~2억 3000
  - 오피스텔: 7000~2억

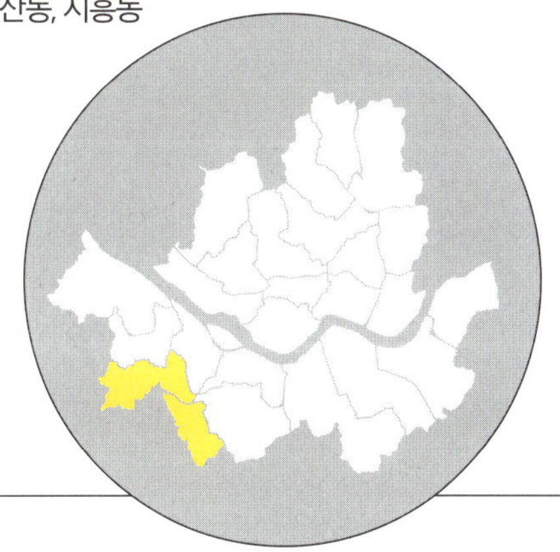

구로디지털단지와 가산디지털단지가 있는 구로구와 금천구는 보통 구로역과 가산디지털단지역 인근으로만 생각하기 쉽지만, 실제로는 1호선 신도림역에서 서울 마지막 역인 온수역까지 좌우로 넓게 뻗은 지역이다. 하지만 안양

천을 중심으로 왼쪽과 오른쪽은 다소 분위기가 다른데, 왼쪽은 중소 규모의 아파트 단지를 비롯해 투룸 이상의 빌라가 많은 반면 오른쪽은 저렴한 다가구 주택 원룸부터 오피스텔까지 1인가구를 위한 주택이 많은 편이다.

어느 지역보다 많은 오피스텔

구로구 구로동과 금천구 가산동, 독산동, 시흥동에는 산업 단지 주변으로 다양한 크기와 가격대의 오피스텔이 들어서 있다. 회사까지 도보가 가능한 곳을 선호한다면 구로동과 가산동에서 집을 알아보는 것이 가장 좋겠지만, 조용한 주거지를 선호한다면 독산동과 시흥동에서 집을 찾는 것을 추천한다. 투룸 이상의 조금 더 넓은 집은 안양천 왼편의 오류동, 개봉동, 고척동 등에서 찾아보자.

1호선의 분기점이 있다는 것을 명심!

구로역은 1호선이 인천행과 천안행으로 나뉘는 분기점이고, 신도림역은 1호선에서 서울을 순환하는 2호선으로의 환승이 가능해 편리하지만 혼잡도가 매우 높다. 같은 구로구지만 자차가 없다면, 온수역에서 구일역 사이에 있는 집에서 이곳의 산업단지로 출퇴근하는 것은 그다지 추천하지 않는다. 1호선 인천행을 타고 구로역에서 내려 다시 천안행으로 갈아타야 해서 번거롭기 때문이다. 1호선을 타고 구로 이외의 다른 서울 지역으로 출퇴근해야 한다면 완행과 급행이 모두 서는 개봉역 근처로 알아보는 것이 좋다.

야구가 취미라면 어느 곳보다 추천

서울에는 야구장이 두 군데 있다. 하나는 잠실종합운동장, 다른 하나는 고척돔이다. 그중 키움 히어로즈의 홈구장인 고척 스카이돔은 야구뿐 아니라 콘서트도 자주 열리는 구로구의 대표적인 문화 시설이다. 야구 혹은 공연을 즐긴다면 이 근처에 집을 얻는 것이 좋은 선택이 될 것이다. 구로

구와 금천구의 녹지로는 항동에 위치한 푸른수목원이 있다. 다소 외진 곳이지만, 수목원과 화단이 예쁘게 조성되어 있어 주말에 나들이하기에 좋다. 그 외에 대형 마트로는 이마트 신도림점과 구로점, 홈플러스 신도림점과 시흥점, 롯데마트 금천점 등이 있으며, 근처 광명시에 이케아와 코스트코가 있으니 참고하자.

자취남's 한줄평

"구디단, 가디단으로 출퇴근한다면 최적!"

- 서울 중심부와는 거리가 있지만, 가산이나 구로에 직장이 있다면 서울 내에서는 가장 가심비 있는 선택지 중 하나다.
- 좀 더 저렴하고 컨디션 좋은 집을 찾는다면 바로 옆 부천으로 눈을 돌려보는 것도 방법.

10 영등포구+동작구

#금융의중심지 #여의도공원 #주거와번화가의조화 #다양한주거형태

- **연계 도심:** Ⓐ, Ⓑ, Ⓒ, Ⓓ, Ⓕ, Ⓖ
- **빌라 지역:** 양평동, 당산동, 영등포동, 도림동, 신길동, 대림동, 노량진동, 사당동, 상도동, 신대방동
- **오피스텔 지역:** 양평동, 당산동, 영등포동, 여의도동, 신길동, 노량진동
- **평균 월세 (관리비 별도)**
  - 다가구: 보증금 300~ / 월세 30~
  - 다세대: 보증금 700~ / 월세 35~
  - 오피스텔: 보증금 500~ / 월세 60~
- **평균 전세**
  - 다가구: 4000~2억
  - 다세대: 6000~2억 7천
  - 오피스텔: 1억 2000~3억

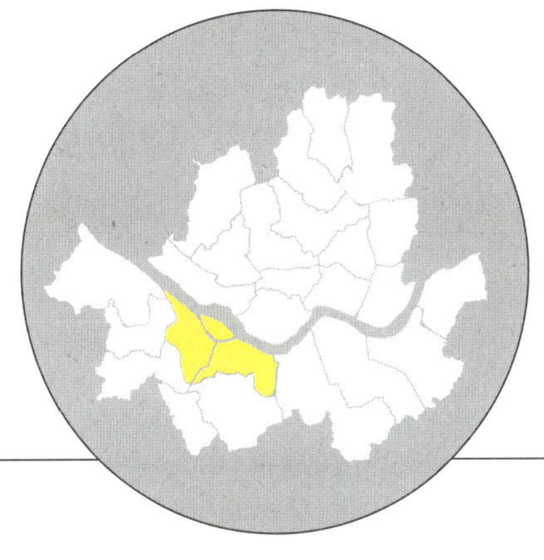

영등포구와 동작구의 가장 특징적인 점은 가로로 가운데를 지나는 1호선을 중심으로 위쪽과 아래쪽의 분위기가 많이 다르다는 것이다. 금융의 중심지인 여의도를 포함한 북쪽은 대단지 아파트와 오피스텔이 주거지의 다수를 이루고, 남쪽은 소규모 아파트 단지와 다가구 및 다세대 주택이 많은 편이다. 오피스텔을 알아본다면 북쪽에서, 일반 주택을 알아본다면 남쪽에서 발품을 팔면 된다는 뜻이다.

어떤 주거 형태를 원하든 OK!

이곳은 YBD부터 조용한 주거지인 상도동까지 다양한 분위기를 품고 있다 보니 집의 형태뿐 아니라 가격대도 다양하다. 자신의 가용 자산에 딱 맞는 집을 마음껏 알아볼 수 있다. 하지만 보통의 1인가구 상황을 고려하면 추천할 만한 동네는 신길동, 대림동, 상도동, 신대방동 등이다.

6개의 노선이 지나는 의외의 교통 요지

영등포구와 동작구를 지나는 지하철 노선은 1호선, 2호선, 5호선, 7호선, 9호선, 신림선 등 총 6개나 된다. 의외의 교통 요지인 셈이다. 단, 앞서 말한 것처럼 주택지는 주로 1호선 남쪽, 7호선 인근에 모여 있으므로 근무 지역과 교통 편의성이 좋은지는 따져보는 것이 좋다. 특히 7호선은 환승이 편리한 노선이 아니므로 지하철 출퇴근이 애매하다면 버스 편을 알아보는 것도 방법이다.

여의도공원, 보라매공원, 도림천 등 생활 속 녹지

영등포구의 가장 큰 편의시설로는 여의도공원이 첫손가락에 꼽힌다. 업무 단지를 감싸고 있는 여의도공원과 샛강 생태공원은 늘 많은 사람으로 북적이는 서울의 대표적인 녹지 공간이다. 무엇보다 봄에 열리는 벚꽃 축제가 가장 큰 행사다. 그 외에 보라매공원, 도림천 등 생활 속 녹지 공간이 많다는 점도 이곳의 장점이다. 대형 마트로는 이마트 여의도점과 영등포점, 홈플러스 영등포점, 롯데마트 양평점 등이 있으니 참고하자.

자취남's 한줄평

"9호선 출퇴근이라면 당산역, 2호선 출퇴근이라면 영등포구청역과 문래역, 7호선은 상도역부터 남성역을 알아보자!"

- 핵심 업무 지구와 이어지는 2호선과 9호선이 지나는 곳 중에서 가장 저렴.
- 오피스텔이 많은 여의도 인근은 생각보다 굉장히 비싸다.

11 관악구

#서울1인가구1위 #2534인구1위 #전통적자취강자 #샤로수길 #관악산

- **연계 도심:** Ⓑ, Ⓕ, Ⓙ
- **빌라 지역:** 조원동, 신사동, 신림동, 서원동, 서림동, 은천동, 청룡동, 중앙동, 행운동
- **오피스텔 지역:** 신림동, 서원동, 청룡동, 중앙동, 행운동
- **평균 월세 (관리비 별도)**
  - 다가구: 보증금 200~ / 월세 25~
  - 다세대: 보증금 300~ / 월세 30~
  - 오피스텔: 보증금 100~ / 월세 80~
- **평균 전세**
  - 다가구: 4000~1억 8000
  - 다세대: 7000~2억
  - 오피스텔: 6500~2억 3000

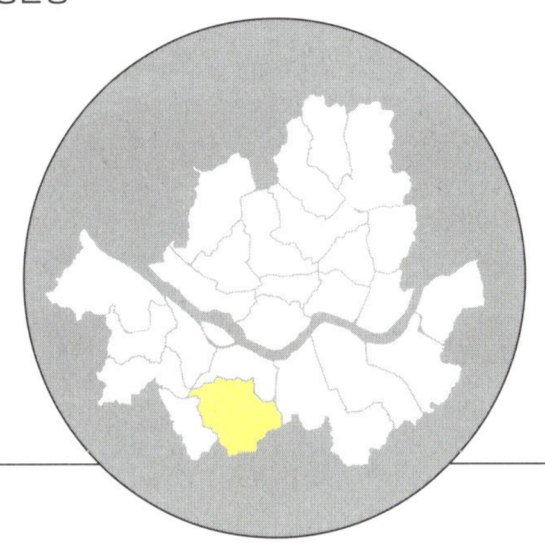

서울에서 1인가구가 가장 많은 구는 어디일까? 바로 관악구다. 이곳은 25~34세 인구도 서울 구 가운데 1위를 차지할 만큼 젊은 동네다. 서울대학교를 끼고 있는 신림, 봉천 지역은 과거 고시를 공부하는 학생이 모여들며 '고시촌'으로 불렸다. 지금도 그때의 영향으로 조금 오래됐지만 저렴한 원룸이 많아 1인가구가 많이 거주하고 있다. 그렇다면 관악구에서는 어디에 집을 구해야 할까?

언덕과 집의 금액은 반비례

관악구 남쪽에는 관악산이 크게 자리하고 있어 여기에서 동네를 돌아다니다 보면 가파른 곳이 꽤 많다는 사실을 알게 될 것이다. 물론 저렴한 매물을 찾는다면 이런 곳도 나쁘진 않다. 하지만 출퇴근 시간과 에너지 절약을 고려하면 2호선 인근인 신대방역, 신림역, 봉천역, 서울대입구역 근처로 알아볼 것을 추천한다. 집값이 워낙 저렴해 역 근처에서도 좋은 조건의 집을 충분히 구할 수 있다. 오피스텔을 알아본다면 서울대입구가 적합하다. 관악구에서 금액이 가장 비싼 편이지만, 오피스텔 선호 인구가 많은 동네다.

교통은 2호선이 메인, 거기에 신림선까지

관악구를 지나는 지하철 역은 서울 다른 지역에 비하면 적은 편이다. 하지만 서울을 순환하는 2호선이 지난다는 것이 큰 장점. 특히 GBD로 출퇴근해야 한다면 여기보다 나은 선택지를 찾기는 어려울 것이다. 이곳에서 강남역까지는 지하철로 불과 20분이면 갈 수 있기 때문이다. 2022년에 개통된 신림선을 타면 1호선, 7호선, 9호선 환승이 가능하므로 해당 노선 근처의 직장을 고려해도 좋다.

관악산과 샤로수길로 대표되는 곳

관악구의 상징인 관악산은 수많은 등산인에게 사랑받는 명산이다. 워낙 규모가 있다 보니 관악구 곳곳에는 관악산 지류를 활용한 작은 공원들이 곳곳에 있다. 관악구에서 맛집을 찾는다면 서울대입구역 근처의 샤로수길을 가보자. 서울대 정문의 '샤' 조형물에서 이름을 딴 샤로수길에는 MZ세대를 타깃으로 한 맛집과 분위기 좋은 카페가 몰려 있다. 관악구의 대형 마트로는 홈플러스 남현점이 있다.

자취남's 한줄평

"서울에서 자취할 곳을 찾을 때 가장 먼저 찾아보는 곳."

- 처음 이곳을 찾는 자취 초보가 많지만, 역 근처는 아주 저렴하지 않음.
- 전체적인 부분에 평균점 이상을 줄 수 있어서, 무난한 집을 구하기 쉬움.

12 서초구+강남구

#강남3구의핵심 #서울제1의업무지구 #모든것의중심

- 연계 도심: Ⓑ, Ⓒ, Ⓘ, Ⓙ
- 빌라 지역: 방배동, 반포동, 서초동, 잠원동, 논현동, 역삼동, 대치동, 일원동
- 오피스텔 지역: 서초동, 논현동, 청담동, 역삼동, 삼성동, 대치동
- 평균 월세 (관리비 별도)
  - 다가구: 보증금 500~ / 월세 50~
  - 다세대: 보증금 1000~ / 월세 60~
  - 오피스텔: 보증금 100~ / 월세 100~
- 평균 전세
  - 다가구: 9000~2억 5000
  - 다세대: 9000~3억 5000
  - 오피스텔: 1억~4억 5000

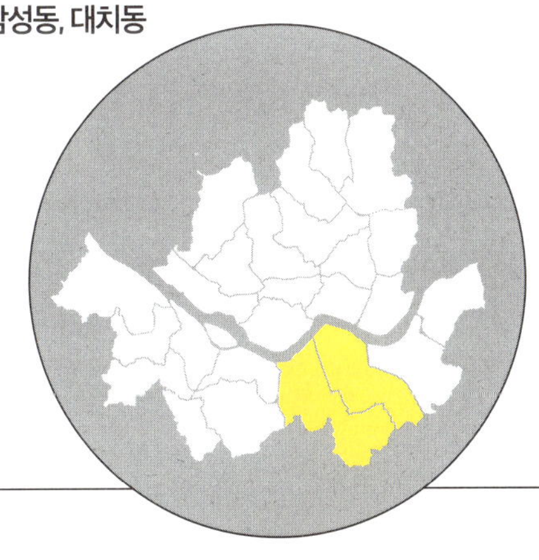

이 지역에서 집을 구할 때는 마음을 단단히 먹어야 한다. 우리나라에서 집값이 비싸기로 소문난 동네이기 때문이다. 월세나 전세라고 예외는 아니다. 특히 오피스텔은 무보증금에 월세를 훨씬 비싸게 받는 경향이 있다. 박스에서 언급한 세는 컨디션이 좋지 않은 집을 상정한 최소 금액으로, 실제로는 보증금도 월세도 두 배 이상 예상해야 한다. 그렇다면 주머니가 넉넉하지 않은 사람에게 강남은 사치일까?

강남구보다는 서초구, 북쪽보다는 남쪽

당연한 말이지만, 업무 지구 한복판인 강남구 중심을 알아보는 것은 고민해보자. 그보다는 서초구 방배동, 강남구 양재동 인근은 괜찮은 매물이 종종 나온다. 이 지역에서도 월세는 50~60 이상을 고려해야 하지만, 원래 예산과 맞다면 발품을 팔아보자. 만약 세와 상관없이 몇 개월가량의 단기 임대 주택을 알아본다면 보증금이 낮고 세가 높은 강남 업무 지구 인근의 집도 둘러볼 만하다.

4호선, 7호선, 3호선 라인을 유심히 볼 것

이 지역을 지나는 지하철은 2호선, 3호선, 7호선, 9호선, 분당선, 신분당선 등으로 꽤 많은 편이지만, 번화가 중심은 입주가 어려우므로 그보다는 주택가를 지나는 4호선, 7호선, 3호선 라인을 따라 직주근접이 가능한지 알아보는 편이 좋다. 분당이나 판교로 출퇴근한다면 신분당선 라인의 집도 좋은 선택이다.

강남의 중심, 편의시설만큼은 원톱

이곳은 비싼 땅값만큼이나 화려한 편의시설을 자랑한다. 삼성역 코엑스몰, 서초 예술의전당, 학여울역 SETEC, 양재 AT센터를 비롯해 크고 작은 종합 문화시설이 많고, 압구정 로데오거리부터 강남역을 넘어 양재역까지는 넓게 상권이 형성되어 있어 쇼핑이 취미인 사람에게는 최적화된 곳이다. 대형 마트로는 이마트 역삼점과 양재점, 롯데마트 서초점이 있다.

자취남's 한줄평

"가끔 보물을 찾을 수 있는 동네."

- 비싸다는 선입견 때문에 중개업소 방문을 겁낼 수 있지만, 오래된 지역인 만큼 의외로 좋은 매물을 발견할 수 있음.
- 수도권의 모든 대중교통이 모이는 곳이다. 즉, 서울뿐 아니라 경기도권까지 한 번에 가는 모든 버스가 있다는 뜻이기도 하다.
- 강남이나 논현도 속속들이 찾아볼 것.

13 송파구+강동구

#강남권의숨은주거지 #동서울의끝 #제2롯데월드 #올림픽공원

- **연계 도심:** Ⓐ, Ⓑ, Ⓒ, Ⓗ, Ⓙ
- **빌라 지역:** 잠실동, 삼전동, 석촌동, 송파동, 가락동, 문정동, 마천동, 거여동, 마천동, 성내동, 천호동, 암사동, 길동
- **오피스텔 지역:** 잠실동, 신천동, 방이동, 문정동, 거여동, 천호동
- **평균 월세 (관리비 별도)**
  - 다가구: 보증금 500~ / 월세 40~
  - 다세대: 보증금 1000~ / 월세 60~
  - 오피스텔: 보증금 500~ / 월세 90~
- **평균 전세**
  - 다가구: 7000~2억
  - 다세대: 1억 2000~3억 5000
  - 오피스텔: 1억 3000~3억

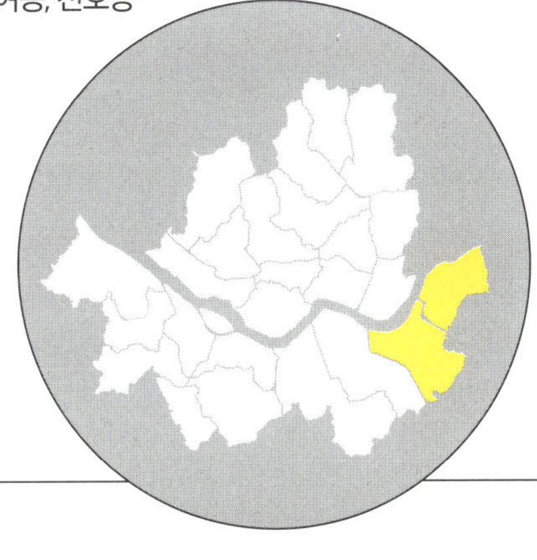

서울의 중심 번화가에서는 가장 멀지만, 강남 3구에 포함되는 송파구, 그리고 경기 동부권과의 접근성이 높은 강동구는 강남권의 숨은 주거지 강자다. 그중 송파구는 서울시 1인가구 수 가운데 3위를 차지하고, 25~34세 인구도 2위로 높은 편이다. 아마도 분당, 판교로 출퇴근하는 IT기업 종사자가 많기 때문이 아닐까 추측된다. 이 지역도 집값이 저렴하지는 않지만, 동네를 잘 고르면 괜찮은 집을 구할 수 있다.

5호선 라인이 1순위지만 분기점을 확인할 것

이곳에서는 5호선 라인 근처의 오래된 동네에 다가구 및 다세대 매물이 많이 나와 있다. 단, 5호선은 강동역을 기점으로 하남검단산행과 마천행으로 나뉘는데, 열차가 번갈아 오므로 불편함을 감수하고 싶지 않다면 천호역과 강동역 인근으로 집을 알아보는 게 좋다. 판교나 분당으로 출퇴근한다면 8호선 석촌역에서 문정역 근처도 추천한다. 이용 승객이 많은 2호선 라인은 오히려 이곳에서 여건이 낫다. 강남과 성수에서 많은 직장인이 하차하기 때문에, 조금 여유롭게 열차를 이용할 수 있다.

서울의 끝, 단점이자 장점

송파구와 강동구를 지나는 지하철 노선은 대부분 이 지역이 기점 혹은 종점이다. 3호선, 5호선, 8호선, 9호선, 분당선이 그렇다. 그만큼 출근을 편하게 할 수 있다는 장점이 있다. 또한 다양한 노선이 교차되면서 서울 시내로의 접근성은 좋은 편이다.

한강이 감싸고 있는 물의 동네

이곳은 송파구부터 옆동네인 하남까지 한강이 크게 둘러싼 형태다. 왼쪽으로는 탄천이 지나고, 송파구에는 잠실의 명소인 석촌호수공원과 롯데월드가 있어 어디든 물과 가깝다. 하남에는 검단산을 비롯해 크고 작은 산들이 많아 등산객과 아웃도어족에게 각광받는 곳이다. 대형 마트로는 이마트 가든파이브점, 천호점, 명일점과 홈플러스 잠실점, 강동점, 그리고 롯데마트 잠실점, 월드타워점이 있으며, 그 외에 장지역 가든파이브, 잠실역 롯데월드타워 같은 쇼핑 시설이 잘 갖춰져 있으므로 참고하자.

"강남이 주 활동지, 하지만 강남에서는 조금 벗어나고 싶을 때."

- 서울 중심부와 판교·분당을 두루 아우르고 있어 양쪽에 직장이 있는 맞벌이 신혼부부에게 인기가 많은 곳.
- 송파 지역은 한번 살면 나가지 않는 곳으로 유명하다. 그만큼 거주자의 만족도가 높은 동네 중 하나다.
- 강동과 송파는 역세권 기준으로 신축 오피스텔이 정말 많이 지어지고 있다. 신축을 선호한다면 찾아봐도 좋다.

"내가 살 동네라면
겁먹지 말고 실제로 한번 가보자!"

어느 곳에 살지 결정할 때, 의외로 여러 곳을 직접 방문하는 경우가 많지 않다. 이 책에 나온 내용을 보고 대략적인 구와 동네를 정했다면, 이제는 직접 발로 뛰어볼 때! 출퇴근 시간, 평일과 주말 등 다양한 시간대에 근처 카페와 맛집, 산책할 만한 곳, 주변 편의시설 등 나의 라이프스타일에 맞춰 동네 구석구석을 부지런히 발품 팔아보자. 그다음 정말로 내가 만족하며 살 만한 동네인지 반드시 알아보는 과정을 꼭 거치자.

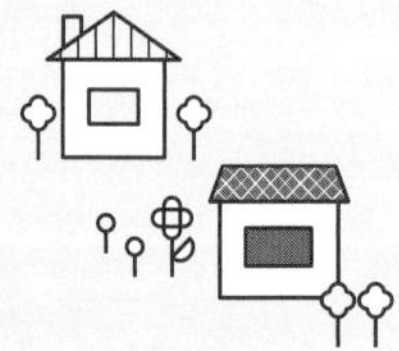

02

포털에 '(원룸) 가계약'을 검색하면 온라인 커뮤니티에 다음과 같은 제목으로 올라온 글들을 종종 볼 수 있다. "부동산 가계약했다가 돈 다 날렸어요." 제목이 조금 자극적이지만 자취 초보의 입장에서는 심장이 덜컹 내려앉는 무서운 제목이다.

가계약은 무엇이며, 어떤 상황에서 이루어지며, 또 왜 하지 않는 것이 조금 더 정신건강에 좋은지 알아보자(본 내용은 엄밀한 법률적 용어/의미와는 차이가 있을 수 있으니 참고용으로 보는 것이 좋다).

가계약의 함정 피해가기

1

가계약이란?

가계약은 쉽게 말하면 마음에 든 매물에 '먼저 침 발라놓기'를 하는 것이다.

전/월세 계약을 할 때 계약금을 지불하면 계약이 성립되는데, 이 계약금 중 일부를 먼저 넣는 것이 가계약이다.

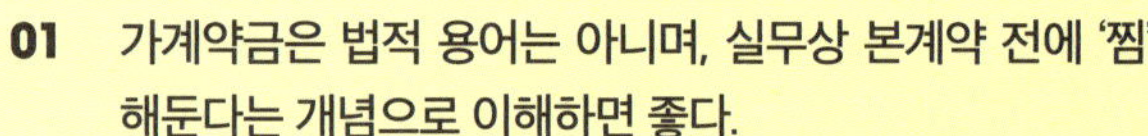

「계약금의 일부를 '가계약금'으로 넣는다는 의미」

계약금은 통상적으로 해당 매물 보증금의 10% 정도다. 즉, 계약하는 매물의 보증금이 5,000만 원이라면, 계약금만 해도 500만 원으로 꽤 거액이다.

때문에 당장 수중에 계약금 500만 원이 없는 경우, 가계약금으로 비교적 소액인 30~100만 원 정도를 넣고(지불하고), '나중에 계약을 마저 하겠다'라고 미리 찜을 해두는 것이다.

01　가계약금은 법적 용어는 아니며, 실무상 본계약 전에 '찜' 해둔다는 개념으로 이해하면 좋다.

02　가계약금과 계약금의 일부는 의미가 매우 다르다. '얼마나 구체적으로 계약 내용에 대해 특정했는지'가 관건이다. 쉽게 말해 가계약금을 정식 계약 또는 계약금의 일부가 아니라고 본다면 계약 해제가 비교적 쉽지만, 계약 내용이 구체적으로 특정되어 계약금의 일부가 된다면 단순 변심으로 인한 계약 해제는 '전체 계약금'을 기준으로 반환해야 하는 문제가 생긴다.

따라서 (집이나 계약을 잡아놓기 위해) 가계약금을 설정한다면,

① **가능한 한 최대한 적은 금액**으로 하는 것이 좋고,

② '어떤 조건'이 안 될 시 '기지급한 가계약금을 반환한다'는 조건을 명시해야 분쟁 없이 돌려받을 수 있다.

③ 계약 해제 시에는 반환금의 기준을 '이미 이체한 금액' 기준으로 해야 큰 문제가 생기지 않는다. 반드시 명심하자!

2
계약이란?

민법 563조에서는 '계약은 약정함으로써 그 효력을 인정한다'고 되어 있다.

쉽게 표현하자면 '계약을 약정하는 순간 당신은 법의 지배를 받게 될 것이다'라는 의미인데, 이는 마치 옛날 만화에 나오는 주인공이 특정 주문을 외우면 변신하는 것과 같다. 법에서는 구두계약이든, 서면계약이든 당사자간의 합의가 있을 때를 '약정'이라고 본다. 계약은 구두상으로도 성립하기 때문에 계약서를 쓰지 않았다 하더라도 당사자간의 합의가 있었다면 '계약의 성립'이 된 것이다. 그렇기에 임대인과 임차인이 '우리 계약하자'는 의사를 주고받고 계약에 대한 구체적인 내용들이 오갔다면, 바로 법적인 효력이 생긴다. 즉, 법적으로 규정한 의무가 발생하는 것이다.

3
가계약했다가 불이익을 보는 경우

가계약 관련 문제는 주로 가계약금을 지불했다는 것이 위에서 보았던 '계약의 약정' 조건인 "나 계약할래~!"라는 의사 표시를 한 것으로 여겨지기 때문에 발생한다. 여기에서 '계약금'의 기준은 원칙상 별도의 약정이 없다면 '전체 계약금'을 말한다. 즉, 임차인이 단순히 기납입한 가계약

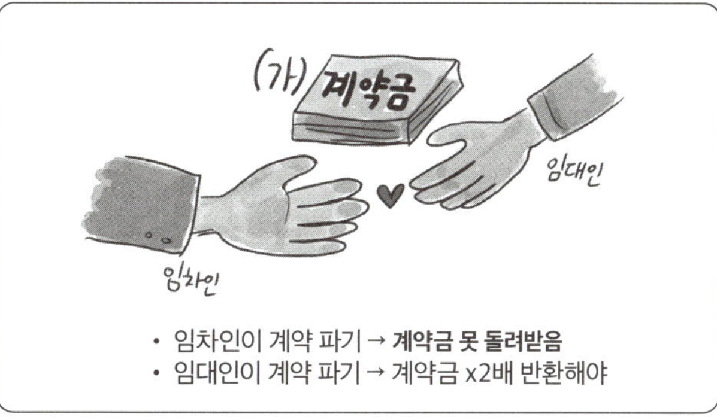

- 임차인이 계약 파기 → **계약금 못 돌려받음**
- 임대인이 계약 파기 → **계약금 x2배 반환해야**

▲ 계약 파기 시 계약금 환불

금만 포기한다고 해결될 문제가 아닐 수 있다는 것이다. 계약금은 통상 보증금의 10%로 보기 때문에, 10%를 기준으로 하는 것이 원칙이다.

계약 시 구체적인 계약의 내용이 특정되었다면, 계약의 해제 시 임대인은 전체 계약금의 2배를 돌려주어야 하고, 임차인은 전체 계약금을 기준으로 납입한 후 그 계약금을 기준으로 해제가 가능하다. 따라서 위에서 언급했듯 가계약금 혹은 계약금의 일부를 지급했더라도 반드시 "해제 시 기납입한 금액을 기준으로 반환한다."라는 조건을 붙여야 한다. 2배 배상도 마찬가지로 '기존에 입금한 금액을 기준'으로 하고 그 금액을 위약금, 손해배상금으로 대체한다는 내용을 명시해주어야 2차 문제가 발생하지 않는다.

01 계약이 파기될 경우 문제될 수 있는 비용

- 계약 파기 시에 **계약금을 반환**해야 하는데, 판례에 따르면 파기된 계약이 얼마나 구체적으로 진행되었는가에 따라 기존에 납입한 계약금이 아닌 '전체 보증금의 10%'를 기준으로 볼 수도 있다.

- 즉, 납입한 계약금이 60만 원, 보증금이 1,000만 원이라면, 계약을 파기했을 때 반환해야 하는 금액이 60만 원이 아닌 100만 원 (보증금의 10%)이 될 수도 있다는 것이다.

02 이런 문제점을 방지하기 위해, 관련 특약을 작성할 때 '기납입한' 계약금임을 명시하는 것도 좋은 방법이다.

4

가계약
왜 하게 될까?

가계약이 이렇게 위험한(?) 것인데, 어쩌다가 가계약을 맺는 것일까? 주로 다음의 이유로 잘 알지도 못한 채로 가계약금을 넣어버리고는 한다.

왠지 가계약금의 뉘앙스가 '가(짜) 계약' 같고 '진짜 계약'은 아닌 듯해서, 또는 '가계약금'을 넣고 마음에 든 집을 붙잡아두기 위해서, 나중에 진짜로 계약하지 않더라도 돌려받을 수 있을 것이라는 생각인 경우가 많다.

게다가 가끔 중개인이 '집이 빨리 빠지면 놓치게 되니 가계약금이라도 얼마 걸어두라', '실제 계약이 아니기 때문에 돌려받을 수 있다'며 가계약금을 권유하는 사례도 있다.

물론 실제로 좋은 집은 경쟁이 치열하고, 생각보다 금방 계약이 성사되어 놓치는 경우도 자주 있다. 그렇다고 하더라도 가계약은 굉장히 신중하게 해야 한다.

가계약금은 사실상 법적으로 돌려받을 권리를 주장하기 어렵거나, 돌려받는다 하더라도 험난한 고생길을 거치게 될 수 있다는 점을 꼭 염두에 두자.

핵심 포인트

가계약금을 거는 이유
① 당장에 계약금이 없다
② 중개업소에서 이 집은 금방 나갈테니 가계약금이라도 걸어두라고 권유한다
③ 가계약금을 돌려받을 수 있을 것 같다
④ 당장 계약할 상황은 안 되는데, 마음에 든 집이 금방 나가버릴까 봐 급한 마음이 든다
⑤ '정식 계약이 아니니 괜찮겠지'라는 마음이 든다
⑥ 집주인이 부재중이다 (해외 체류중이라던가)

가계약의 개념을 기억하자

✅ 가계약은 마음에 든 집을 놓칠까 봐 일종의 '찜'을 하는 것.

✅ 가계약금과 계약금의 일부의 개념 차이는 '계약을 얼마나 구체적으로 확정했는가'이다.

✅ 가계약금은 원칙적으로 돌려받을 수 있지만, 계약금의 일부는 돌려받을 수 없고 해제 시 전체 계약금을 기준으로 하는 것이 원칙이다. 따라서 납입한 계약금을 반드시 돌려받을 수 있는 것이 아니기 때문에 '반환의 기준'을 설정하는 것이 핵심이다.

5

가계약금 넣고
후회하는 케이스

가계약 왜 후회하게 될까?
① 조급한 마음에 한 결정이라서
② 이후에 더 좋은 집이 나타나서
③ 정말 예상치 못한 변수가 생겨서

그렇다면 어떤 상황에서 가계약금을 넣고 나서 '후회하게' 되는지 알아보자.

반대로 말하면 이런 케이스에 해당하지 않는다면 마음에 든 집을 놓치지 않기 위해 빨리 '침 발라놓기' 하는 의미에서 가계약금을 넣는 것이 필요할 수도 있다.

첫째로, '가계약을 하고 난 이후에 본 집이 그 전보다 훨씬 괜찮은 경우'다. 집 A를 보고 나서 덜컥 가계약금을 넣었는데, 그다음에 본 집 B가 훨씬 더 마음에 들더라도 울며 겨자 먹기로 A로 계약해야 한다(그게 아니면 A에 대한 가계약금을 포기 해야 한다).

다음은 '예상치 못한 변수가 생기는 경우'다. 집 A에 들어가는 모든 비용을 다 감당할 수 있을 줄 알고 가계약금을 넣었는데, 이후 비용이 마련되지 않으면 해당 계약을 취소해야 하니 가계약금으로 넣었던 돈을 날리게 되는 것이다. 마지막으로 가장 많은 유형으로는 '중개인의 다급한(?) 회유에 그 집을 놓칠까 불안한 마음에' 덜컥 가계약금을 넣는 경우에도 십중팔구 후회를 한다.

가계약은 '이 집이 금방 빠진다'는 상황적인 압박이 있더라도 최대한 그 자리를 벗어나 신중하게 고민해본 후 100% 계약에 확신이 생긴 다음 진행해야 한다. 확신이 없는데 혹시 몰라 일단은 잡아두려는 마음이라면 진행하지 않는 것이 낫다. '나에게 가장 맞는 집을 꼭 만나게 될 것'이라는 생각으로 중심을 잡아보자.

6

가계약하기 전 체크리스트

이런저런 이유로 가계약금을 넣기로 마음을 정했다면, 가계약금과 관련한 '특약' 조항을 받아두는 것이 좋다.

이는 혹시라도 계약이 실제로 완료되지 않았을 때, 가계약금을 반환받을 수 있도록 하는 안전장치다.

가계약금을 넣기 전, 중개인에게 "○월 ○일까지 계약서 작성이 안 될 시, 매수인 □□□가 ◇◇은행으로 보낸 가계약금 30만 원은 ○일 다음 날 전액 매수인 계좌로 반환한다"라는 식의 내용을 문자로 남겨줄 수 있는지 물어보면 된다.

물론 이 가계약금 반환 특약은 임대인과 먼저 협의되어야 하는 부분이다. 즉, 임대인이 이를 거절하면 자신의 판단 하에 특약 사항 없이 그냥 Go를 해야 하는 것이다.

또한 가계약금을 송금할 때는 집주인(임대인)의 계좌번호로 보내야 한다. 당장 임대인과 연락이 닿지 않아 부동산 측에서 (호의로) 대신 송금을 해준다고 하더라도, 집주인 명의의 계좌번호로 직접 보내는 것이 안전하다.

가계약한다면 이것만은 확인하자

- ✔ 많은 집을 본 후에 '이 집을 계약해야겠다'는 확신이 드는가?
- ✔ 가계약금을 넣으려는 집이 재정적으로 안전한가?(근저당 등 살펴보기)
- ✔ 예상치 못한 상황으로 계약을 끝내지 못할 경우 안전장치(예: 특약사항 등)를 확보할 수 있는가?
- ✔ 가계약금 입금 대상과 계좌번호 등이 '집주인'이 맞는가?
- ✔ 중개인 등이 독촉해서가 아닌, 여유와 중심을 가지고 고민해본 후 내린 선택인가?

01 가계약금은 원칙상 돌려받을 수 있지만, 일반적으로 법의 논리대로 진행되지 않는 것이 실무의 현장이다. 따라서 '단순 변심에 의한 계약해제'에 해당하면 보통 돌려받지 못한다는 일반화된 기준이 많다. 이럴 경우를 대비해서 '~~로 인한* 계약 해제 시, 기 납입한 계약금은 반환하기로 한다'는 약정을 넣으면 안전할 수 있다.

*~로 인한'의 예

대출이 불가능하거나 추후에 하자가 발견됐을 경우, 입주 일자 협의가 안될 경우, 주차가 가능하다고 했으나 안 될 경우 등

02 계약금을 임대인 계좌번호로 보낼 때 명의자가 여러 명이라면, 반드시 공인중개사에게 **'지정계좌'**를 물어서 해당 계좌로 입금해야 한다. 또는 각각의 명의자 계좌로 해당 지분만큼 입금하는 것도 가능하다.

[예] 계약하려는 아파트의 명의자(주인)가 2명, 각 지분이 50%씩이라면?

- 원칙은 각각의 명의자 계좌로 지분만큼인 계약금의 1/2씩 송금한다. 이때 임대인의 '지정계좌'라는 단어를 쓴다면 특정 계좌로 공동 명의자 지분 모두를 수령하겠다는 의미를 합의한 것으로 본다. '지정계좌'라는 단어가 중요하다.

- 또는 명의자가 여럿인 경우 관리인을 지정했다면, 그 관리인 명의의 계좌로 이체하는 것도 가능하다.

03 단, 특약에 반드시 해당 관리인이 '임대인이 지정한 공식 관리인임'이 명시되어야 한다는 점을 잊지 말자.

7

가계약, 법적으로는 어떤 의미일까?

'가계약'은 법률에 명시되어 있지 않은 단어다. 실무상에서만 사용하는 단어지만 앞서 말한 것처럼 계약금의 일부와는 확연히 다르다. 즉, 가계약도 계약은 성립했다고 보지만 그 성격에 따라 가계약금으로 판단해 원칙적으로 반환이 되는지, 구체적인 계약의 내용으로 판단해 '계약금의 일부'로 보는지가 핵심이다.

✔체크 포인트

☐ 가계약금은 '이 집이다!'라는 확신이 들 때 넣기.

☐ 가계약금 송금은 반드시 집주인(임대인) 계좌번호로.

☐ 부득이하게 계약이 완료되지 않을 경우에 대비해 가계약금 반환에 대한 내용을 문자 등을 기록으로 남기기.

만약 대상 매물과 관련해 중요한 내용이나 계약의 중요한 부분(어떤 집인지(집 주소), 집의 크기, 금액 등을 의미)이 서로 오고간 상태에서 가계약금을 넣는 경우, 이는 가계약이라기보다는 '정식 계약인데 계약금을 조금만 넣은 것'이라고 보는 것이 더 맞는 말이다.

8

'꺼진 불도 다시 보기'

고전적인 불조심 표어 중에 "꺼진 불도 다시 보자"라는 말이 있다. '이미 다 된 것 같은 일도 한 번 더 확인하고 넘어가자'는 격언 중의 격언인데, 이는 부동산 전/월세 계약에도 적용되는 말이다.

계약서에 쓰인 내용들을 되돌리기란 절대 쉽지 않기 때문에 실제로 계약서를 쓰기 전 중요하고 세부적인 것들은 반드시 짚고 넘어가는 과정이 필요하다.

03

"싸고 좋은 집은 없다"라는 말이 있다. 물론 100% 맞는 말은 아니겠지만, 이런 격언(?)이 있는 이유는 바로 시세 대비 싸고, 넓고, 좋은 집이라고 해서 무턱대고 좋아라 할 것이 아니라 경계해야 하는 집들이 있기 때문이다. 특히 사회초년생을 비롯한 1인가구가 많이 거주하는 '원룸'에 해당하는 집 중 많은 유형으로, '집인데 집이 아니에요'가 적용되는 집을 비롯해 다양한 주택의 종류에 대해 알아보자. 이런 집들은 계약을 하기 전에 특별히 조심해서 봐야 한다.

주택의 종류와 개념

근린생활시설
이란

계약하기 전 특히 주의해야 하는 집의 유형 중에 '근린생활시설'이라는 것이 있다.

줄여서 보통 '근생'이라고 많이 부르는 근린생활시설은, 대략 서류상 '업무용, 사업용도' 시설을 의미한다. 더 쉽게 말하면 간판이 있는 '사업용, 업무용 사무실 또는 매장, 가게 등'이다.

법적으로는 건축법에서 정한 '건축물의 유형' 중 하나다. 참고로 건축법에서는 건축물 용도에 따라 28가지 유형을 정해놓고 있다(묘지 관련 시설을 포함해 숙박시설, 공장, 동식물 관련 시설 등 생각보다 흥미로운 유형들이 있다).

건축물의 종류

〈건축법 제2조 2항〉

건축물의 용도는 다음과 같이 구분하되, 각 용도에 속하는 건축물의 세부 용도는 대통령령으로 정한다.

1. 단독주택　　● 자취집에 일반적으로 해당하는 유형	(중략)
2. 공동주택	⋮
⋮	13. 운동 시설
3. 제1종 근린생활시설	14. 업무 시설
4. 제2종 근린생활시설　● 계약 시 주의 필요!	15. 숙박 시설
5. 문화 및 집회시설	⋮
6. 종교시설	26. 묘지 관련 시설
⋮	27. 관광 휴게 시설
	28. 그 밖에 대통령령으로 정하는 시설

보통 자취생이 하는 부동산 계약은 28가지 유형의 건축물 중 1번과 2번의 '주택'을 대상으로 하는 계약이다.

'건축물의 유형 28가지' 리스트를 보면, 1번과 2번의 '단독주택', '공동주택'과 3번과 4번의 '제1종, 제2종 근린생활시설'이 명확하게 구분된 것을 볼 수 있다.

근린생활시설의 종류

근생 1종과 2종

핵심 포인트

근생 1종

주민 생활에 없어서는 안 되는 필수시설

(예: 소매점, 미용실, 동네 치과의원, 보건소, 마을회관, 전기차충전소 등)

근생 2종

1종보다 조금 더 큰 규모의 시설, 취미 생활, 편의 관련 시설 등

(예: 다중생활 시설(고시원 등), 음식점, 교회/절/성당 등 종교시설, 노래방 등)

근린생활시설 건물은 1종과 2종으로 나뉘는데, 사용 및 승인이 가능한 업종별로 분류를 해놓았다고 보면 된다.

❶ 전세대출 불가한 집의 비밀 (집은 맞지만 주택은 아니다)

네이버부동산에서 매물을 찾다 보면 가끔 '어, 가격 좋은데?' 싶은 집들이 있다. 주변 시세보다 훨씬 싼 데다 평수도 넓어서 운이 좋다는 생각에 설레서 클릭하면 이런 문구를 볼 수 있다. "전세대출은 불가능합니다."

물론 전세대출을 받지 않아도 되는 상황이라면 계약을 고민해볼 수도 있겠지만, 무턱대고 계약을 하기 전에 '왜 전세대출이 안 된다고 하는지' 이유를 확실히 알고 있어야 한다.

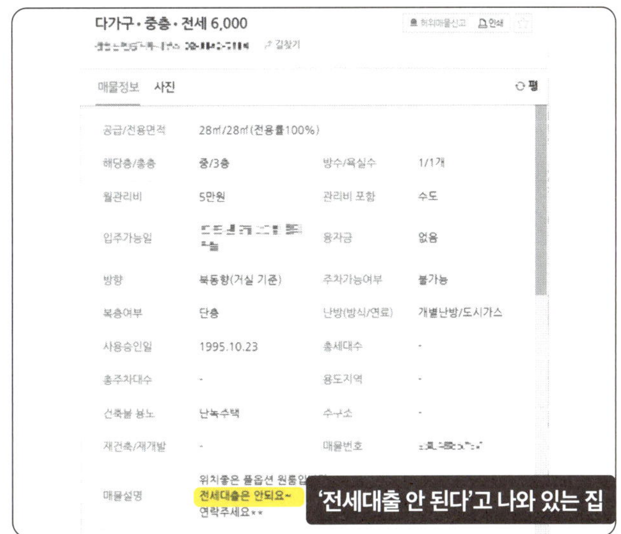

▲ 전세대출 불가능을 명시한 매물 사례

앞 사례와 같이 전세대출이 불가능하다고 하거나 전입신고가 안 된다고 하는 매물을 본다면 '혹시 이 집이 사실은 근린생활시설 건물이 아닐까'라는 합리적 의심을 해볼 수 있다.

1. 자동차 관련 시설군	자동차 관련 시설
2. 산업 등 시설군	공장, 운수 시설, 창고 등
3. 전기통신 시설군	방송통신, 발전 시설 등
4. 문화집회 시설군	종교 시설, 관광휴게 시설 등
5. 영업 시설군	판매, 운동, 숙박, 제2종 근린생활시설 중 다중생활 시설, 고시원
6. 교육 및 복지 시설군	의료, 교육연구, 야영장 등
7. 근린생활 시설군	제1종, 제2종 근생, 다중생활시설 제외
8. 주거업무 시설군	단독주택, 공동주택, 업무시설, 군사시설 등
9. 그 밖의 시설군	동식물 관련 시설 등

▲ 건축법상 건축물 유형군 (29개 용도 9개 시설군 「건축법」 제19조 제4항 및 「건축법 시행령」 제14조 제5항

우리나라 건축법에 따르면 모든 건축물은 정해진 용도에 맞게 용도별로 설정된 세부 기준을 충족해야 하는데, 계단 위치, 창문의 크기, 위급 시 탈출 통로 등의 세부적인 내용들이 건물(의 용도)에 따라 조금씩 달라진다. 건축물 유형 표를 보면, 애초에 '근린생활 시설군'은 '주거업무 시설군'과 속한 그룹이 다르기 때문에 건물을 지을 때 충족해야 하는 기준들도 달라진다. 예를 들어, 7번 '근린생활 시설군'에 속하는 건물에는 취사시설(부엌)이나 바닥 난방 등을 설치할 수 없는 반면, 8번군에 속하는 일반 주택과 다

로게 조금 더 높은 층수까지 지을 수 있고, 주차 공간에 대한 의무도 덜하다.

그런데 만약 취사시설도 완벽하고, 난방도 되는 집이 있다면? 그 집은 법적으로는 주택이 아닌 '근생'에 해당하는 건물이지만, 마치 '주택' 건물인 것처럼 용도를 임의로 쓰고 있을 가능성이 높다는 의미이다.

01 근생주택의 경우 전입신고는 필수다.

임차인 입장에서는 가장 확실한 보호 방법이다. 집주인이 전입신고가 안 된다고 할 경우 극단적으로는 '사업자등록'을 해 근생 주택의 용도에 맞게 하면서도 확정일자를 '상가' 명목으로 받는 방법도 있다.

02 또는 집주인이 전입신고를 반대할 경우 '전세권 설정 등기'를 하는 방법도 있다. 전세권 설정, 전입신고 어느 것에도 집주인이 동의하지 않는다면 앞서 설명한 것처럼 사업자로 등록해 상가임대차보호법상의 보호를 받거나, 이도 어렵다면 보증금 보호장치가 없어 아주 소액의 보증금을 걸지 않는 한 계약을 하지 말아야 한다.

핵심 포인트

근린생활시설에 전세대출이 안 나오는 이유
전세대출은 주택에 대해 다른 대출보다 '저렴한 이자'로 받을 수 있는 대출이다. 한편 근생이지만 몰래 '주택' 용도로 쓰고 있는 집은 사실 주택이 아니다. 때문에 애초에 전세대출이 성립할 수 없다.

❷ '근생' 원룸에 전세대출 안 나오는 이유

때문에 아무리 평범한 원룸처럼 생겼더라도 그 집이 '근생' 건물이라면 애초에 용도가 맞지 않게 건물을 지은 후 '주택'인 척하고 사용하고 있는 것이기 때문에 원칙적으로는 불법에 해당한다.

해당 건물이 건축법상 무엇에 해당하는지는 서류상 확인(건축물대장 등)이 가능하므로, 대출 심사 과정에서 은행이 대출을 승인할 리가 없는 것이다.

게다가 전세대출은 원래 '주택'에 대해 나오는 대출이니, 외관상으로는 보통의 집과 아무 차이가 없더라도 '근생'으로 등재된 건물과 전세대출은 양립할 수 없다.

근생 집에서 살게 되었을 때 일어날 수 있는 일

전입신고와 확정일자를 받으면, **주택임대차보호법에 근거해 보호를 받을 수는 있다.**

하지만 월세 세액공제는 대상이 되지 않고 전세금 반환보증 가입 또한 어렵다.

전입신고가 안 된다면 보호장치가 아무것도 없다. 보증금이 너무 높으면 다음 세입자도 현금으로 들어와야 하기 때문에 만기 시 나갈 상황도 고려해 여러모로 보증금을 낮게 진행해야 한다.

근생 집 전입신고를 집주인이 반대하는 이유

세입자가 전입신고를 하면 해당 건물이 관할 지자체에 '주거용'으로 등록된다. 그러면 집주인은,

- 해당 건물을 원래 용도에 맞게 원상 복구해야 한다.
- 시세와 면적 등 다양한 요소를 곱한 합계의 10%에 해당하는 이행강제금을 벌금으로 내야 한다.
- 보통 절세(라고 쓰고 탈세라고 읽는)를 위한 이유로 근생건물을 보유하고 있다가, 세금을 부과받는다. 따라서 전입신고를 반대할 수밖에 없는 것이다.

1. 근린생활시설로 등재된 집에 살고 있다면

그렇다면, 이런 집을 계약했거나 이미 살고 있다면 어떻게 해야 할까?

근생 집이라고 하더라도 세입자가 전입신고와 확정일자를 받으면 주택임대차보호법에 근거해 보호를 받을 수는 있다. 사실상 주택이 아닌 불법건축물이지만, 임차인 보호를 위한 일종의 예외로 대항력은 인정해주는 것이다.

다만 전입신고 자체가 쉽지 않을 수 있다. 이런 주거용 근생 집들에 '전입신고 불가함'이라는 조건이 붙는 경우가 많은데, 보통 집주인이 전입신고를 반대하는 경우가 대부분이다.

집주인 입장에서는 임차인이 전입신고를 할 경우 이를 기준으로 실 용도를 판단하기 때문에 주택 수가 추가됨으로써 다주택자가 될 수 있기 때문에 전입신고를 거절하는 경우가 많다. 이것이 업무용 오피스텔 등에 전입신고가 안 되는 곳이 많은 이유다.

2. 안 들키니 괜찮다며 계약하자는 말을 듣는다면

애초에 계약할 때 전입신고가 되는지 여부를 물어보고 계약 여부를 결정하는 것이 좋다.

가끔 근생 건물에 대해 "전입신고를 하지 않는 대신 월세를 싸게 해주겠다" 등의 '딜'이 들어오는 경우가 있다. 이럴 때는 불법 건축물인 것을 알면서 계약을 진행한 것도 문제가 될 수 있을 뿐만 아니라 법적으로 '구멍'이 있는 곳에서 살면서 혹시라도 발생할 수 있는 문제들에 대해서 항상 불안하게 살아야 하기 때문에, 가격이 아무리 솔깃하더라도, 이왕이면 '법적으로 깔끔한' 집을 선택하는 것이 낫다.

01 근생주택을 계약하고자 한다면 보증금을 최대한 줄여보자. 다음 세입자도 대출 없이 들어와야 하기 때문이다.

특약에 "서류상 근린생활시설로써 임차인은 주거용으로 거주함을 확인하고 계약한다" 라고 적어달라고 하는 것도 방법이다. 그 이유는 추후 문제가 생길 경우 임대인이 '본인은 근생으로 계약했는데, 임차인이 무단으로 주거용으로 쓰고 있다'고 우길 가능성을 차단하기 위해서이다.

3

주택의 종류

가끔 지하철을 타고 가다 보면 '청○리 해○턴 플레이스 - 최고의 아파텔 투자!' 같은 분양 홍보 문구를 볼 수 있다. 아파트는 알겠고, 오피스텔도 대충 알겠는데, '아파텔'은 뭘까?

이 물음에 정확하게 답하기 위해서는 생각보다 세상에 '집'을 부르는 이름이 다양하다는 사실을 알아야 한다. 주택의 종류는 생각보다 굉장히 다양하다.

빌라, 오피스텔, 원룸, 단독주택, 셰어하우스 등 그동안 들어봤던 부동산 이름들 모두 주택이 될 수 있다.

이런 것들까지 다 세세하게 알아야 하나 싶을 수 있지만, 내가 계약하는 주택의 종류에 따라 주의하거나 신경 써야 하는 점이 달라지기 때문에, 대강이라도 알아놓는 것이 좋다.

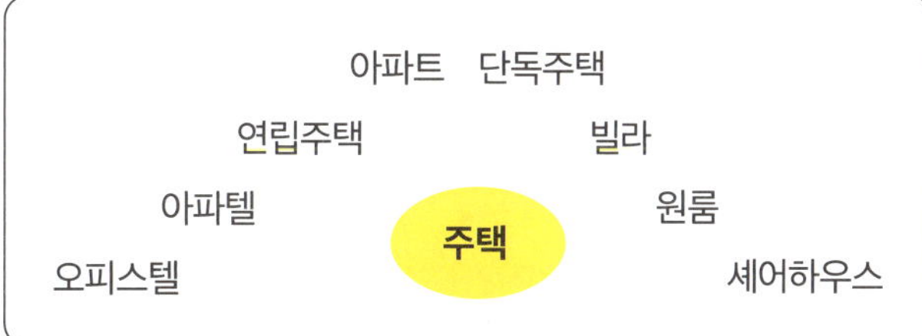

▲ '집'이라 부르고 건축물상으로는 '주택'에 해당하는 다양한 집의 형태들

① 주택의 뜻

주택은 쉽게 말하면 주거용으로 지은 건물, 즉 '장기간 독립된 주거 생활을 할 수 있는 건축물'을 의미한다.

그러면 '주택=집인가?'라는 물음에 대해서는, 엄밀히 따지면 같은 개념은 아니다. 세상의 '집' 중에는 '주택이 아닌 집' 들도 있고, 이런 집은 조심해야 한다.

자취를 하며 계약하는 집은 보통 '주택법'에서 정한 **'단독주택'**, 그리고 **'공동주택'의 두 가지 그룹** 가운데 하나에 속한다.

② '단독주택'의 3가지 유형

첫 번째 그룹, '단독주택'은 1세대가 하나의 건축물 안에서 독립된 주거 생활을 할 수 있는 구조로 된 주택을 의미하는데, 가장 큰 특징은 그 건물에 '하나의 소유권'만 해당되어 있다는 것이다.

주인이 1명이라는 뜻은 아니고, 법적인 권리가 한 덩어리뿐이라고 이해하면 된다.

'단독주택' 이란

「주택법 제2조2」"단독주택"이란 1세대가 하나의 건축물 안에서 독립된 주거 생활을 할 수 있는 구조로 된 주택을 말하며, 그 종류와 범위는 대통령령으로 정한다.

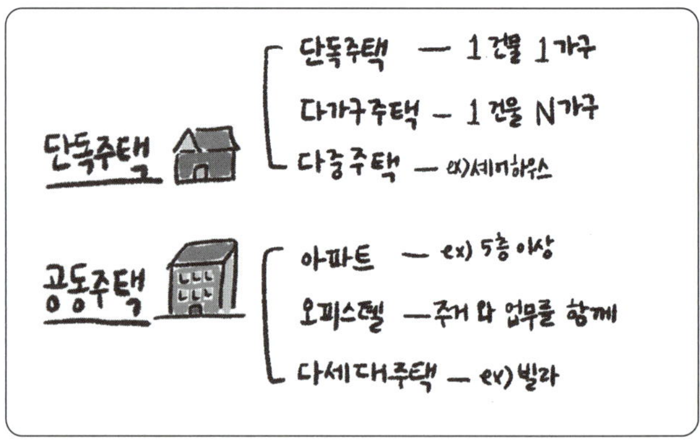

▲ 주택의 종류 개념도

> **주택법**
>
> [시행 2022. 8. 4.] [법률 제18834호, 2022. 2. 3., 일부 개정]
>
> 제2조(정의) 이 법에서 사용하는 용어의 뜻은 다음과 같다.
>
> 1. "주택"이란 세대世帯의 구성원이 장기간 독립된 주거 생활을 할 수 있는 구조로 된 건축물의 전부 또는 일부 및 그 부속 토지를 말하며, **단독주택과 공동주택**으로 구분한다.

▲ 〈마이 리틀 텔레비전〉 '집 구하기 노하우' 방영분 참고자료

단독주택 그룹에는 3가지 세부 유형이 있는데, 바로 '단독주택(그룹명과 이름이 같다)', '다중주택', '다가구주택'이다. 이 중에 다중주택과 다가구주택을 계약할 때는 조금 더 주의를 기울여야 한다.

1. 단독주택

건물 하나에 딱 1세대만 살고 있는 집.
정확하게는 '독립된 주거 생활이 가능한 1가구(세대)가 사는 주택'을 의미한다. '한 지붕 한 가족'을 생각하면 이해가 쉽다.

2. 다중주택 `Check`

화장실을 공동으로 사용하는 '셰어하우스'나 '하숙집'을 연상하면 된다.
정확한 뜻은 '학생 또는 직장인 등 여러 사람이 장기간 거주할 수 있는 구조로, 독립된 주거 형태가 아닌 주택'을 의미한다. 방은 여러 개일 수 있지만 방마다 별도의 취사시설(부엌)을 만드는 것이 금지되어 있다는 점이 특징이다(단, 공동 부엌은 가능하다).
다중주택은 조금 더 주의해서 봐야 하는데, 만약 멀쩡한 원룸처럼 생겼는데 법적으로는 '다중주택'이라고 되어 있

고 별도의 부엌이 있다면 불법 개조에 해당할 가능성이 높으니 주의해야 한다.

3. 다가구주택 `Check`

'한 건물에 여러 가구가 살고 있는 주택'. 단 '소유권이 1덩어리'여야 한다.

1건물 안에 여러 세대가 거주 가능하며, 세대별로 독립 생활이 가능하다(즉, 주방과 화장실을 따로 설치할 수 있다). 다가구주택을 계약할 때는 '선순위 세입자'를 잘 따져봐야 한다.

옆의 '사랑방 손님과 어머니' 사례에서, 만약에 어머니의 집이 사업 실패로 경매에 넘어간다면, '손님1', '손님2', '손님3'이 맡긴 보증금의 안전은 '누가 선순위인가'에 따라 보장받는다.

예를 들어, '손님3'이 가장 나중에 계약한 세입자라면, 운이 안 좋을 경우 경매대금 중 남은 것이 없어 보증금을 되돌려받지 못할 수도 있다. 이는 다가구주택의 특성상 건물에 여러 세대가 살 수 있지만, 소유권은 하나에 해당한다는 점 때문에 발생하는 일이다.

❸ '공동주택'의 3가지 유형

두 번째 그룹, 공동주택은 한 건물 안에 벽, 복도, 계단, 엘리베이터 등 공동으로 사용하는 공간이 있으면서, 여러 세대가 각각 독립적인 주거 생활을 할 수 있는 주택을 의미한다. 보통의 아파트, 빌라 등이 해당하고, 오피스텔 역시 엄밀하게는 준주택이지만 공동주택과 비슷하다. '단독주택'과 '공동주택'의 큰 차이점은 해당 건물에 하나의 소유권만 있는지, 아니면 세대별로 별도의 소유권과 등기가 가능한지 여부이다(즉, 소유주가 호수별로 다르거나 호수별로 구분해 매매가 가능한가의 여부이다).

핵심 포인트

소유권이 1덩어리(?) (= 가구별로 개인 소유는 불가능하다는 뜻)
수능 언어영역에 나오는 유명한 지문 중에 '**사랑방 손님과 어머니**'라는 작품이 있다(주인공의 어머니가 손님에게 방 한 칸을 세주고 일어나는 일에 대한 이야기이다). 이때 '**어머니**'가 주인집(임대인)이고, 어머니 집에 '사랑방'이 여러 채라 **사랑방1, 사랑방2, 사랑방3**...을 손님1, 손님2, 손님3... 등에게 월세나 전세를 받고 살게 해준다고 치자.
이때 만약 어머니의 집이 **다가구주택**이라면, 그 집의 소유권은 1덩어리로 모두 '어머니'에게 속하기 때문에 사랑방을 따로 분리해서 매매(분양)를 하는 것은 불가능하며, 사랑방에 사는 손님들은 모두 '어머니'라는 한 임대인과 계약을 맺게 되는 것이다.

▲ 공동주택의 개념

아파트, 빌라 vs 오피스텔 선택 시 생각해볼 점

빌라, 아파트 및 오피스텔을 두고 어느 집에서 살 것인지 선택할때에는 업무용 오피스텔의 경우 부동산 중개보수가 더 높게 적용되고 (0.9%), 같은 평수여도 아파트나 빌라 같은 건물에 비해 더 좁을 수 있다는 점, 그리고 관리비가 많이 나올 수 있다는 점 등을 염두에 둬야 한다.

1. 아파트

아파트는 간단하게 '보통 생각하는 그 아파트'를 생각하면 된다. 법적으로 아파트는 층수가 5층 이상인 건물에 해당한다(예외적으로는 5층 이하여도 아파트일 수 있다).

2. 오피스텔 Check

주거와 업무를 함께 할 수 있도록 만들어진 주택으로, '주거용 오피스텔'이어야 집처럼 쓸 수 있다.

아파트와의 차이는 건물 면적이 (여러 법적인 기준 때문에) 아파트에 비해 좁다는 점, 오피스텔은 주택법이 아닌 건축법 적용을 받는다는 점 등인데, 사실 자취하는 입장에서 중요한 건 따로 있다.

3. 다세대주택 Check

보통의 '빌라'가 다세대주택이며 4층 이하의 건물을 의미한다.

세대별로 소유와 등기가 가능하고 비슷한 건물로는 '연립주택'이 있다(연립주택도 공동주택의 한 유형이지만, 둘의 차이는 연립주택이 조금 더 넓은 면적의 기준을 차지하고 굳이 몰라도 된다).

다가구주택 vs 다세대주택 어떻게 구분할까?
보통 다가구주택과 다세대주택을 많이 헷갈리는데, **다가구주택 = 단독주택, 다세대주택 = 공동주택** 이라는 점을 기억하자(호수별 구분 등기가 가능한 것이 공동주택이다).

❹ 그래서, '아파텔'이란

처음 시작할 때 질문이었던, '아파텔'은 뭘까?'로 돌아가보자면, 결론적으로 아파텔은 아파트스러운 느낌을 한 스푼 첨가한 '오피스텔'이다.

건축허가는 주거용 오피스텔로 받았지만 여러 기준을 적용받아서 기존의 원룸형 오피스텔보다 큰 2룸, 3룸까지 가능하도록 만든 오피스텔을 아파텔이라고 부르는 것이다.

이처럼 '집의 이름'을 가지고 장난(?)을 치는 경우도 있지만 일단 법적으로 정해놓은 주택의 종류들을 명확히 알고 있으면 헷갈리지 않을 것이다.

현직 공인중개사의 심화 노트

**주택임대사업자?
임대차 3법? 신탁회사?
더 알아두면 좋은
법률 상식**

주택을 구할 때는 임대인이 주택임대사업자인지 확인해야 한다. 임대사업자는 보통 주택임대사업자와 일반임대사업자 두 종류로 나뉘는데, 두 종류의 차이를 알면 계약 시 도움이 된다.

❶ 주택임대사업자

'민간임대주택에 관한 특별법'에 따라 공공주택 사업자가 아닌 사람으로, 주택을 임대하는 사업을 할 목적으로 1채 이상의 민간임대주택을 가지고 있는 사람을 의미한다. 이들은 취득세, 재산세, 종합부동산세 또는 법인세, 양도소득세 등의 세금 혜택을 받는 대신 임대인의 의무 규정을 반드시 준수해야 한다.

❷ 일반임대사업자

상가나 오피스텔을 매입해서 '업무용으로 임대할 목적'으로 등록한 사업자를 의미한다. 주택임대사업자와 같은 의무 규정은 없지만, 자신이 매입한 공간을 주거용으로 쓸 수는 없기 때문에 일반임대사업자 소유의 오피스텔에 입주하게 되면 전입신고가 불가능하다.

일반임대사업자는 쉽게 말하면 '사업자'로서 임대를 업으로 하는 개인사업자라고 보면 된다. 거래를 하면 계산서를 발행하는 것이 원칙이기에 매월 부가세에 대한 세금계산서를 발행해주기 위해 보통 사업자를 내는 것이다.

❸ 주택임대사업자라면 반드시 지켜야 하는 임대차 3법

2020년 7월, 국토교통부는 계약갱신요구권(청구권으로도 많이 쓰는데 정식 용어는 요구권이다), 전월세상한제, 전월세신고제 등을 포함한 '주택임대차보호법'에 따른 임대차 3

법을 새롭게 내놓았다. 이는 임차인의 주거 안정성을 높이고, 임대인으로부터 부당한 권리 침해를 받지 못하도록 만든 법이었지만, 임대 기간을 최소 4년 동안 유지해야 하고 임대료도 5%밖에 올리지 못하는 등의 제약으로 임대인들의 큰 반발을 불러일으켰다. 이 때문에 아파트 전세 매물이 크게 줄었고, 전세를 구하지 못한 세입자들이 빌라로 몰리면서 빌라 전세가 늘어났다. 한편에서는 이를 빌라 전세 사기 사태의 주범으로 몰기도 한다. 그렇다면 임대차 3법의 주요 내용은 무엇일까?

1. 계약갱신요구권

임대인들이 가장 부담스러워하는 조항은 '계약갱신요구권'이다. 이는 말 그대로 임차인이 집주인에게 한 번 더 재계약을 요구할 수 있는 권리인데, 전세 계약이 보통 2년 단위이므로 세입자가 이 권한을 행사하면 기본 4년까지는 살 수 있게 된다. 단, 세입자가 주택을 사용할 수 없을 만큼 훼손 또는 손상하거나 임대인이 보상을 제공하는 조건으로 서로 합의하거나 임대인 또는 임대인의 직계존비속(부모, 자녀)을 포함해 실거주하는 등 9가지 사유에 해당할 때는 계약갱신요구권을 거절할 수 있다. 세입자가 계약갱신요구권을 사용할 때는 계약 만료일 2개월 전까지 요구해야 하고, 만약 임대인이 이를 거절하고 싶다면 6~2개월 사이에 정당한 거절 사유를 통지해야 한다. 단, 주택임대사업자는 실거주 요건으로 거절할 수 없다.

2. 전월세상한제

위의 계약갱신요구권을 사용해 재계약하는 경우, 보증금이나 월세는 5% 이상 올릴 수 없다. 만약 이를 초과해 계약하면, 이는 전월세상한제 위반으로 초과하는 금액을 법적으로 돌려받을 수 있다. 주택임대사업자는 새로운 세입자를 받더라도 무조건 이전 계약의 5% 이내로만 인상할

최우선변제권

주택임대차보호법에 의해 임차주택의 경·공매 시에 소액임차인의 보증금 중 일정액을 다른 담보물권자보다 우선 변제받는 권리. 최우선변제권의 성립 요건을 갖춘 임차인은 낙찰가격의 1/2 범위 내에서 보증금 중 일정액을 가장 먼저 변제받는다.

수 있다. 단, 개인 임대인의 경우 새로운 세입자를 받을 때 전월세상한제의 제한을 받지 않는다.

3. 전월세신고제

이것은 계약 체결일로부터 30일 이내에 임대차 신고를 하도록 의무화한 규정으로, 현재는 2020년 공표한 이래 4년째 미신고에 대한 과태료를 유예하고 있지만, 법적으로 의무는 여전히 부과되어 있다. 임대인이나 임차인 또는 계약을 한 공인중개사는 계약 체결일로부터 30일 이내에 임대차 신고를 해야 하는데, 실무상에서는 보통 임차인이 전입신고 겸 직접 임대차신고를 하고 신고필증을 받는다.

2023년 2월 이후 서울시 기준 보증금이 1억 6,500만 원 이하인 경우 5,500만 원까지 최우선변제가 가능하다. 다만 근저당권 등 담보물권이 설정된 집은 근저당 설정 시점을 기준으로 최우선변제권이 적용되는데, 초보 중개사들은 이 부분을 놓치는 경우가 많으니 세입자라면 특히 주의해야 한다.

예를 들어, 2024년 7월에 계약을 하더라도 계약하려는 집의 근저당권이 2022년 10월에 설정됐다면, 2022년 10월 기준인 '보증금 1억 5,000만 원 이하인 경우 5,000만 원까지 최우선변제'가 적용되는 셈이다. 근저당권 설정 시점이 오래될수록 최우선변제금액이 줄어든다고 판단할 수 있다. 또한 전체 최우선변제금액은 주택가액**의 1/2 이내에서만 적용되므로, 주택가액이 현저히 저렴하거나 다가구주택처럼 1개의 등기로 여러 임차인이 거주해 최우선변제권자가 많을 경우 100% 보장받을 수 없다는 점을 유의해야 한다.

주택가액
주택을 매각했을 때 받을 수 있는 금액에 추가 보증금과 이자를 포함하고 비용을 제외한 실제 배당 가능한 금액.

민간 주택임대사업자는 '등기사항전부증명서' 갑구란의 '부기등기'에 "1. 소유권 xxx, 1-1 민간임대주택사업자 등록" 형식으로 등기하며, 표준임대차계약서라는 여러 장으로 된 계약서를 사용한다. 무엇보다 보증금이 현시점 기준 최우선변제권을 보장받을 수 있는 범위를 초과한 경우 임대인이 보증보험을 의무로 가입해야 한다는 점, 임대인이 임대차계약을 체결한 경우 별도로 신고해야 한다는 점 등의 특징이 있다.

또한, 임대등록시스템인 '렌트홈' 사이트(www.renthome.go.kr)를 방문해 임대인의 신원을 조회하면 전세 사기 위험에 대비할 수 있다. 여기에서는 임대료 인상률 계산과 임대사업자가 등록한 임대주택을 검색할 수도 있다.

임대사업자는 앞에서 살펴본 것처럼 계약 갱신 시 보증금이나 월세를 5%만 올릴 수 있다. 그런데 임대사업자가 보증금을 올릴 수 없으니, 인상률 제한이 없는 관리비를 많이 부과하는 방식으로 꼼수를 부리는 경우가 있다. 이에 2024년 7월 10일부터 공인중개사법 시행령 개정에 따라 중개대상물 확인·설명 의무가 강화되면서, 공인중개사들이 쓰는 중개대상물 확인·설명서에 관리비에 대한 세부 항목을 기재하도록 하고 있다. 또한 중개사에서 올리는 매물 광고에도 관리비의 세부 내역을 기재해야 하니 꼭 확인하자.

내가 계약하려는 집의 주인이 주택임대사업자인지 궁금하다면 인터넷 등기소에서 부기등기를 확인하면 된다. 등기부를 떼서 갑구에 '민간임대주택등기'가 되어 있고, '이 주택은 민간임대주택에 관한 특별법~'과 같은 문구가 있다면 집주인이 주택임대사업자라고 보면 된다.

이 정도만 알아두어도 임대사업자에 대한 대부분의 기본 지식은 갖추는 것이므로 꼭 숙지하도록 하자.

❷ 임대인이 신탁회사라면 주의할 것!

최근 전세 사기와 관련한 뉴스를 보다 보면 자주 등장하는 단어가 '부동산투자신탁회사'다. 주택임대사업자나 개임 소유 임대인이 아니라 신탁회사와 전세 계약을 맺는다는 것인데, 많은 사람이 신탁회사에 대해 잘 모르고 전세 계약을 맺었다가 피해를 입었다.

'신탁'이란 부동산을 소유한 사람이 수익이나 관리 목적으로 자신의 부동산을 타인에게 잠시 맡기는 행위를 말한다. 부동산에서는 주로 집 건축 비용을 마련할 목적으로 신탁했다가 대출을 모두 갚으면 집주인이 다시 부동산의 소유주가 될 수 있다. 예를 들어, 집 건축 비용이 50억일 때, 집주인이 대출받을 수 있는 금액은 20억, 신탁회사가 대출받을 수 있는 돈은 40억처럼 회사를 끼는 편이 더 큰 대출을 받기 쉬워 건설 비용이 큰 건축에서 주로 사용하는 방식이다. 예를 들면 오피스텔 건물 또는 빌라 등 많은 호수가 생기는 건물을 한 번에 준공하는 경우다. 아파트 역시 신탁회사와 진행하는 경우가 많지만 개별 소유자로 이전되는 과정이 깔끔해 문제가 생길 소지가 거의 없다. 문제는 다음과 같은 상황에서 발생한다.

계약 : 세입자 ⇔ 집주인
보증금 : 집주인 ⇻ 신탁회사

즉, 집주인이 실소유주인 신탁회사에 세입자의 보증금을 주지 않고 '먹튀' 하면 소유 권한이 없는 사람이 대리권을 받지 않고 계약하는 셈이라, 실소유주인 신탁회사가 퇴거를 명령했을 때 세입자는 보증금도 받지 못한 채 집에서 쫓겨날 수도 있다. 즉, 세입자가 대항력을 주장할 수 없는 것이다. 집주인이 신탁회사에서 받은 돈을 모두 갚고 소유권을 되찾아오면 문제가 없지만, 그렇지 않다면 문제가 발생한다. 하지만 신탁회사와 계약한다고 해서 모두 위험한 것은 아니다. 신탁의 종류에 따라 위험도가 현저히 낮아질 수 있다. 만약 신탁회사와 계약하게 된다면 반드시 '등기소'에 방문해 '신탁원부'를 발급받아보자. 신탁원부를 살펴보면서 다음 중 어느 신탁에 속하는지 확인하면 된다.

담보신탁	관리신탁	처분신탁
소유권 이전. 신탁회사를 통해 대출만 받는 가장 보편적 형태. 대출금만 갚으면 신탁회사와는 끝. 주로 원소유주와 계약. 셋 중 가장 위험도가 낮다.	소유권 신탁회사 이전. 소유권 + 관리까지 신탁회사 대리. 부동산으로 발생하는 수익도 배분. 신탁회사와 계약. 위험도 중간.	고가의 부동산 처분 시 법률적 문제를 해결하기 위해 신탁회사 위탁. 계약 매물 처분 예정이므로 가장 조심해야 한다.

▲ 신탁의 종류

신탁원부를 떼어보라고 하는 이유는 신탁과 수탁의 범위가 신탁원부에 자세히 나와 있기 때문이다. 신탁원부에는 신탁의 종류와 특약, 인정 범위 등이 자세히 기재된다. 그래서 신탁이 어렵다. 이 중 담보신탁은 비교적 위험도가 낮으므로 어쩔 수 없는 경우라면 담보신탁이 끼어 있는 집에 들어가는 것이 좋다.

또한 부동산 계약 시 특약에 '잔금 시 신탁등기 말소 후 원소유주의 소유권으로 귀속한다'는 내용을 명시하는 것도 필요하다. 추가로 '잔금 이후 원소유주인 신탁자의 명의로 이전되지 않을 경우 계약을 해지하고 이에 따른 손해배상을 진다'는 부분도 명시하는 것이 좋다. 그리고 신탁회사의 동의를 받아 진행하는 임대차계약이라는 점을 명시한 동의서를 첨부한다면 어느 정도는 안심할 수 있다. 이때 신탁회사의 동의서를 반드시 첨부해야 한다.

하지만 일반인이 이처럼 복잡한 부동산 특약이나 동의서를 진행하는 일은 쉽지 않다. 특히 사회초년생이라면 일반적인 부동산 계약에서도 실수하기 쉽다. 따라서 가장 좋은 방법은 신탁회사가 끼어 있는 집은 애초에 들어가지 않는 것이다. 그리고 신탁등기가 되어 있는 매물의 경우는 전세보다는 월세를 선택해 큰 재산을 잃는 일은 반드시 피해야 한다.

❺ 전입신고가 불가한 집을 계약해야 할 때

앞서 일반임대사업자에 대해 설명하면서 이들이 소유한 집은 전입신고가 어려운 경우가 많다는 이야기를 했다. 이런 집은 건축물대장에 주거용이 아닌 사무용, 즉 상가로 등록되어 있기 때문이다. 상가로 집을 등록하면 같은 면적에서도 용적률(대지 면적에 대한 건물 연면적, 즉 각 층의 바닥 면적을 합한 것의 비율) 및 건폐율(대지 면적에 대한 건물의 바닥 면적의 비율)을 더 활용할 수 있기 때문이다. 하지만 어쩔 수 없이 이런 집을 계약한다면 다음과 같은 방법으로 보호받을 수 있다.

1. 보증금을 최소화할 것 → 채권 공증

전입신고가 불가능한 집을 계약해야 할 때 가장 기본적인 안전장치는 보증금을 최소화하는 것이다. 전입신고가 안 되면 보호를 받을 방법이 없기 때문에 정 그 집에 들어가야 한다면 보증금을 최소한으로 한 월세로 계약하고, 추후 보증금을 못 받으면 집을 점유하고 보증금을 월세로 차감하는 방식으로 대항할 수밖에 없다. 물론, 전입신고가 안 되어 있기 때문에 계약서 등으로 증명하지 못한다면 불법 점유자가 될 수도 있다. 그러므로 계약서에 전입신고를 하지 않는 조건을 명시할 때 "임대인의 계약상 요구로 전입신고가 불가한 조건으로 인해 보증금을 반환하지 못할 시, 만기를 기점으로 법정 이자율에 따라 손해배상하며, 월 차임은 지불하지 않는다."와 같은 방식으로 특약을 기재해서라도 안전장치를 만들어두는 것이 좋다.

또한 추가적인 보완 방법으로 '공증'을 받아 이중 안전장치로 채권을 보호할 수 있다. 보증금을 보호받을 수 없으니 빌려준 돈(보증금)에 대해 공증을 받고, 이 공증을 토대로 추후 보증금을 반환할 수 없다면 법적인 조치를 취할 수 있음을 증명하는 내용으로 기재하는 것이다. 물론, 실제로는 최대한 적은 보증금으로 줄여서 계약하기 때문에 많이 활용하는 방식은 아니다. 공증비도 금액별로 정액 수수료가 있고, 수수료는 제안하는 사람이 부담하는 게 관례인데 보통 임차인이 요구하는 경우가 많아 사실상 임차인이 부담하게 된다. 물론 임대인이 지불하거나 반반씩 협의하는 경우도 있다.

2. 근저당 설정 또는 전세권 설정, 이때 비용은 세입자가 부담

보증금을 보호받을 장치가 없으니, 보증금이라는 힘이 약한 채권을 등기부에 등록할 수 있는 물권이라는 강한 힘으로 대체하는 것이 필요할 수 있다. 즉, 대외적으로 '내가 이 집에 살고 있다, 이 집 안에 나 있다'라고 공시하는 것이다. 등기부에는 찍을 수 있는 권리가 한정돼 있기 때문에, 그 방법으로 전세권이나 근저당권을 설정해서 임차인이 채권자임을 알려주는 방법을 사용한다. 다만 임대인의 동의가 필요하고 비용이 드는 등 실행하기는 어렵지만, 대안 중 하나로 같이 알아두면 좋다.

3. 사업자라면 사업자로 계약: '상가 건물 임대차보호법'에 따라 보증금을 보호받을 수 있으며 세제 혜택까지 가능

물론 위와 같은 경우는 실제로 사업장으로 사용하는 경우 등 매우 예외적으로 고려해야 한다. 상가 건물 역시 신탁회사가 주인인 집처럼 되도록 계약해서는 안 되는 매물이다. 전입신고가 되지 않으므로 본인의 거주지 등록이 이전 집으로 돼 있을 수밖에 없다. 거주지를 옮겨야 하는데 실제로 사는 곳에 전입신고를 하지 못하면 위장 전입이 되는 등 여러 법적인 문제가 발생할 수 있다.

❻ 업무용 오피스텔은 전입신고가 안 되는 집이 많은 이유가 무엇일까?

업무용 오피스텔의 건물주는 상업용 또는 업무용 목적으로 부동산을 보유한 것이다. 이는 건물주의 보유 주택 수에 포함되지 않는다. 그런데 전입신고를 하게 되면 서류상의 목적과 달리 실제로는 주거용으로 활용하고 있다고 보기 때문에 주택 수에 포함된다. 따라서 임대인이 다주택자로 구분되면서 세제 혜택이 줄어들거나 중과세를 부과받는 경우가 생긴다. 이 때문에 전입신고를 못 하게 하는 경우가 많은 것이다.

신축 아파트 중에서도 계약 시 전입이 불가하다는 조건을 거는 집들이 있는데, 이런 경우는 위의 이유와는 달리 임대인의 소득 신고 또는 다른 사람이 전입신고를 해야 한다거나, 의무 보유 기간이나 실거주 사유 등 규제 또는 제한되는 제도들 때문인 경우가 많다.

❼ 왜 근린생활시설 용도로 건물을 짓고 주택으로 세를 놓는 걸까?

용적률과 건폐율이 같다고 가정할 때, 근린생활시설로 짓는 건물은 주차 공간을 의무로 확보해야 하는 면적이 주거용 건물에 비해 현저히 적다. 그래서 그 면적만큼을 더 건물로 채울 수 있고, 이는 임대수익률로 이어질 수 있다. 그래서 임대를 목적으로 건물을 짓는 경우 근린생활시설로 준공하는 경우가 많다.
또한 건물을 매도할 때 수익률 계산을 기준으로 매도하기 때문에 수익률 부분도 더 높을 수 있고, 추후 매도 시 주택 수 산입에도 근린생활시설의 용도가 유리한 소유주일 경우 사전에 이런 부분을 계획하고 건축하기도 한다.

자취집을 구하는 매매, 월세, 전세 3가지 방법 중,
전세는 높은 금액의 보증금이 필요하다.
여유 자금이 충분하지 않다면 금융기관에서 대출을 받아야 하는데,
이때 전세자금대출을 받게 된다.

전세자금대출 프로세스 총정리

 전세란?

핵심 포인트

장점

- 보증금을 처음에만 목돈으로 내고 매월 내야 하는 돈은 관리비 등을 제외하고는 없으며, 신경을 덜 쓰고 살 수 있다.
- 없다면 매달 나가는 고정비를 아낄 수 있다.

단점

- 목돈을 남에게 맡겨놓는 것이다 보니, 보증금을 돌려받지 못할 것을 신경 쓰게 된다.
- 보증금을 대출받아야 하는 경우, 이자가 높으면 배보다 배꼽이 더 클 수 있다.
- 가끔 뉴스에 '보증금 사기'등 사건이 터지면 괜히 걱정된다.

전세는 누구나 아는 익숙한 개념이지만, 정확하게 무엇인지 다시 한번 짚어보자.

전세는 **일정 금액, 즉 전세보증금을 내(임차인)가 주택 소유자(집주인, 임대인)에게 예탁**해놓고 주택을 빌려서 살다가, 계약 기간이 끝나면 **전세금을 돌려받고 나가는 것**을 의미한다(예탁을 해둔다는 것은 전세금이 **나중에 내가 돌려받아야 할 금액**이라는 것을 의미한다).

반면 월세는 일부 보증금에 더해 매월 일정금액(=월세)을 주택 임대의 대가로 지불하는 방식이다. 소모성 비용인 월세가 매달 지출되므로 금전적 부담이 있다.

전세는 전 세계 중에 우리나라에서 가장 활성화된 주택 임차 유형이다. 외국에서는 볼리비아, 인도 등 몇 개국에서도 전세 제도를 활용하고 있으나, 볼리비아의 경우 전세의 비율을 조정하고 전산으로 신고제도를 안전하게 만들어두어 전세 사기율이 제로에 가깝다.

그렇다면 집주인 입장에서는 나중에 돌려줘야 할 돈인데 왜 보증금을 받고 집을 빌려줄까?

그 이유는 전세 기한인 2년 동안 목돈을 확보해서 다른 집을 구하거나 금융투자를 하는 등 여러 목적으로 활용할 수 있기 때문이다.

 전세대출 전에 알아두자!

❶ 대출이라고 다 같은 대출이 아니다

은행 등 금융기관에서 돈을 빌려주는 것을 '대출'이라고 한다. 이때 빌려주는 돈의 성격에 따라 신용대출, 주택자금대출, 전세자금대출 등으로 나뉜다.

전세대출은 전세보증금을 마련하기 위해서 빌려주는 돈으로 다른 대출상품에 비해 비교적 낮은 금리로 돈을 빌릴 수 있다. 또한 전세보증금 전용이기 때문에 대출금을 다른 용도로는 사용할 수 없다. 예를 들어, 전세대출금을 주식투자 자금으로 쓸 수는 없다는 뜻이다.

② 전세 vs 월세, 선택 방법

전세를 살지, 월세를 살지 선택할 때 '금리'도 고려해보면 좋다.

월세는 돌려받지 못하는 돈이기 때문에, 전세로 살면 나중에 보증금도 돌려받고 또 사는 동안 월세라는 고정비가 발생하지 않는다는 이점도 있다.

반면 전세보증금을 마련하기 위해 큰 금액을 대출받아야 한다면, 금리에 따라 대출금 이자가 월세보다 더 높을 수도 있기 때문에 금리를 고려해봐야 하는 것이다.

3

전세대출 프로세스 A to Z

① 대출 자금 계획 세우기

전세대출은 보통 집 보증금의 60~80%까지 가능하다(아주 가끔 100%까지 가능한 경우도 있지만, 보통은 60~80% 선이다). 즉, 전세보증금이 1억 원인데 대출한도가 70%인 경우 대출 가능한 금액이 7,000만 원이라는 뜻이다.

때문에 나머지 보증금 3,000만 원은 내가 갖고 있는 돈으로 해결해야 한다. 전세대출을 받기로 결정했다면 이처럼 '나의 보유 자산과 대출금액'을 파악하고, 대략 얼마를 대출받아야 하는지와 나의 보유자산이 충분한지를 확인해야 한다. 이때 전세대출 비율은 만약의 경우를 대비해서 약간 보수적으로 잡는 것이 좋다.

즉, 전세대출의 한도가 최대 70%라고 해서 '무조건 70%까지는 받을 수 있겠지'라는 생각보다는 '혹시 60%까지

밖에 못 받을 경우'를 생각해서 예산을 짜는 것이 안전하다는 뜻이다.

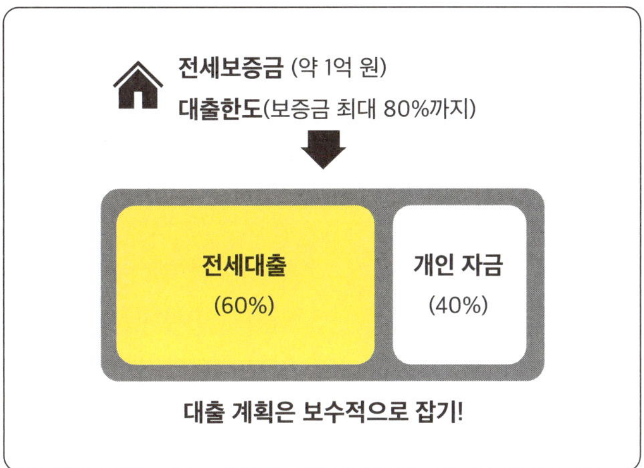

▲ 전세대출 시 자금 계획

② 계약할 집 찾기

다음으로 1단계에서 확인했던 나의 예산에 맞는 집을 찾는 단계이다. 이때는 전셋집을 구할 때 부동산 중개인에게 '전세대출이 가능한 집인지'를 꼭 물어봐야 한다.
또한 받고자 하는 대출 상품이 무엇인지도 중개인에게 미리 알려주면 좋다.

〈대출 관련 확인해야 하는 것〉

✔ 전세대출이 가능한 집인지

간혹 중개인이 '전세대출이 안 된다'고 하는 집들은 대체로 이유가 있기 마련이다(예를 들어, 개조주택으로 불법건축물에 해당하는 경우다).
이 경우 대출이 될 줄 알고 집을 덜컥 계약했다가 나중에 대출받지 못하는 상황이 되면 괜히 계약금만 날리게 될 수 있다. 그러니 대출 가능 여부를 꼭! 미리 확인해보자.

✓ 어떤 대출상품을 받을 것인가

기관의 보증률이 높아 비교적 금리가 낮은 저렴한 대출일수록, 임대인에게 계약 사실을 확인하기 위해 연락이 가거나 또는 임대인에게 받아야 하는 필요 서류가 있을 수 있다. 또한 세입자가 나갈 때 집주인이 즉시 대출상환을 해야 하는 상품이라면 임대인들이 대출을 꺼리기도 한다.

또한 LH, SH 대출 상품 중에 계약 당사자가 세입자가 아닌, 기관명으로 진행되는 대출상품도 기관 담당자와 미리 일정을 맞추는 과정이 필요하다.

이처럼 '어떤 대출을 받을 것인지'에 따라 필요한 서류나 일정이 달라지기 때문에, 집을 구할 때 중개인과 대출상품과 관련해서 미리 이야기를 나누는 것이 좋다.

❸ 대출 가능 여부 파악하기(은행 상담 or 특약)

전세대출 절차 중 가장 어려운 부분은 바로 '실제 계약서 없이는 대출을 받을 수 없다'는 것이다. 예를 들어, A 아파트를 전세로 계약하고 싶은데 아직 계약서를 작성하지 않은 상태에서 은행에 가면 대출심사를 위해 계약서를 들고 오라고 할 가능성이 높다.

여기서 딜레마가 발생하는데, 대출이 될지 100% 확실하지도 않은데 계약서를 썼다가 대출이 생각 외로 조금 나오거나 불가능할 경우 당장 큰돈을 마련할 방법이 없어 곤혹스러워지기 때문이다.

이처럼 '계약을 하려면 → 심사가 필요하고, 심사를 하려면 → 계약이 필요한' 도돌이표 같은 상황이 발생하는 것이 어려운 점이다.

이때 해볼 수 있는 2가지 방법으로는,

① 대출이 불가능할 경우를 대비해 특약을 걸고 일단 계약을 하거나,

② 100% 정확하지는 않더라도 대출 가능 여부를 은행에 먼저 상담해보는 것이다.

중개업소에 대출 가능 여부 문의

은행 사전 상담 (은행에 '가심사' 형식으로 상담할 때는 정식 계약서 작성 전에 '등기사항전부증명서'와 '건축물대장'을 지참하고, 다가구주택일 경우 선순위임차보증금까지 확인하고 가면 대략 대출 여부를 알 수 있다. 계약서를 작성하기 전에 문자로 특약 내용을 남기고, 그 전에 은행에서 가심사를 꼭 받아서 가능성을 확인하고 진행하자!)

전세대출 불가할 경우 계약금 반환 조건으로 특약 걸기

> ▶ **전세대출 가능 여부 파악 전에 계약서 쓰기 부담될 때 유용**

▲ 전세대출 가능 여부 파악하기

✔ 체크 포인트

☐ **공인중개사가 작성한 계약서여야 함 (직거래 불가)**

☐ **대출 불가 시 계약금 반환 특약 넣기**
- '임대인은 임차인이 전세자금 대출을 받는 것에 동의 협조한다.'
- '(본 임대차계약 건물상의 문제나 임대인의 협조 불이행 등으로) **대출이 불가능한 경우 계약금을 전액 반환**하기로 한다.'

④ 계약하기

어느 정도 대출 가능성에 대한 판단이 섰다면, 계약을 진행한다.

한 가지 특이점은 전세자금대출은 '공인중개사가 작성한 계약서'가 있어야 전세자금대출이 가능하다는 것이다. 즉, 직거래로 계약하는 경우 전세대출이 불가능할 수 있다. 공인중개사의 서명 및 날인이 포함된 계약서뿐 아니라 확정일자부 계약서가 필요하므로 대출 심사 서류를 넣을 때에는 계약 후 확정일자를 먼저 받아 계약서 원본을 제출해야 한다.

또한 반드시 등기부상의 소유권 변동 사항, 전세권설정, 근저당 등을 확인해야 한다. 전세보증금을 지키기 위해 꼭! 챙겨야 할 부분이다.

앞서 살펴봤던 특약도 계약서 작성 단계에 반영되도록 중개인과 협의한다.

계약금은 전체 보증금의 10%가 일반적이므로, 계약금 10%를 납입한 영수증을 받아야 한다. 요건으로는 '5% 이상 납입한' 영수증을 요구하지만, 계약금을 10% 납부하므로 10%라고 알고 있어도 무방하다.

5 확정일자 받기(임대차계약 신고)

계약서를 작성했으면 관할 주민센터에서 확정일자를 받는다. 임대차계약 신고 대상인 경우 계약신고를 하면 된다

6 대출 신청하기

다음으로 확정일자를 받은 계약서를 들고 은행에 가서 대출을 신청한다. 전세자금대출 상품은 보통 계약하는 부동산 물건의 소재지 주변 취급 지점에서 진행하므로 해당 지점을 방문해야 하는 경우가 많다. 대출 상품별로 지정 은행이 있으니 해당 상품의 취급 은행을 확인하고, 만약 주거래 은행에서 취급한다면 조금 더 수월할 수 있다. 다만 꼭 주거래 은행이 아니어도 신규 고객 유치를 위해 더 좋은 이율과 조건으로 대출을 내어주는 곳도 있으므로 꼭 주거래 은행만 고집할 필요는 없다.

주의할 점은 대출신청은 잔금일 전에 충분히 시간적 여유를 두고 해야 한다는 것이다. 심사 과정에서 대출이 거절되면 잔금일에 돈을 지불하지 못하는 큰일이 발생할수도 있기 때문이다.

대출 시 필요한 서류들은 확정일자가 날인된 임대차계약서, 계약금 영수증(전세보증금의 5% 이상 지급한 것), 주민등록등본, 소득증명서, 등기사항전부증명서 등이 있다. 다만 정확한 서류는 대출을 받는 은행에서 자세히 안내받아야 한다.

7 대출 승인 및 실행

다음은 은행에서 실제로 대출이 승인되는 단계이다. 대출 승인은 대출상품 및 취급 은행마다 다를 수 있지만, 대체로 다음과 같은 순서대로 진행된다.

✓ **체크 포인트**
- ☐ 계약서에 확정일자 받기
- ☐ 임대차계약 신고하기
  (2021년부터 시행)

✓ **체크 포인트**
- ☐ 확정일자 받은 계약서 지참
- ☐ 잔금일 전까지 충분한 시간 여유 두고 신청하기
- ☐ 나의 금융 상황에 맞는 전세 대출 상품 찾기(예: 중도상환 수수료 없는 것)

대출 신청 필요 서류:
임대차계약서 원본(확정일자 포함), 계약금 영수증, 주민등록등본, 신분증, 재직증명서, 소득증명서(원천징수, 급여명세서 등), 등기부, 건축물대장 등 (대출 시 필요한 정확한 내용들은 대출받는 금융기관에 반드시 확인하기!)

✔ 대출 승인 절차

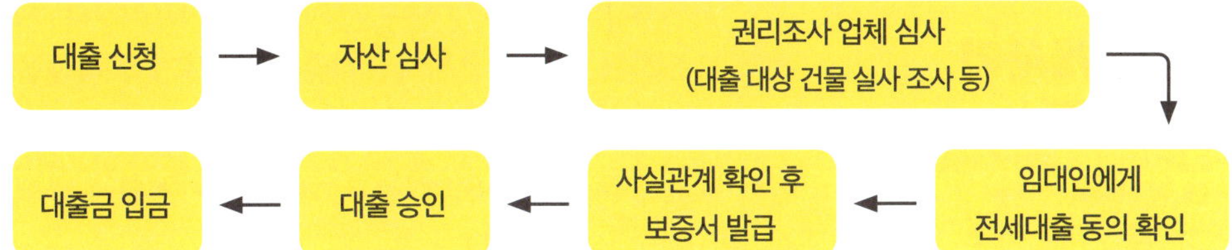

대출 승인 절차가 다 완료되고 문제가 없으면, 대출이 실행된다. 대출 실행은 잔금일에 맞춰 은행에서 대출금을 내어주는 것으로, 사전에 대출 실행일을 잔금일과 같은 날로 설정하면 된다.

✔ 대출 실행은 내가 아닌 '임대인' 계좌로

또 하나 주의할 점은 대출이 실행될 때는 은행에서 내 계좌로 돈을 넣어주는 것이 아니라 집주인(임대인) 계좌로 바로 송금한다는 것이다.

또한 임대인에게 직접 대출이 실행되는 상품의 경우 나중에 대출을 상환할 때에도 임대인이 직접 상환해야 한다.

대출의 채무자는 세입자이지만 상환은 최초에 입금을 받은 임대인이 해주어야 한다는 점! 꼭 알아두자. 만약 잔금에서 전세대출금을 제외한 보증금 일부가 남아 있다면, 잔금은 내가 직접 임대인 계좌로 송금하면 된다.

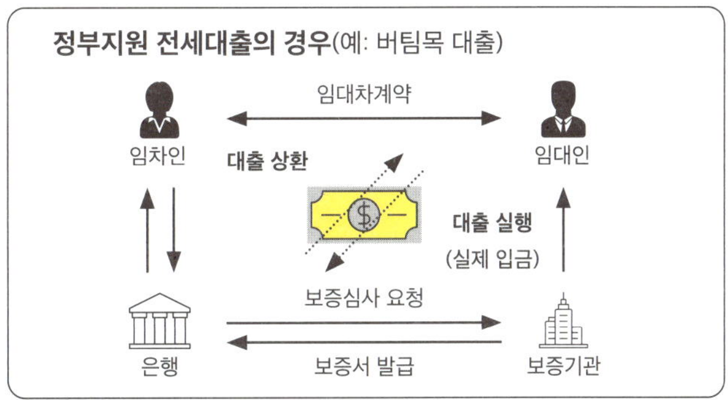

▲ 전세자금대출의 과정

현직 공인중개사의 심화 노트

LH, SH 대출과
제1금융권 대출 비교

연봉이 낮은 대부분의 사회초년생이라면 LH/SH/HUG에서 보증하는 버팀목전세자금대출 혹은 사기업 대출을 받게 된다. 이는 근로자 및 서민의 주거 안정을 위해 국가에서 보조해주는 전세자금대출로, 대출받을 수 있는 금액은 적지만 가장 안전하다.

① 전세대출의 종류

전세자금대출은 LH/SH/HUG에서 보증하는 버팀목전세자금대출과 일반 사금융 대출로 나뉘고, LH와 SH는 다시 일반 버팀목전세자금대출과 중소기업청년 전월세대출로 나뉘는데 여기에는 대략 다음과 같은 차이가 있다.

	LH/SH/HUG 대출 (버팀목전세자금)	중소기업청년 전월세대출	기타 1금융권 대출
이율	2.1~2.9%	1.5% 내외	3.7~4.5%
대출 금액	- 최대 1.2억 　(비수도권 0.8억) - 보증금 최대 80%	- 최대 1억 - 보증금 최대 100%	최대 2억 2,000~5억 (금융사별로 확인 필요)
대출 기간	2년 (4회 연장, 최장 10년 가능)	2년 (4회 연장, 최장 10년 가능)	최대 3년 (금융사별로 확인 필요)
조건	- 연소득 5,000만 원 이하(부부 합산) - 순자산 3억 4,500만 원 이하 - 무주택 세대주 - 임대차계약 후 보증금 5% 이상 지불	- 연소득 5,000만 원 이하(부부 합산) - 순자산 3억 4,500만 원 이하 - 중소·중견기업 재직자 - 만 19~34세 이하 청년	- 은행별 상이 - 대체로 현 직장 3개월 이상 근무, 재직 및 소득 증빙 확인 - 임대차계약 잔여 만기 6개월 이상

▲ 전세자금대출의 종류

나이가 만 19~34세 이하이고, 중소기업 혹은 중견기업에

재직 중이라면 중소기업청년 대출을 받는 것이 가장 유리하다. 다만 LH, SH 대출은 집주인이 제출해야 하는 서류가 많기 때문에 잘 해주지 않으려는 경우가 있지만, 집주인이 동의만 해준다면 그 집은 어느 정도 믿어도 된다는 기준이 되어주기도 하므로 중개업소에 먼저 이야기해보자. 다만 대출 한도액이 1억 이하로 꽤나 낮기 때문에 어느 정도 목돈이 있거나 조금 저렴한 지역에서 집을 구할 때 이용 가능하다.

중기청 대출 시에도 5% 이상의 계약금 납부 영수증이 필요하다. 보통 100% 대출은 실제 계약을 진행하는 데 다소 어려운 점이 많아 80% 대출이 일반적이지만, 만약 보증금의 100%를 대출받는다면 사전에 이 5%의 계약금을 대출 실행 후 돌려받는다는 조건을 반드시 중개업소와 집주인에게 이야기하고 특약으로 명시해야 한다.

대출 은행은 기관에서 정한 은행들만 수탁 기관으로서 상품을 취급한다. 보통은 임대하려는 집이 위치한 소재지의 지점에서 상담받고 대출을 진행한다. 또한 주택도시기금에서 주관하는 버팀목전세자금대출 중 신혼부부 전세자금대출은 대출 한도와 금액 기준이 많이 다르기 때문에, 이 책에서는 1인 청년을 위한 청년버팀목전세자금대출을 기준으로 다루었다. 주택도시기금의 버팀목 대출 종류는 다양하므로, 모두 열거할 수 없기에 주택도시기금 사이트에서 각 조건별로 확인하는 것이 가장 좋다. 부동산의 꽃은 발품이지만, 그전에 가장 필요한 도움닫기로 손품이 꼭 필요하다.

❷ 채권 양도와 질권 설정

전세자금대출은 국가에서 보증하는 대출을 받는 것이 가장 좋지만, 집주인이 거절하거나 상황이 여의치 않을 때는 기타 1금융권 대출로 가야 한다. 기타 1금융권 대출의 핵심은 채권 양도(채권자가 소유하고 있는 채권을 다른 사람에게 양도하는 것) 또는 질권 설정(채무자가 돈을 갚지 않을 때 우선 변제받을 수 있는 권리)이다. 질권 설정은 전당포에 물건을 맡기고 돈을 빌리는 것처럼 부동산이 아닌 동산을 담보로 맡기는 것을 말한다. 즉, 채무자인 임차인의 보증금을 담보로 은행이 임대인에게 대출금을 보내고 임차인이 돈을 갚지 못할 경우 임대인으로부터 대출금을 돌려받을 수 있도록 설정하는 것이다. 질권 설정을 하면 은행에서 임대인에게 돈을 직접 송금하고, 내용증명 등의 서류를 사전에 보내두어 보증금 반환 시에 대출금을 임차인이 아니라 은행에 반환하라는 내용을 통지한다.

만약 세입자의 전세대출이 채권 양도 또는 질권 설정이 되어 있다면 계약이 만료되었을 때 집주인은 전세금을 세입자가 아닌 은행에 반환해야 한다.

전세 보증금: 1억 5,000만 원
(본인 돈 5,000만 원, 대출 1억 원)
질권 설정 시: 계약 만료 후 집주인이 은행에 1억 원 상환
채권 양도 시: 계약 만료 후 집주인이 은행에 1억 5,000만 원 상환, 은행에서 세입자에게 5,000만 원 입금

따라서 집에 아무런 문제가 없다면 괜찮지만, 혹 보증금 반환에 문제가 있는 집이라면 이 부분이 세입자에게 불리한 조건일 수 있다. 따라서 질권 설정과 채권 양도에 관한 문제는 대출 계약 시 꼼꼼하게 따져봐야 한다.

마지막으로 대출 시에는 반드시 잔금일과 입주일(실제 계약 실행일)이 동일해야 한다. 간혹 집을 수리하거나 손보는 조건으로 입주일을 잔금일보다 며칠 뒤로 미루는 경우가 있는데, 이럴 경우 대출이 실행되지 않는다. 그렇다면 집

주인이 실제 입주 전에 며칠 정도 여유를 주겠다고 말했을 때는 어떻게 해야 할까? 계약서상 잔금일과 입주일은 맞추고, 대출 만료일을 뒤로 미루면 된다.

잔금일: 2024년 1월 1일
입주일: 2024년 1월 1일(실제로는 재정비 후 1월 5일 입주)
계약 만료일: 2026년 1월 5일

이렇게 하면 집주인과 사전에 논의한 며칠의 재정비 기간을 확보할 수 있다.

처음 사회에 발을 딛는 청년층에게 집 구하기는 쉬운 일이 하나도 없다. 집을 알아보는 과정에서 중개업소 및 집주인과 벌여야 하는 기싸움은 물론 전세 사기처럼 큰 재산이 걸린 문제까지 걱정하다 보면 독립에 대한 불안감은 점점 더 커진다. 무엇보다 넉넉하지 않은 주머니 사정은 좋은 집을 구하는 데 가장 큰 장벽이다. 이처럼 주거 불안을 해소하고 취약층이 '쾌적하고 안정적인 주거 환경에서 인간다운 주거 생활을 할 수 있도록' 지원해 주는 것이 바로 공공임대주택이다.

청년 공공임대주택, 나도 들어갈 수 있을까?

청년층이
들어갈 수 있는
공공임대주택은?

공공임대주택은 크게 통합공공임대주택, 국민임대주택, 행복주택, 5·10·50년 공공임대주택, 영구임대주택, 장기전세주택, 매입임대주택, 전세임대주택 등으로 나뉘는데, 누구나 모든 유형의 공공임대주택에 입주할 수 있는 것은 아니다. 그렇다면 어디로 들어가야 할까?

앞에 나열한 공공임대주택 가운데 만 39세 이하의 청년층이 지원 가능한 종류는 대략 6개 정도다. 대략이라고 말한 이유는 가족 유형이나 경제 상황에 따라 종류가 더 늘어나거나 줄어들 수 있기 때문이다. 따라서 여기에서는 무주택자, 만 39세 이하라는 일반적인 상황만 언급하도록 한다. 좀 더 다양한 유형을 살펴보고 싶다면 'LH청약플러스(www.apply.lh.or.kr)'의 임대가이드와 '마이홈포털(www.myhome.go.kr)'의 유형별 임대주택 안내를 살펴보도록 하자.

❶ 통합공공임대주택

첫 번째는 통합공공임대주택이다. 이것은 시중 임대 시세의 35~90% 수준으로 주택을 제공해 사회 취약계층의 주거안정을 목적으로 공급하는 공공임대주택이다.

입주자 모집공고일 현재 무주택 세대구성원(세대주 포함)으로서 자산·소득 기준 및 구분별 입주자격 기준(우선공급: 월평균 중위소득 100% 이하, 일반공급: 월평균 중위소득 150% 이하, 자산 3억 4,500만 원 이하, 자동차 3,708만 원 이하)에 해당하는 자가 포함된다.*

* 1인가구 중위소득의 100%: 2,228,445원 이하, 150%: 3,342,668원 이하, 2024년 적용 기준

❷ 행복주택

두 번째는 가장 흔히 알려진 행복주택이다. 행복주택은 젊

은 계층의 주거안정을 위해 대중교통이 편리하거나 직주 근접이 가능한 곳에 국가 재정과 국민주택기금을 지원받아 시세보다 저렴하게 공급하는 공공임대주택이다.

대학생, 청년, 산업단지 근로자에 해당하고 자산·소득 기준(전년도 도시근로자 1인가구 월평균 소득의 120%, 자산 3억 4,500만 원 이하, 자동차 3,708만 원 이하)이 맞는다면 당첨 후 최장 6년까지 거주가 가능하다.*

* 1인가구 전년도 도시근로자 소득의 120%: 4,179,557원 이하, 2024년 적용 기준

❸ 공공임대

세 번째는 공공임대로 일정 기간 거주 후에 입주자에게 우선 분양 전환되는 조건으로 제공되는 임대주택이다. 크게 5년, 10년, 50년으로 나뉘는데 그 가운데 청년은 5년과 10년만 신청이 가능하다. 또한 분납 임대주택의 경우, 입주자가 입주할 때까지 집값의 일부를 초기 자본금으로 먼저 납부하고 임대 기간(10년) 동안 단계적으로 잔여분을 납부한 다음 분양으로 전환받는 주택이다.

입주 자격 및 임대 조건은 전용 85m² 이하의 경우 무주택 세대구성원으로서 입주자 저축(청약저축 포함) 가입자 우선이며, 전용 85m² 초과인 경우 만 19세 이상인 자로서 입주자 저축(청약예금 포함) 가입자 우선이다. 분납 임대주택도 조건은 같지만, 보증금 대신 분납금으로 대체된다는 것이 다르다.

❹ 장기전세

네 번째는 장기전세로 공공주택 사업을 목적으로 설립된 지방공사가 임대 목적으로 건설 또는 매입하는 주택으로, 20년 범위에서 전세 계약을 맺는 임대주택이다.

입주 자격 및 임대 조건은 모집 공고일 현재 무주택 세대 구성원으로서 60m² 이하의 경우 전년도 도시근로자 가구원수별 소득 120%(50m² 미만 70%, 50~60m² 이하: 90%)이며, 토지 및 건물 보유 기준이 2억 1,550만 원, 자동차는 3,708만 원 이하여야 한다.**

**1인가구 전년도 도시근로자 소득의 70%: 2,438,075원, 90%: 3,134,668원, 2024년 적용 기준

⑤ 매입임대(청년형)

다섯 번째는 LH에서 매입한 주택을 임대하는 매입인대인데, 그중 청년형은 만 19~39세 이하, 대학생 및 취업준비생을 대상으로 시세의 40~50% 수준으로 임대하는 주택이다.

입주 자격은 공고일 현재 미혼인 무주택자이면서 다음 중 하나에 해당해야 한다.

1순위: 생계, 의료, 주거급여 수급자 가구, 한부모 가족, 차상위계층
2순위: 본인 + 부모 월평균 소득 100% 이하로 국민임대 자산 기준인 3억 4,500만 원 이하, 자동차 3,708만 원 이하를 충족하는 자
3순위: 본인 월평균소득 100% 이하로 행복주택 청년 자산 기준인 2억 7,300만 원, 자동차 3,708만 원 이하를 충족하는 자

⑥ 청년전세임대

마지막은 청년전세임대주택으로, 대학생과 취업 준비생, 만 19~39세인 청년층의 주거비 부담 완화를 위해 기존 주택을 전세 계약 체결해 저렴하게 재임대하는 방식이다. 이 유형 역시 현재 미혼인 무주택자이면서 ⑤번의 청년형 매입임대와 동일한 조건일 경우 신청할 수 있다.

소득과 자산 기준으로 입주 자격이 부여되는 '장기전세대출'을 꼭 알아보자! LH나 SH 장기전세주택은 월세가 아니라 전세로, 주변 시세 대비 70%의 보증금으로 최장 20년까지 거주할 수 있다는 장점이 있다. 또한 '10년 공공임대아파트주택'은 10년 거주 후, 분양 전환으로 내 집 마련까지 가능하다. 요즘 길에서 많이 보이는 '행복주택'은 교통이 편리한 곳에 공급하기 때문에 청년층과 신혼부부의 수요가 많고, '공공전세주택'은 3인 이상의 무주택가구라면 특별한 신청 자격이 없어 손쉽게 신청할 수 있다.

2

임대주택 입주 전, 이 점은 고려하자

공공임대주택은 주택을 구해본 경험이 적은 청년에게 안전하고 깨끗하게 안심하며 살 수 있는 좋은 선택지다. 하지만 몇 가지 사항은 기억하고 있어야 후회 없는 선택이 될 수 있다. 임대주택 입주 전 꼭 알아야 할 사항을 살펴보고, 나와 잘 맞는 거주지가 될 수 있는지 확인해보자.

❶ 16m²? 4평?

지난 3월 25일 국토교통부는 공공주택특별법 시행규칙 개정령을 발표하며 공공임대주택 입주자 모집 시 1인가구는 기존 전용 40m²에서 전용 35m² 이하인 경우에만 지원 신청이 가능하다고 밝혔다. 전용 35m²를 평으로 환산하면 약 10평이지만, 임대주택은 보통 16m², 26~29m², 36m²으로 나오기 때문에 실제로 1인가구는 36m² 이상은 입주가 불가능하고, 4~7평 원룸만 가능하게 되었다.

이에 대해 반발이 거세지자 국토교통부는 정책을 전면 재검토하겠다고 한발 물러났지만, 출산율 제고를 위해 넓은 평형은 2인 이상 가구에 우선 기회를 준다는 정책은 여전히 유효하다고 밝혔다.

하지만 이전 기준이었던 40m² 역시 청년을 대상으로 나오는 물량은 매우 적고, 특히 서울에서는 사실상 당첨이 거의 불가능하다. 공공임대주택을 자취 공간으로 고려한다면 다소 좁은 4~7평가량에서 살게 된다는 점을 감안해야 한다.

② 임대주택 임대료도 천차만별

임대주택이 민간주택에 비해 보증금과 임대료가 훨씬 저렴한 것은 맞다. 하지만 크기와 입지 조건, 보증금에 따라 임대료는 천차만별로 달라진다.

예를 들어, 2024년 7월 현재 모집 중인 서울오류 행복주택의 경우 16형은 보증금 4,522만 원, 월 임대료는 약 20만 원이며, 29형은 보증금 7,106만 원, 월 임대료는 약 31만 원이다.

한편 최근 마감된 서울공릉 행복주택은 16형이 보증금 3,264만 원, 월 임대료는 약 13만 원이었고, 26형은 보증금 4,410만 원, 월 임대료 약 18만 원으로 오류 임대주택과 큰 차이가 있다. 두 곳의 입지가 다르기 때문이다. 따라서 자신의 자금 사정과 직장과의 근접 거리 등에 따라 최적의 위치를 고민해서 결정할 필요가 있다.

③ 내 소득으로 갈 수 있는 집은 어디?

공공임대주택에 입주할 때, 가장 헷갈리는 점은 그래서 내 소득으로 지원할 수 있는 곳이 어딘지 모르겠다는 것이다. '전년도 도시근로자 가구원수별 가구당 월평균소득'이라는 말부터 너무 복잡하다. 그렇다면 다음 표를 보자.

가구원 수	행복주택 (100%)	국민임대 (70%)	매입임대 (50%)
1인가구	4,179,557	3,134,668	2,438,075
2인 가구	5,957,283	4,332,570	3,249,427

▲ 2024년 소득 기준(전년도 도시근로자 가구원수별 가구당 월평균소득)

소득 산정 시점

□ **주택, 소득, 자동차, 금융자산 외 일반자산, 금융부채 외 부채**
입주자 모집 공고일 기준
(단, 사업 주체가 입주 대상자 확정을 목적으로 사회보장정보 시스템을 통해 확인한 입주 자격은 해당 시점에 산정된 것으로 간주한다. 다시 말해 모집 공고일이 2024년 4월인 임대주택의 신청자를 선정할 때, 사회보장정보 시스템에서 2024년 7월에 소득을 조회·확인했더라도 실시간 소득 반영이 어렵기 때문에 해당 주택의 모집 공고일인 2024년 4월에 산정된 소득으로 간주해 심사를 진행한다.)

□ **금융자산, 금융부채**
조사 기준일

쉽게 말해서 위와 같은 조건에 부합한다면 행복주택, 국민임대, 매입임대에서 제시한 소득 기준에 맞는다. 물론 자산과 자동차 같은 다른 재산도 봐야 하지만, 일단은 1차 통과인 셈이다. 그렇다면 내 소득은 어떻게 알아볼 수 있을까? 직장인이라면 건강보험공단에 들어가 '건강보험 보수월액'을 확인하면 된다. 프리랜서나 사업자라면 홈택스에서 '소득금액증명'을 파악하면 된다. 사업소득은 매월 수입이 다르므로 1년치 소득금액증명을 12로 나눠서 계산한다.

이렇게 하면 내가 지원할 수 있는 곳이 어디인지 대략적으로 파악이 가능하다.

❹ 공공주택에 입주하고 싶은데 공고가…

이런 제한에도 불구하고 공공임대주택은 인기가 높다. 사실 공공임대주택 입주를 가로막는 가장 큰 장벽은 적은 공고다. 특히 언제 공고가 나는지 매번 찾아보지 않으면 모집 기간을 놓치기 쉽다. 이럴 때는 '공공주택 알리미' 기능을 활용하면 좋다.

공공주택 알림을 받는 방법은 크게 2가지가 있다. 먼저 '서울주택도시공사 콜센터(1600-3456)'에 전화해 0번을 눌러 상담원과 연결한 다음 문자 알림 서비스를 신청하는 것이다. 원하는 지역을 이야기하면 해당 지역의 공고가 나왔을 때 문자로 소식을 받을 수 있다.

두 번째는 '공공주택 알리미 앱'을 다운받는 것이다. 이 앱에서는 LH 분양 소식을 한눈에 쉽게 확인할 수 있다. 관심 있는 지역과 임대 유형을 선택하고 알림을 신청하면 앱으로 분양 정보도 확인할 수 있다.

LH공사, SH공사, 도시공사, 수십 개의 민영 건설사…. 어떻게 모든 공고를 확인해야 할까? 현실적으로 공고를 파악하기 어려운 사람을 위한 사이트를 추천한다!

'이음맵(http://eeem.co.kr)'이라는 사이트를 들어가면 기존 임대아파트 단지와 신규 임대아파트 모집 공고를 지도상에서 확인할 수 있다.

3

내가 입주할 수 있는 공공주택, 어디일까?

대략적인 공공임대주택의 유형과 입주 전 주의해야 할 사항을 숙지했다면, 다음은 실제로 내가 신청할 수 있는 공공임대주택이 어디인지 알아볼 차례다. 나이부터 거주 지역, 자산 상태 등 공공임대주택의 입주 조건을 자취 초보가 정확하게 파악하기는 어렵다. 이런 사람들을 위해 '마이홈포털'에서는 간단한 설문으로 신청이 가능한 공고가 무엇인지 알려주는 '자가진단 테스트'를 제공한다.

단, 공공임대주택의 소득 요건이나 모집 요건은 자주 변경되므로 본인의 소득 요건을 먼저 파악한 다음 관할 지사에 방문해 상담받는 것이 가장 정확한 정보를 얻을 수 있는 길이라는 점을 명심하자.

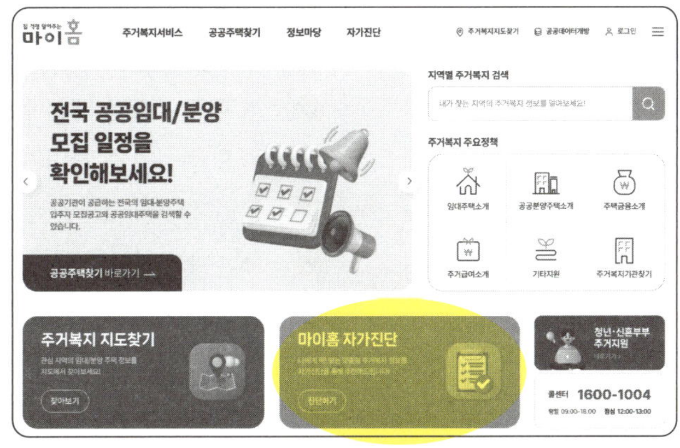

▲ 마이홈포털 공공임대주택 자가진단 서비스 화면

마이홈포털 메인에서 가운데 '마이홈 자가진단'으로 들어가면 아래와 같이 자가진단 테스트를 할 수 있고, 시작하기를 누르고 관심 있는 분야를 선택한 다음 본격적인 조사가 이루어진다. 여기에서 '공공주택'을 선택하면 된다.

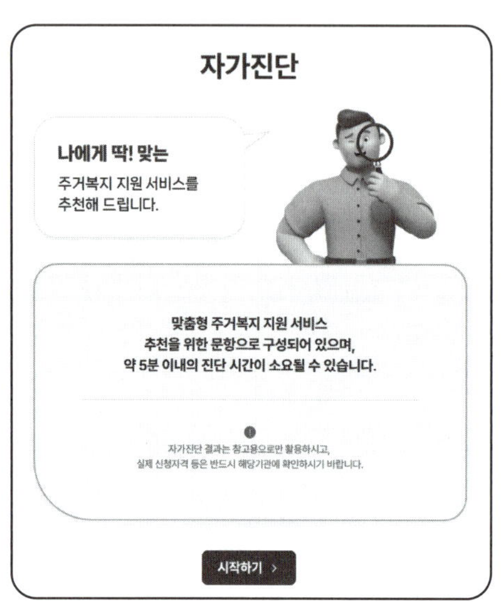

▲ 마이홈포털 자가진단 테스트 화면

질문은 총 10문항의 객관식으로 이루어져 있으며, 다음과 같다.

- ✅ 주택을 소유하고 있는지 알려주세요.
- ✅ 주택을 소유하지 않은 기간이 1년 이상인지 알려주세요.
- ✅ 가족 및 소득 형태를 알려주세요.
- ✅ 가족 구성원 중 자녀가 있는지 알려주세요.
- ✅ 본인 가구의 가구원 수를 알려주세요.
- ✅ 해당되는 사항을 모두 선택해주세요(공적 급여 수급자, 장애인, 주거 취약계층, 청년, 산단 근로즈 등 확인 항목).
- ✅ 월평균 가구의 소득 범위를 알려주세요.
  - 본인 소득을 선택하세요.
- ✅ 가구의 총 자산을 알려주세요

（총 자산=부동산+자동차+금융자산 기타자산 부채).

✅ 청약통장 유무를 알려주세요.

✅ 과거 청약에 당첨된 적이 있는지 알려주세요.

(출처: 마이홈포털 자가진단 테스트)

이를 바탕으로 다음 사례를 보며 어느 공공임대주택 유형에 신청할 수 있는지 살펴보자.

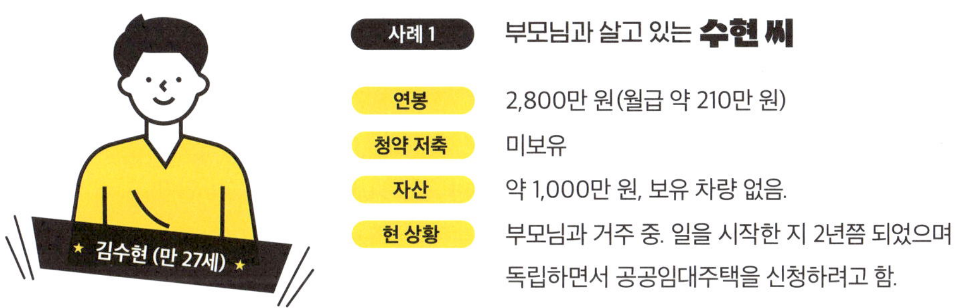

수현 씨는 현재 부모님과 거주 중이다. 본가와 회사까지의 거리가 멀어 독립을 결심했다. 이런 상황에는 자가진단에 부모님과 거주하는 현 상황을 입력해야 하는지, 아니면 독립 후 자신의 상황을 입력해야 하는지 헷갈리기 쉽다.

정답은 후자다. 부모님의 자산은 영향을 주지 않는다. 즉, 독립해서 사는 1인가구를 상정하고 자가진단 테스트를 입력하면 된다. 수현 씨는 자산 기준과 나이 등에서 행복주택 신청 자격과 맞는다. 그 외에 공공지원 민간임대주택도 신청 가능하다. 이에 맞는 공고를 확인하면 된다.

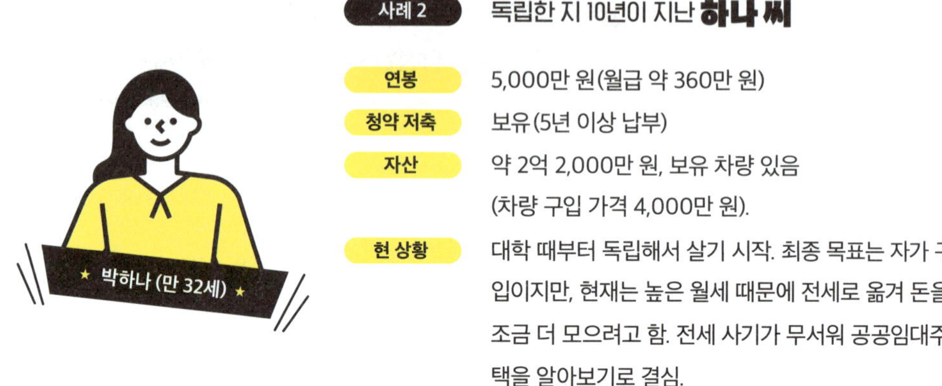

사례 2	독립한 지 10년이 지난 **하나 씨**
연봉	5,000만 원(월급 약 360만 원)
청약 저축	보유(5년 이상 납부)
자산	약 2억 2,000만 원, 보유 차량 있음 (차량 구입 가격 4,000만 원).
현 상황	대학 때부터 독립해서 살기 시작. 최종 목표는 자가 구입이지만, 현재는 높은 월세 때문에 전세로 옮겨 돈을 조금 더 모으려고 함. 전세 사기가 무서워 공공임대주택을 알아보기로 결심.

하나 씨는 독립한 지도 10년이 넘었고, 일을 일찍 시작해 어느 정도 자산도 형성한 상태다. 4000만 원 이상의 자차도 보유하고 있어 행복주택 입주는 어렵다. 이럴 경우에는 5년형 혹은 10년형(60m² 초과~85m² 이하) 공공임대주택을 알아보는 것이 좋다. 공공임대주택은 나중에 거주자에 한해 우선 분양되므로 추후 주택 구입까지 고려한다면 좋은 선택지가 될 수 있다.

그 외에 공공지원 민간임대주택이나 당첨 확률은 조금 낮지만 매입임대주택, 청년전세임대 등을 알아보는 것도 방법이다.

알쏭달쏭 임차인 권리 관련 Q & A

알쏭달쏭 임대차계약 Q & A

① 불리한 특약, 다 지켜야 할까

② 계약갱신요구권

③ 묵시적 계약갱신과 요건, 제한

④ 월세 소득공제 받는 방법

⑤ 집주인이 보증금을 안 돌려줄 때

Q 집주인이 특약으로 '전입신고 하지 않기' 를 요구한다면?

A 전입신고를 하지 않는 계약은 바람직하지 않다. 계약을 하지 않거나, 하더라도 각오(?)를 해야 한다.

전세는 보통 보증금 액수가 크기 때문에 임대인들도 전입신고 금지 특약을 걸지 않는다. 그런데 가끔 보증금이 작은 월세의 경우, 임대인이 '전입신고를 하지 말아달라'고 요구할 때가 있다. 이런 경우, 전입신고를 하지 않겠다는 특약을 넣는다고 하더라도 주택임대차보호법에 의해 대체로 효력이 없다. 주택임대차보호법에서는 ① 주택임대차보호법에 위반되며 ② 임차인에게 불리한 내용의 약정에 대해 효력이 없다고 규정하고 있기 때문이다.

그렇다 하더라도 전입신고가 안 된다는 조건을 알고 무리하게 전입신고를 하는 것도 현실적으로 임대인과의 불화를 조장하는 꼴밖에 안 되므로 전입신고가 안 되는 집은 앞서 설명한 방법대로 차선책을 통해 보완하는 것이 좋다.

Q 임대차계약 만료 날짜가 다가온다. 계속 기존의 집에 살고 싶은데 집주인과 합의가 이루어지지 않는다면 어떻게 해야 할까?

A '계약갱신요구권'을 활용할 수 있다.

계약 만료일이 다가오면 임대인과 임차인은 '앞으로 계약을 더 이어나갈 것인가 말 것인가'를 결정하게 된다.

이때, 만약 기존 계약을 갱신하고 싶다면 '계약갱신요구권'을 활용하면 된다.

임대차 계약 만료 시기가 다가올 때쯤, 집주인이 나가라고 하더라도 내가 기존의 집에 계속 살고 싶다면, 계약갱신요구권을 활용해 집주인에게 갱신 의사를 밝히면 된다(물론 계속 그 집에 살고 싶지 않다면, 종료 시점에 맞춰 다른 곳으로 이사를 가면 된다).

단, 계약갱신요구권을 행사에는 데 몇 가지 조건이 있다. 내가 A빌라에서 2020년 5월부터 2022년 5월까지 월세 계약을 맺었는데, 이 계약을 그대로 이어나가고 싶다면 2022년 3월까지는 집주인에게 기존 계약을 갱신하겠다고 말을 해야 한다. 만약 집주인 입장에서 계약갱신을 하고 싶다면, 계약 만료 6~2개월 전 사이에 갱신 의사를 전달해야 한다.

계약갱신요구권
(계약갱신청구권)
임대차보호법에 의해서 임차인에게 기존의 계약갱신을 요구할 수 있는 권리를 부여한 것

계약갱신요구권의 조건과 제한
① 계약갱신 요구는 1회만 가능
② 계약이 끝나기 2개월 전까지 갱신 의사를 밝혀야 한다.
③ 계약갱신이 된 경우 임대차 존속 기간은 2년으로 본다.

묵시적 갱신된 계약의 내용
묵시적 갱신된 계약은 최초 계약의 조건과 동일한 내용이 그대로 이어진다.
예를 들어, 보증금 1,000만 원에 월세 70만 원짜리 계약을 갱신했다면, 서로 계약 조건 변동에 대해 이야기하지 않는 한 그대로 보증금 1,000에 월세 70을 계속 유지하는 것이라고 보면 된다.

Q 임대차계약의 묵시적 갱신이란?

A 정해진 기간 안에 임대인과 임차인이 서로 계약을 끝내자는 말이 없었고, 계약 조건 변경에 대한 이야기도 하지 않았다면 해당 계약이 '자동으로 갱신된 것'으로 본다.

만약에 임차인(계약 만료 2달 전), 임대인(계약 만료 6~2달 전)까지 아무도 말을 꺼내지 않는다면 어떻게 될까?

해당 기간 안에 서로 계약을 끝내자는 말이 없었고, 계약 조건 변경에 대한 이야기도 하지 않았다면 이 계약이 '자동 갱신된 것'으로 보면 된다.

계약갱신 시 집주인이 '보증금을 조금 올리자', 또는 '월세를 조금 올려야겠다'고 한다면, 기존 계약 금액의 5% 이내에서는 가능하다.

계약갱신은 최초 계약의 조건과 동일한 내용이 그대로 이어지는 것이지만, 차임과 보증금은 기존에 약정한 내용의 20분의 1, 즉 5% 범위 안에서 증액이 가능하다(다만, 일반적으로 보증금은 올리지 않고 월세만 올리는 경우가 더 많다).

결론적으론 기존 계약을 갱신하더라도 집주인이 월세를 5% 올려달라고 하면 임차인의 동의하에 올릴 수 있다. 보통 5% 인상을 거절하면 분쟁이 커지는 등 '인간관계' 측면이 악화될 수 있으므로 5% 이내에서 올린다고 하면 수용하는 경우가 일반적이다. 단, 5% 인상 역시 계약을 체결한 지 1년 이내이거나 한 차례 증액이 있은 후에는 증액할 수 없다.

월세 소득공제 요건
① 국민주택 규모의 주택을 임차
해 월세를 살고 있어야 한다.
② 과세기간 종료일(12월 31일)
이후 무주택 세대주여야 한다.
즉, 부모님 밑에 부양가족으로
있으면서 생활만 다른 곳에서
하는 자취는 세대주가 아니기
때문에 소득공제를 받을 수
없다.
③ 해당 과세기간 내 총 급여액이
7,000만 원 이하인 근로소득
이 있는 근로자여야 한다.
④ 공제 비율은 월세의 15~17% 인
데, 월세액이 750만 원을 초과
하는 경우 초과 부분은 공제되
지 않는다.
⑤ 신청을 해야 한다. 신청하지
않았는데 자동으로 소득공제
가 되지는 않는다.

Q 계약을 갱신했는데 2년을 다 못 채우고 이사를 가야 한
다면?

A 갱신된 임대차계약의 존속 기간은 2년이지만, 임차인은
언제든지 2년 이내에 계약을 해지할수 있다. 즉, 2년의 중
간에 나가겠다고 의사를 밝히면 된다.

갱신하고 나서 살다가 2년까지 못 채우고 나가고 싶다면
그냥 '나가겠다'고 의사를 밝히면 된다. 단, 주의할 점은 계
약이 해지되는 시점은 통고를 하고 임대인에게 도달한 후
3개월이 된 때 이후부터라는 것이다. 때문에 내가 이사를
가야 하는 시점 3개월 전에 계약 해지 의사를 전달하는 것
이 좋다. 반대로 임대인은 갱신된 계약의 기간 동안 임의
로 계약 해지를 통보할 수는 없다. 이때 계약을 끝내기 위
해서는 임차인과의 협의가 필요하다.

Q 월세 소득공제 받는 방법
A 무주택 세대주, 국민주택 규모 월세 임차, 소득요건(총 급
여액 연 7,000만 원 이하) 충족 시 소득공제 신청이 가능
하다.

월세의 장점 중 하나가 소득공제가 된다는 것이다. 다만,
소득공제를 받기 위한 몇 가지 요구조건이 있다. 자세한
내용은 왼쪽을 참고하자.

Q 집주인이 보증금을 되돌려주지 않을 때 방법
A 우선 '내용증명'을 계약 만료 이전에 보내, 임대차계약 해
지를 통보한다.

보증금을 돌려받지 못한 채로 이사를 가게 될 경우에는
'임차권등기명령'을 신청해 임차권 등기를 설정하고 나서

이사해야 한다.

주의할 점은, 임차권등기를 하기 전에는 다른 곳에 전입신고를 하지 말아야 한다는 점이다.

임차인 입장에서 계약 만료 2달 전 재계약 의사가 없음을 알리고, 이삿날도 정해뒀는데 계약 만료일이 다가올수록 집주인이 '보증금을 못 주겠다'는 태도로 나오는 경우가 있다.

보통 다음 세입자를 구하지 못했을 때 이런 경우가 발생하는데, 이는 집주인이 보증금을 반환할 충분한 자금력이 없다는 의미이기도 할 뿐만 아니라 기존 세입자 입장에서도 다음 이사를 위한 잔금을 통용할 수가 없어 문제다.

내용증명 주요 항목

❶ 제목
(예) '임대차계약 종료에 따른 임차보증금 반환의 건'

❷ 수신인
임대인의 성명과 주소

❸ 발신인
임차인의 성명과 주소

❹ 발송 원인
계약 의사가 없음을 통보하며, 보증금 반환을 요구했으나 임대인 거부 또는 협조가 이루어지지 않았다는 내용

❺ 임대차 계약의 내용
집 주소, 보증금, 계약 기간 등

❻ 청구 내용
보증금을 반환해달라는 내용(또한 향후 법적인 조치를 취할 수 있음을 고지).

❶ 내용증명 보내기

이때 '내용증명'을 보내서 '임대차계약의 해지를 통보'해야 한다.

내용증명은 사실상 법적인 효력은 없으나, 혹시라도 나중에 소송으로 이어질 경우 임차인이 지속적으로 보증금 반환을 요구했고 이것이 제대로 이뤄지지 않았음을 증명하는 용도에 가깝다.

보증금을 받을 때가 되었는데 주인이 돌려주지 않으려고 하면 내용증명을 보내고, 만기 이후에는 점유와 전입신고를 유지한 상태로 내용증명을 보내야 한다.

내용증명은 총 3부를 작성해(세입자 1통, 우체국 1통, 집주인 1통) 우체국 등기를 이용해 보낸다.

그러나 많은 경우 반송이 되는데 그 이유는 임대인이 문을 걸어 잠그면서 받지 않기 때문이다(이를 '폐문부재'라고 한

다. 즉, 문이 잠겨 있고 사람이 없어 전송되지 못했다는 뜻이다). 하지만 우선은 반송되더라도 지속적으로 보내는 것이 좋다. 송달이 정상적으로 이루어지지 않으면 정당한 사유 없이 수령을 거부한 것으로 보아 공시송달을 한다. 공시송달이란 공개적으로 게시해 송달한다는 뜻으로, 이렇게 되면 임대인이 수령하지 않아도 일정 기간을 부여해 송달한 것으로 본다는 뜻이다.

❷ 임차권등기명령

그다음으로는 '임차권등기명령'을 신청해야 한다. 임차권등기란, 아직 보증금을 돌려받지 못한 채 이사를 가야 하는 상황에서는 기존 집에서 전출을 하면 대항력이 사라지게 되는데, 이 상황을 고려해서 전출을 하더라도 임차권을 보호하는 차원에서 이를 등기부에 기록하는 것이다(대항력의 요건에 주택의 거주, 점유가 있기 때문에 벌어지는 상황이다).

임차권등기는 말썽이 된 주택이 소재한 관할 지방법원에 명령 신청을 해야 한다. 필요한 서류들을 구비해 신청하면, 임차권등기를 발행할지 또는 기각할지에 대한 약식 재판이 열린다.
참고로 '내용증명'은 임대차계약이 만료하기 이전이나 이후에도 보낼 수 있고, '임차권등기명령'은 임대차계약이 만료한 이후에 하는 것이라는 차이가 있다.
임차권등기의 효력은 임대인에게 전달된 때부터 발생하며, 만약에 임차권등기 발행이 기각되면, 이에 대해 임차인은 항고할 수 있다. 보통 기각보다 '보정명령'을 통해 정보 또는 내용을 보정해 다시 신청하라는 통보를 더 많이 받는다.

KI신서 13039

자취백과사전

1판 1쇄 발행 2024년 10월 2일
1판 4쇄 발행 2025년 7월 30일

기획 자취남(정성권)
글 이지윤 조유진
감수 이승주

펴낸이 김영곤
펴낸곳 (주)북이십일 21세기북스

인문기획팀 팀장 양으녕 **책임편집** 이지연 **마케팅** 김주현
디자인 지완
마케팅팀 남정한 나은경 한경화
영업팀 정지은 한충희 장철용 강경남 황성진 김도연 이민재
제작팀 이영민 권경민

출판등록 2000년 5월 6일 제406-2003-061호
주소 (10881) 경기도 파주시 회동길 201(문발동)
대표전화 031-955-2100 **팩스** 031-955-2151 **이메일** book21@book21.co.kr

(주)북이십일 경계를 허무는 콘텐츠 리더

21세기북스 채널에서 도서 정보와 다양한 영상자료, 이벤트를 만나세요!
페이스북 facebook.com/jiinpill21　　　**포스트** post.naver.com/21c_editors
인스타그램 instagram.com/jiinpill21　　　**홈페이지** www.book21.com
유튜브 youtube.com/book21pub

당신의 일상을 빛내줄 탐나는 탐구 생활 〈탐탐〉
21세기북스 채널에서 취미생활자들을 위한 유익한 정보를 만나보세요!

ⓒ 정성권, 2024
ISBN 979-11-7117-817-9 13320